■ 汤兆云 著

社会学研究丛书

# 新中国人口政策研究

XINZHONGGUO RENKOU
ZHENGCE YANJIU

光明日报出版社

**图书在版编目（CIP）数据**

新中国人口政策研究 / 汤兆云著 . —北京：光明
日报出版社，2015.12
　ISBN 978－7－5112－9640－5

　Ⅰ.①新… 　Ⅱ.①汤… 　Ⅲ.①人口政策－研究－中国
Ⅳ.①C924.21

　中国版本图书馆 CIP 数据核字（2015）第 290729 号

**新中国人口政策研究**

| | |
|---|---|
| 著　　者：汤兆云　著 | |
| 责任编辑：朱　宁　李壬杰 | 责任校对：邓永飞 |
| 封面设计：人文在线 | 责任印制：曹　净 |

出版发行：光明日报出版社

地　　址：北京市东城区珠市口东大街 5 号，100062

电　　话：010－67017249（咨询），67078870（发行），67019571（邮购）

传　　真：010－67078227，67078255

网　　址：http：//book. gmw. cn

E － mail：gmcbs@gmw. cn　Lirenjie111@126. com

法律顾问：北京德恒律师事务所龚柳方律师

印　　刷：北京市媛明印刷厂

装　　订：北京市媛明印刷厂

本书如有破损、缺页、装订错误，请与本社联系调换

| | | | |
|---|---|---|---|
| 开　本：710mm×1000mm | | 1/16 | |
| 字　数：257 千字 | | 印　张：18.5 | |
| 版　次：2016 年 1 月第 1 版 | | 印　次：2016 年 1 月第 1 次印刷 | |
| 书　号：ISBN 978 － 7 － 5112 － 9640 － 5 | | | |

定　价：55.00 元

# 内容摘要

当代中国人口政策理论溯源于 20 世纪 50 年代中期关于人口问题的大讨论。在这场讨论中，一批著名的社会学家、经济学家和医学家提出了有计划地节制生育、控制人口增长等主张。其中，马寅初在其《新人口论》中提出实行有计划地生育是控制人口最有效的办法。但反右派运动中止了对人口理论的探索和人口政策的实施。大跃进失败的反思和三年困难时期结束后人口增长的压力，使控制人口和计划生育的思想得以复苏。1962年12月党中央和国务院发布的《关于认真提倡计划生育的指示》是中国政府在实际中实施人口政策的一个动员令，在人口政策史上具有里程碑式的意义。"文革"前期，由于实施计划生育的政治环境已不复存在，人口又处于盲目发展的状态。到 20 世纪 70 年代初期，人口与社会经济发展的比例关系已严重失调，人口已成为经济发展的障碍。从 1970 年 2 月全国计划工作会议把计划生育工作列为计划问题后，全国性的计划生育工作又重新启动。1973 年后，国务院及各省、自治区、直辖市计划生育组织机构相继成立，同时还形成了"晚稀少"的生育方针。至此，我国已形成了明确而全面的人口政策和计划生育的具体政策，并在实践工作中取得了重大成效，人口自然增长率、总和生育率及人口出生率均大幅度下降。20世纪 80 年代，中国人口政策虽然在提倡独生子女生育政策时期有过反弹，但经过调整和完善，逐渐形成了稳定的、具有相对长期性特征的以"提倡晚婚晚育，少生优生，提倡一对夫妇只生育一个孩子；某些特殊情况，经过批准可以间隔几年生第二胎；杜绝第三胎"为主要内容的现行人口政策。为了使现行人口政策在具体实行中能够有法可依，从20世纪70年代中期开始，各省、自治区、直辖市逐步制定了地区性计划生育条例，以此为基础，形成了全国性的"人口与计划生育法"。

中国是一个统一的多民族国家。以一定的人口理论为基础，并结合各民族地区的社会、经济、资源、环境和人口等实际状况而制定的少数民族人口政策是中国人口政策的重要组成部分。当代中国少数民族人口政策的推行和实施以1977年第四次全国计划生育工作汇报会及随后国务院对会议的批示为界，前后分为两个时期：即鼓励发展人口的人口政策时期和逐步推行计划生育的人口政策时期。从我国现行的关于少数民族人口政策的总的精神和基本原则来看，少数民族人口政策既实行了计划生育，又照顾了少数民族人口的特征，既充分考虑到国家利益与少数民族利益的结合，又考虑到各少数民族的特殊历史状况，是符合少数民族的根本利益的。

流动人口是中国改革开放后出现的特殊的群体。由于其"流动"性，流动人口的计划外生育提高了人口生育率，在一定程度上阻碍了现行人口政策的落实。分析流动人口的婚育、生育特点及计划外生育的成因，找出流动人口计划外生育的管理对策，具有重要的现实意义。

由于较高的生育水平所导致的人口规模较大和人口增长速度较快，对社会、经济、资源和环境产生了巨大压力和消极影响，因此，从人口政策分类来看，中国人口政策属于控制人口过快增长政策。人口控制政策指一个国家政府为了其确认的社会发展目标而提出的一定时期的人口目标以及为实现这一目标而专门制订的一系列措施。它包括与整个社会经济发展相联系的人口目标，以及为实现这一目标而采取的各种措施。中国人口控制政策从20世纪70年代实施以来，取得了显著降低人口增长速度的效果，其根本原因在于政府所制订和推行的人口控制政策启动和培育了有效的人口控制的运行机制，即人口控制政策正常有效运转和工作所必须的、具有普遍意义的基本条件和作用形式。

中国社会不同阶层的人口对包括现行人口政策在内的国家政策有着不

同的态度。根据现行人口与计划生育法对不同类型人群的生育数量的规定，笔者把全体社会成员分为城市阶层、农村阶层和流动阶层人口。目前，城市阶层绝大多数人口对国家所提倡的晚婚晚育、少生优生，提倡一对夫妇只生育一个孩子的人口生育政策是支持的；农村阶层人口绝大多数生育户的理想子女数是二个左右，并对子女的性别有一定的选择，有超过半数以上的夫妇希望生男孩，这与现行人口政策有一定的差距；流动人口的理想子女数、对生育子女的性别选择和生育的目的和动机都是介于农村阶层人口和城市阶层人口之间的。这是由流动人口本身的特点所决定的。

各种人口过程和现象产生于一定的社会和经济环境之中，同时又给予它们以各种不同的影响。因此，一方面必须充分肯定经济和社会状况对人口发展的决定性作用，另一方面又不能忽视后者对前者的重要影响。一个持续、稳定和协调发展的社会必定是一个人口与社会、经济相互适应的社会。特别地，在人口众多的中国，人口政策对社会可持续发展具有十分重要的作用。人口发展是社会可持续发展中的重要一环。人口政策与经济、资源、环境的可持续性发展之间有着密切的关系，并对社会的可持续发展产生重大的影响。

# 序

汤兆云教授的新书就要付梓，托我为他写序。这是一件非常高兴的事情。

这本《新中国人口政策研究》是作者的第四种关于当代人口学的著作。也许可以说，这四本书已经建立了他在当代中国人口问题研究上自己的解释体系。这是多年潜心钻研的结果，我向他表示真挚的祝贺。

《新中国人口政策研究》是从公共政策的角度，分析我国当代人口政策的形成、发展、绩效以及今后调整方向的。应该说，在当代人口问题研究中，这是一个新的角度。它的分析方法和叙述内容，完全不同于人口史、人口政策史、人口思想史等方面的学术著作的面貌。它把政策科学的思路和方法，引进了人口研究，对于改善人口学的学术品格，提高人口研究对于现实人口发展趋势乃至经济社会的整体发展趋势的干预能力，是非常有益的。

按照作者的分析框架，全书分为七章。它们从我国人口政策的运行过程、人口政策的形成、人口政策的执行机制、人口政策的评估、当前中国的人口变动现状、针对目前人口问题现状的政策调整问题、今后中长期社会发展中的人口可持续发展等方面，总结了1949年以来的中国人口政策。作者运用了公共政策理论、人口政策理论、可持续发展理论、人口史研究方法；文献分析、社会统计和样本分析方法等方面的知识方法，全书视野开阔，论点鲜明，数据详实，层次清楚，是一本值得夸奖的好书。

一般说来，公共政策理论是 20 世纪 50 年代之后逐步发展起来的西方社会科学知识，被引进来之后，已经成为学术热点之一，成为管理科学的重要领域。作者在本书之中运用这个理论方法解释当代人口政策的形成、执行、绩效和今后的改良方向，得出了一些具有很大参考价值的结论和看法。由于不太懂，我不应当轻率地对它们发表意见，还是由读者去理解和批评比较妥当。借此机会，我想说两句可能不恰当的话，作为阅读本书书稿的感想也好，作为闲暇之余的胡思乱想也好，贡献给作者和读者参考吧。

第一，西方国家的公共政策理论，是一种很重要的社会科学前沿知识。它的重要价值，是把国家和政府、社会组织的有关社会政策的制定和施行，作为一种有规律的政治机制来研究，从而提供了发现它们所包含的合理的与不合理的性质与原因的思想方法。这就大大地提高了社会管理的科学性，提高了规避社会风险的能力。因此，从整体上看，这种公共政策理论，应该拥有西方近现代民主理论的发展的性质。站在这个意义上，我们应当得到的启发是什么呢？

我以为，是要摆正理论学习和政策研究的关系。如同许多专家所指出的那样，我们现在已经进入了"风险社会"。所谓风险社会，无非就是由于社会价值信仰和利益分配的变化，社会分化、社会冲突、突发性事件的发生概率大大增加，维持社会正常运行的成本大大增加，发生社会激荡性风险的机会大大增加。而所有社会冲突的发生，根本的原因，都是由于社会资源分配紊乱而导致社会问题产生。如果要化解社会风险，就必须具有化解社会问题的能力。

有问题才有风险，没有问题自然就没有风险。这是一个常识。

很长一段时间以来，强调政治正确和统一思想都是一种基本的思路，加强理论学习更是重中之重的方法。这当然有它的正确性，但是，更重要的是要花最大的精力去研究、制定、落实和修正各项具体政策。所有公共问题只能依靠执行正确的公共政策才能解决。

1999 年，我就说过：要正确理解理论与政策的关系。理论与政策统一于实践。理论是政策的认识基础和思想前提，政策是贯彻理论、推行工作最重要的环节。在工作中执行错误的政策会导致正确的指导理论的失败，执行正确的政策也会使正确的理论得到进一步丰富和发展。

今天，我想再次重申这个意见。

第二，回到本书的话题上来，之所以要研究当代人口政策的绩效、当前人口变动的趋势、今后人口政策的调整方向和内容，是因为之前人口政策的实行及其导致的新情况，已经成为一个很重要的公共话题，一个经济社会继续发展所绕不过去的公共问题。对今后政策的预测和设计，既是本书的一个重要知识点，也是学界的一个热门课题。我是外行不敢乱说，只能提以下两个问题，供大家思考：

第一个问题，今后人口问题的政策思路，必须如同本书作者所提倡的那样，着眼于可持续发展的理论。我想说的是，要在可持续发展的思路下，认真研究人口可持续发展、资源可持续发展、社会可持续发展，研究三者之间的协调发展。人口可持续发展是寻找人口的出生率和死亡率的合理比例，使人口的再生产保持合理的水平，保持必要的人口活力，基本满足社会对劳动力的需求。资源的可持续发展是最大限度地节约资源，为后代子孙留一点财富。社会的可持续发展是指整个社会有机体处在一个健康的状态，从而为新的人口政策的执行和人口问题外溢所造成的社会问题的解决提供一个良好的环境。

社会有机体的健康，是指社会伦理价值、政治机制、法律法规、国家权力的合法性、公民意识、执政当局识辨和化解社会矛盾的能力诸因素和谐一致所共生出来社会免疫力。它的杰出功用，是避免政治的僵化，避免社会关系的僵化，避免失去及时解决问题的能力。其他不说，无论过去或者今后，所有人口问题及其所导致的其他社会问题，都不是单纯人口政策或者人口管理机构所能独立解决的，就是一个有力的例证。

第二个问题，预测或者制定今后的人口政策，最重要的前提，是做好调查研究。本书作者所做的泉州市就有限放开二孩政策对育龄妇女生育意愿的调查，和有关学院派专家公布的数据所存在的明显差异告诉我们，根据这两种数据做出的政策选择，肯定会有相当大的差别。我更倾向于接受本书作者的调查数据。其实，不仅在人口问题研究上，而且在许多学术领域的研究上，求真求实的学风早已荡然无存。不了解真实的社会，不明白问题的真相，关门造车、纸上谈兵怎么行？

过去，一些单位，一些部门，一些领域，所以经常闹出一些无厘头的笑话来，多半都是由于采取了隔靴搔痒的方法。这个方面的教训太多了，不需要我来举例。

是为序。

李良玉

2015 年 10 月 14 日于南京大学港龙园

# 目　录

# 表目录

# 导　言

## 一、选题的意义

　　人口问题是社会主义初级阶段长期面临的重大问题，是制约我国经济和社会发展的关键因素。控制人口数量，提高人口素质，是实现我国社会主义现代化建设宏伟目标和可持续发展的重大战略决策。新中国成立 60 年多来，特别是改革开放以来，经过全党全国人民的艰苦努力，我国人口与计划生育工作取得举世瞩目的成就。在经济还不发达的情况下，有效地控制了人口过快增长，使生育水平下降到更替水平以下，实现了人口再生产类型从高出生、低死亡，高增长到低出生、低死亡、低增长的历史性转变，成功地探索了一条具有中国特色的综合治理人口问题的道路，有力地促进了综合国力的提高、社会的进步和人民生活的改善，对稳定世界人口作出了积极贡献。但由于种种原因，我国人口基数大，每年净增人口多。为此，党和政府十分重视我国的人口问题，制定了以"控制人口数量、提高人口质量、改善人口结构"为主要内容的人口计划生育政策。

　　至目前，关于我国计划生育人口政策的纲领性文件有以下几部，分别为：第一，1980 年 9 月 25 日中共中央、国务院发布的《关于控制我国人口增长问题致全体共产党共青团员的公开信》。《公开信》指出，"为了争取在 21 世纪末把我国人口总数控制在 12 亿以内，国务院已经向全国人民发出号召，提倡一对夫妇只生育一个孩子。这是一项关系到四个现代化建设的速度和前途，关系到子孙后代的健康和幸福，符合全国人民长远利益和当前利益的重大措施。中央要求所有共产党员、共青团员特别是各级干部，用实际行动带头响应国务院的号召，并且积极负责地、耐心细致地向广大群众进行宣传教育。"《公开信》阐述了控制我国人口增长、提倡一对夫妇只生育一个孩子的重要性和必要性，并对有些人担心一对夫妇只生育一个孩子可能出现的人口的平均年龄老化、劳动力不足、男性数目会多过女性、一对青年夫妇供养的老人会增加等问题作了科学的解释。《公开信》认为，只要大家齐心协力，一对夫妇只生育一个孩子的号召是有可能实现的："1971 年到 1979 年我国努力控制人口增长，九年累计生婴儿 5 600万。1979 年以来，几百万对青年夫妇响应党的号召，自愿只生育一个孩子。单是 1979 年一年，就比 1970 年少生 1 000 万人。"《公开信》说，为了控制人口增长，党和政府已经决定采取一系列具体政策：在入托、入学、就医、招工、招生、城市住房和农村住宅基地分配等方面，要照顾独生子女及其家庭；要大力开展生殖生理、优生和节育技术的科研工作。《公开信》同时还确认：某些确实有符合政策规定的实际困难的群众，可以同意他们生育两个孩子，但是不能生三个孩子；对于少数民族，按照政策规定，也可以放宽一些；节育措施要以避孕为主，方法由群众自愿选择。《公开信》的发表标志着我国独生子女人口生育政策的正式出台及全面实施。

第二，1991 年 5 月 12 日中共中央、国务院发布的《关于加强计划生育工作严格控制人口增长的决定》。《决定》指出：我们把实行计划生育，控制人口增长，提高人口素质作为我国一项长期的基本国策，是从我国的实际情况和人民的切身利益出发，为了使国家更快地发达起来，使人民更快地走上共同富裕的道路而作出的重大战略决策。20 年来，特别是党的十一届三中全会以来，经过全党、全国人民以及广大计划生育工作者的共同努力，我国在控制人口增长方面取得了举世公认的巨大成就，人口出生率已从 1970 年的 33.43‰下降为 1990 年的 21.06‰。但必须清醒地看到，我国的人口形势依然十分严峻，控制人口增长的任务相当艰巨。目前，我国的人口总数已达到 11 亿多，近几年来每年新增人口仍在 1600 万以上，相当于一个中等国家的人口，这给我国的经济建设、社会发展和人民生活的改善带来极大的压力和困难。20 世纪 90 年代是我国社会主义现代化建设历史进程中的非常关键的时期，也是我国控制人口增长的非常关键的时期。尤其是"八五"期间，正值生育高峰的峰顶，使计划生育显得更为紧迫。如果我们不能有效地控制人口增长，必将直接影响我国现代化建设战略目标的实现，影响人民生活水平和全民族素质的进一步提高，同时还会加快自然资源的消耗和生态环境的恶化，给子孙后代留下严重的后患。由此可见，计划生育是关系到我国现代化建设战略目标能否实现的大事，是关系到民族兴衰的大事，已经到了刻不容缓、非抓紧不可的地步。因此，《决定》重申，争取今后十年平均年人口自然增长率控制在 12.5‰ 以内，完成这个控制人口增长的计划指标，对于保证我国现代化建设第二步、第三步战略目标得以实现具有重要的意义。《决定》并要求坚决贯彻落实现行计划生育人口政策，以保持人口政策的稳定性和连续性。

第三，2000 年 3 月 2 日中共中央、国务院发布的《关于加强人口和计划生育工作稳定低生育水平的决定》。《决定》中说：人口问题是社会主义初级阶段长期面临的重大问题，是制约我国经济和社会发展的关键因素。控制人口数量，提高人口素质，是实现我国社会主义现代化建设宏伟目标和可持续发展的重大战略决策。新中国成立 50 年来，特别是改革开放以来，经过全党全国人民的艰苦努力，我国人口与计划生育工作取得举世瞩目的成就。在经济还不发达的情况下，有效地控制了人口过快增长，使生育水平下降到更替水平以下，实现了人口再生产类型从高出生、低死亡、高增长到低出生、低死亡、低增长的历史性转变，成功地探索了一条具有中国特色的综合治理人口问题的道路，有力地促进了综合国力的提高、社会的进步和人民生活的改善，对稳定世界人口做出了积极贡献。计划生育是我们必须长期坚持的基本国策。在实现了人口再生产类型的转变之后，人口与计划生育工作的主要任务将转向稳定低生育水平，提高出生人口素质。全党全社会必须从我国社会主义现代化建设的大局和中华民族生存与发展的长远利益出发，进一步抓紧抓好人口与计划生育工作。

第四，2006年12月17日中共中央、国务院发布的《关于全面加强人口和计划生育工作统筹解决人口问题的决定》。《决定》指出：当前，我国人口和计划生育工作形势总体是好的；但同时，必须也要清醒地看到，我国人口发展呈现出前所未有的复杂局面，低生育水平面临反弹的现实风险。21世纪上半叶，将迎来总人口、劳动年龄人口和老年人口高峰。今后十几年，人口惯性增长势头依然强劲，总人口每年仍将净增800～1000万人；人口素质总体水平不高，难以适应激烈的综合国力竞争的要求；劳动年龄人口数量庞大，就业形势更加严峻；人口老龄化日益加重，社会保障面临空前压力；出生人口性别比居高不下，给社会稳定带来隐患；流动迁移人口持续增加，对公共资源配置构成巨大挑战；贫困人口结构趋于多元，促进社会均衡发展的任务十分艰巨。总之，人口众多、人均占有量少的国情，人口对经济社会发展压力沉重的局面，人口与资源环境关系紧张的状况，是全面建设小康社会、构建社会主义和谐社会所面临的突出矛盾和问题。实现我国经济社会又好又快发展所面临的重大问题，无不与人口数量、素质、结构、分布密切相关，在人口问题上的任何失误，都将对经济社会发展产生难以逆转的长期影响。以人的全面发展统筹解决人口问题，变人口压力为人力资源优势，为经济社会发展提供持久动力，是实现中华民族伟大复兴的战略选择。全党务必从全面贯彻落实科学发展观的高度，从立党为公、执政为民的高度，从全面建设小康社会和构建社会主义和谐社会的高度，从对中华民族未来发展负责的高度，坚持不懈地做好新时期的人口和计划生育工作。因此，《决定》以促进人的全面发展为中心，以统筹解决人口问题为主线，强调优先投资于人的全面发展，稳定低生育水平，提高人口素质，改善人口结构，引导人口合理分布，保障人口安全，促进人口大国向人力资本强国转变，促进人口与经济、社会、资源、环境协调和可持续发展，为构建社会主义和谐社会创造良好的人口环境。《决定》的发布，是落实科学发展观和构建社会主义和谐社会重大战略思想的重要举措，对于以科学发展观统领人口和计划生育工作全局，稳定低生育水平，统筹解决人口问题，促进人口与经济、社会、资源、环境协调和可持续发展，加快全面建设小康社会和构建社会主义和谐社会步伐，具有十分重大的现实意义和深远的历史意义。《决定》是指导当前和今后一个时期我国人口和计划生育工作的纲领性文件。

第五，党的十八大报告强调，要"坚持计划生育的基本国策，提高出生人口素质，逐步完善政策，促进人口长期均衡发展。"在此基础上，十八届三中全会《关于全面深化改革若干重大问题的决定》根据人口发展的新态势和新情况，对人口生育政策又作了微调，要"坚持计划生育的基本国策，启动实施一方是独生子女的夫妇可生育两个孩子的政策，逐步调整完善生育政策，促进人口长期均衡发展。"

政策是国家、政党为了达到一定的目的，根据自己的政治路线，结合当前情况和历史条件制定的一切实际行动的准则。公共政策是政府为处理社会公共事务而制定的行为规范，其本质体现了政府对全社会公共利益所作的权威性分配。公共政策包含公共政策主体、公共政策客体、公共政策目标以及影响公共政策制定和实施的一系列因素。这些因素之间的相互联系和相互作用，使得公共政策系统表现为一个动态的运行过程。公共政策运行过程表现为各个阶段或者环节，这些环节和阶段的有序衔接，构成一个公共政策完整的运行周期。由于公共政策主体、客体、目标以及影响公共政策实施的一系列因素各有不同，因而公共政策运行过程的环节与阶段也会产生不同的差异性。从我国政府部门公共政策的实践来看，公共政策运行过程包括公共政策问题形成、公共政策制定、公共政策执行、公共政策评估、公共政策调整、公共政策完成等六个阶段。这六个阶段构成了一个公共政策周期。人口政策的界定一般包括以下两个方面的内容：一是实施政策的行为主体对其人口发展过程和行为所持的政府态度，即政府主观态度；二是实施政策的行为主体为影响或制约人口发展过程和行为所制定的法令、法规及措施的总和，即政府所采取的客观行为。因此，从人口政策的内涵来说，其具有公共政策的一般属性。因此，它归属于公共政策的范畴，是公共政策的重要组成部分。人口政策的运行过程包括人口问题的形成、人口政策制定、人口政策执行、人口政策评估、人口政策调整、人口政策完成等六个阶段。

党中央、国务院在不同时期颁布的关于我国人口政策的纲领性文件反映了我国政府对隶属于公共政策的人口政策的关注；同时，这些纲领性文件也反映了我国人口政策运行的全过程。

## 二、研究框架及内容

本研究共分以下几个部分。

第一章，运用公共政策的理论分析了我国人口政策及其运行过程。

第二章，探讨了我国人口政策问题的形成以及我国人口政策的形成。20世纪五六十年代，我国人口问题完成了从公共社会问题向公共政策问题的转变，具备了公共政策问题的一般特征，即：已经成为一种客观存在的情况、条件和事实，已经发展到了有一定的广度和严重程度，已经为社会上较多的公众所觉察和认识，已经出现了不同社会阶层的利益、价值和规范方面的冲突，社会公众中产生出来的受剥夺感与不满足感已经强烈到非采取行动不可的地步，某些社会团体已经产生了一连串的活动，国家和政府也已经感觉到有非常有必要采取必要的行动来解决这些问题。人口众多是我国最主要的人口问题，也是我国所有问题中的基本问题和主要问题。因此，我国的人口政策必须以解决人口数量为立足点，并同时解决由于人口众多而产生的其它人口问题。

第三章，分析了我国人口政策执行机制。本章主要内容有三个方面：我国人口政策目标，我国人口政策执行机制，我国人口政策的法制化建设及其生殖健康工作。为了解决一定公共政策问题而制定了公共政策以后，其执行问题就显得关键了。所谓公共政策执行是指国家行政机关及其组成人员通过运用各种手段，将公共政策的内容转化为现实，从而实现公共政策决策目标的一种行为。这些行为包括两个方面的内容：一是将决策转化为可以操作的过程，二是按照决策所确定的目标而进行的努力。也就是说，公共政策执行也就是从政策生效到实现决策目标的整个过程。在这个过程中，政策执行者通过一定的组织形式，运用各种政策资源，经解释、组织、实施、服务和宣传等行动方式将政策观念形式的内容转化为现实效果，从而使既定的政策目标得以实现。关于公共政策执行过程的诸环节中，解释、组织和实施这三个环节具有非常重要的意义。查尔斯·奥·琼斯认为，政策执行是将一项政策付诸实施的各项活动，在诸多活动中，尤以解释、组织和实施三者最为重要。所谓解释就是将政策的内容转化为民众所能接受和理解的指令；所谓组织就是指建立政策执行机构，拟定执行的办法，从而实现政策目标；所谓实施就是由执行机关提供例行的服务与设备，支付经费，从而完成议定的政策目标。人口控制政策首先和一定时期内的人口目标联系在一起，即人口控制政策必须要有与整个社会经济发展目标相联系的人口目标，这是该政策要在一定时期内争取实现的。从我国人口控制政策所制订的人口目标来看，其所确定的人口目标包括总人口目标和计划生育（家庭计划方案）目标。人口政策除了要有自己确定的人口目标以外，还必须要有为实现这一目标而采取的各种措施（包括计划和方案）、即人口政策执行机制，以保证人口政策的有效落实。从我国推行人口控制政策的实践来看，人口政策执行机制具体体现在以下几个方面：（1）采取有力的政治决策；（2）制定必要的法律法规；（3）建立有效的专门机构；（4）实行广泛的计划生育并辅以必要的奖惩措施。

第四章，我国人口政策的评估，分两个方面：我国人口生育政策的积极效果，我国人口生育政策的负面影响。一个完整、科学的政策过程，不仅包括科学、合理的制定政策和有效的执行政策，还包括对政策过程，以及政策效果的分析评价，以确定政策的价值。这一系列活动就是政策评估。公共政策评估是依据一定的标准和程序，对政策过程的效果、效益和公众回应加以判断、评定并由此决定政策变迁的活动。一般地说，公共政策评估包括规范、测试、分析和评判四个环节。规范环节的任务是建立政策评估的标准与程序，这是整个评估活动的前提；测试环节的任务是收集评估对象的各方面的信息，这是评估活动的基础；分析环节是运用已收集的信息，对政策实施结果进行评定，这是公共政策评估活动中关键的一步；评判环节的任务是对政策的变迁提出建议，从而完成公共政策评估活动的一个周期。公共政策评估是公共政策过程不可或缺的组成部分。科学的评估活动能够发现公共政策过程中存在的问题，以便及时地总结经验、纠正错误，人们才能据此判定某一政策本身的价值，从而决定对公共政策的态度，为延续、革新或者终结公共政策提供依据。

第五章，我国人口变动趋势预测。人口发展趋势主要指未来人口的变动趋势，它包括人口的规模、结构和分布的变动趋势。一个国家或地区未来人口的变动趋势对其今后的经济、社会和人口政策以至整个发展进程都会产生重要的影响和作用。人口学上非常重视对人口发展趋势进行预测。所谓对人口变动趋势的预测，就是一个国家或地区根据对其未来人口生育、死亡和迁移趋势的认识和假设，应用一定的专门方法，对其今后的人口规模、结构和分布做出的测算。人口变动趋势预测主要是测算未来某地区在某一时刻上的人口总数、性别年龄构成、孩次构成，或是其某一时期内的出生人数、死亡人数、迁移人数，以及由此派生的其它人口指标，其中最重要的是预测出生数、孩次数和人口总数。预测不同的指标，可选用不同的方法和公式。要使人口预测的结果更接近于未来的实际，关键在于准确、全面地认识和掌握那些可以影响未来人口变动的各种经济、社会和人口因素，据此提出有关人口变动各要素的变化水平和趋势的假设，并按照一定的数学模型进行相应的测算。预测的目的是模拟在死亡水平固定为一种动态模式的情况下，21世纪前半叶，在不同生育水平下我国人口的发展趋势和变动范围（包括人口规模、年龄结构、老年人口与老龄化、劳动力、育龄妇女等），并以此作为判断未来人口生育政策的依据。

第六章，我国人口政策的调整，分两大部分：我国现行人口政策的完善，我国人口政策的调整。政策过程中，由于政策问题的变迁、政策制定者和政策执行中的偏差等各方面因素的影响，使政策出现了与预期不一致的情况，这时需要对政策进行调整，使其适应新形势的需求。政策调整是政策过程中不可缺少的环节。它是指政策的制定者根据新形势的需要，对政策的内容和形式进行不断的修正、补充和发展，对政策的局部修正、调整合完善，以便达到预期政策效果的政策行为。政策调整是政策方案的重新制定和执行的过程，实质上是政策制定过程的延续。通过对政策进行相应的调整，及时纠正政策制定和执行过程中的偏差，使政策更好地符合客观实际的需要，更好地实现公共政策的目的，以便有效的解决公共政策问题。公共政策的实施是对公共政策的最好的检验，在公共政策的实施阶段，对公共政策的实施进行评估，将对政策实施所产生的实际结果与预期目标进行比较，发现两者之间的偏差，从而对公共政策进行调整使其符合客观实际的需要。我国以"控制人口数量，提高人口质量，改善人口结构"为主要内容的人口政策，经过了一个较长时期的形成过程。在此过程中，为了适应实际情况的需要，党和政府审时度势对人口政策进行了完善，从而形成了适合我国国情的计划生育人口政策。进入20世纪90年代以后，面对计划生育工作和人口问题出现的新情况、新问题，党和政府又多次强调，要稳定现行计划生育人口政策。在新的历史条件下，我国人口问题和计划生育工作出现的新情况，本文认为在未来一段时间我国人口政策应在继续稳定现行人口生育政策、降低人口增长水平、实现人口的减量增长的基础上，在以下几个方面做调整：第一，进一步建立和完善计划生育的利益导向机制；第二，加强计划生育技术服务，进一步稳定低生育水平、提高人口素质；第三，适应人口政策转型升级的需要，认真做好计划生育条例的修订修正工作。

第七章，可持续发展中的人口政策选择与实施，包括：可持续发展与我国可持续发展的内涵；可持续发展中的人口问题；可持续发展中人口政策的选择与实施。

### 三、研究资料及方法

中国人口政策的研究是源于现实人口问题的需要。20世纪50年代，由于人口的迅猛增长引发了一系列社会问题，学术界由此展开了对人口理论、人口政策的激烈讨论。马寅初发表的《新人口论》使这场讨论到达了最高峰。此后，反右派运动及"文化大革命"使其研究中断了20多年。

改革开放新时期以来，由于人口问题的空前严峻，关于人口理论、人口政策的研究又迅速恢复发展起来。社科院系统、高等院校的教学和研究单位以及国家机关从事人口研究的部门对人口政策问题进行了大量卓有成效的研究。《中国人口科学》《人口研究》《人口学刊》《西北人口》《人口与经济》《南方人口》《人口与计划生育》等人口学刊物刊发了大量有关人口理论、人口政策方面的文章。国家计生委编纂的《中国计划生育年鉴》《少数民族计划生育工作文献汇编》，彭珮云主编的《中国计划生育全书》，常崇煊等主编的《当代中国的计划生育事业》《全国生育节育抽样调查报告集》，中国社会科学院编纂的《中国人口年鉴》，中国人口出版社编辑出版的《中国计划生育的伟大实践》等都动态地记录了新中国人口政策的演变过程，为人口政策的研究积累了原始文献资料。刘铮主编的《人口理论教程》《人口学辞典》，孙沐寒编著的《中国计划生育史稿》，杨魁孚、梁济民、张凡主编的《中国人口与计划生育大事要览》等著作为人口政策的研究作了基础性工作。

本书在现有研究的基础上，利用第三、四、五、六次全国人口普查数据、全国生育节育抽样分析数据、历年人口变动情况抽样调查数据和公开发布的有关资料数据，采用实证主义方法论和文献研究的研究方式，利用统计资料分析、二次分析、内容分析等研究方法，进行定量分析。

# 第一章　人口政策及其运行过程

## 一、公共政策及其运行过程

公共政策是政府为处理社会公共事务而制定的行为规范，其本质体现了政府对全社会公共利益所作的权威性分配。公共政策是一种同人类社会的生存与发展息息相关的现象；尤其是在阶级、国家出现以后，在一个国家的管理活动中，始终贯穿着公共政策的制定和执行。公共政策是国家管理的一种重要手段和重要内容。

要了解公共政策的含义，我们就要先了解什么是政策。在人类社会发展的进程中，统治阶级为了实现自己对国家和社会的管理，约束、制约被统治阶级，总是要制定一定的行为规范。政策作为统治阶级约束制约被统治阶级的行为规范，在治理国家和社会的过程中起到了非常重要的作用。因此，政策始终作为国家与社会管理的一种不可或缺的重要内容，影响、支配着甚至决定着人们的社会行为，决定国家社会的前进方向。

在中国古代典籍中，"政"和"策"是分开使用的，且有许多不同的解释。"政"通常指政治、政务，其本义是规范和控制的意思。如《说文解字》注："政者，正也"；《左传·桓公二年》曰："政以正民"；《周礼·天官》注："建邦之六典，四曰政典，以平邦国，以正百官，均万民。""政"的这些含义和今天所说的管理国家事务、治理民众的意思相差不多。古代的"策"字是计谋、策划的意思。《礼记·仲尼燕居》注："策，谋也。"《吕氏春秋·简选》注:"策,谋求也。"英文中最初也没有"政策"一词,只有"政治"(politics)一词,源于古希腊语的"poiteke",意为关于"城邦的学问"。后来,随着西方政党政治的发展和成熟,从"政治"(politics)一词逐渐演变出来的"policy"一词,具有了策略、谋略、权谋等含义。它被用来指称政党或政府为实现特定的任务所采取的行动。日本明治维新期间,英文"政策"(policy)一词传入日本,日本人将其译为"政策"。以后又传入中国。一般认为,梁启超是我国最早公开使用"政策"这一词的。他在1899年写的《戊戌政变记》中说:"按中国之大患在于教育不兴,人才不足,皇上政策首注重于学校教育之中可谓得其本矣。"之后,随着新文化运动的兴起和发展,"政策"一词在我国的政治生活中逐渐流行起来,并且使用的频率和范围也越来越广。

作为一个和政党、政府、政治有着密切关联的词,在政治实践中,政策一词主要被用来表达三方面含义:一是战略、策略或谋略。政策的根本目的在于治国安邦、管理人民,要实现这一目的,必须有一系列周密的规划和谋略。因此,政策经常体现为政党或政府为完成特定的任务而采取的某种战略,策略或谋略。如我们经常听到的"经济发展战略""社会发展战略"等,实际上都是党和政府为指导某一方面的发展而制定的宏观政策。二是行为规范或行动准则。政策是国家、政党在一定历史时期为实现一定任务而规定的行动依据和准则。作为政党和国家意志体现的政策,它必须转化为具体的行为规范,才能成为可操作的政治手段。如政党制定的纲领、路线、方针、原则、准则,国家权威机关颁布的政令、法令、文告、规划等,都属于政策范畴,它们具体规范相关对象应该做什么,不应该做什么,鼓励什么,限制什么,以干预人们的行为,对社会发展过程进行控制。三是政治行为。政策还表现为与战略、策略、谋略和行为规范,行动准则密切相关的政治行为。毛泽东曾说:"政策是革命政党一切实际行动的出发点,并且表现于行动的过程和归宿。一个革命政党的任何行动都是实行政策。不是实行正确的政策,就是实行错误的政策;不是自觉地,就是盲目地实行某种政策。所谓经验,就是实行政策的过程和归宿。

政策必须在人民实践中，也就是经验中，才能证明其正确与否，才能确定其正确和错误的程度。但是，人们的实践，特别是革命政党和革命群众的实践，没有不同这种或那种政策相联系的。因此，在每一行动之前，必须向党员和群众讲明我们按情况规定的政策。否则，党员和群众就会脱离我们政策的领导而盲目行动，执行错误的政策。"①从中可以看出，政策既可以是对行动的规划和指导，也可以是实际行动过程本身，既可以是明确宣布的，也可以是隐而不揭的。

公共政策是 20 世纪中叶之后由美国大学的教授们首先提出的概念。改革开放之后随着我国现代政治的成熟和完善，"公共政策"越来越多地出现在我国的政治生活中。目前，在中国现代社会政治生活中，"政策"一词使用的频率和幅度非常广泛。但是，人们使用的"政策"，在多数情况下总是将政府的"政策"与"公共政策"通用；讲政府的"政策"时，多是指"公共政策"。《现代汉语词典》把政策解释为：国家或政党为实现一定历史时期的路线而制定的行为准则。它就是从"公共政策"这一角度来解释"政策"涵义的。因此，在许多情况下，政策和公共政策是相通用的。

在认识公共政策的过程中，"公共政策"一词是政策科学的核心概念，其定义是否准确、是否清晰关系到整个公共政策科学建立的逻辑起点与发展的成熟度。但是由于不同的学者不同的角度出发所强调的侧重点有差别，公共政策的定义也就多种多样。虽然这让人难以对此有一个统一的标准，但是正是这种多角度的立足点和认识成果对公共政策的各个侧面有所揭示，从而达到更全面、更深刻认识的目的。具体而言，这些不同学者的认识可从中外两个方面予以介绍和比较，并籍此提出一个合理而科学的概念。从现有的文献资料来看，研究者们关于公共政策的定义主要是从以下三个方面进行的：

---

① 毛泽东：《关于工商业政策》，《毛泽东选集》第 4 卷，人民出版社 1991 年版，第 1286 页。

第一，以威尔逊、伊斯顿为代表的以"管理职能"为中心内容的界定。美国学者 W·威尔逊（Woodrow Wilson）认为：公共政策是具有立法权的政治家制定出来的由公共行政人员所执行的法律和法规。在威尔逊看来，公共政策主要是一些法律和法规；这些法律与法规又是由政治家制定出来的并且只是交给公共行政人员去执行的。这个定义体现了行政与政治二分法的思想，将制定政策看作是政治家的活动，当然将执行政策看作是行政机关的活动。这个观点在现在看来显然不够全面，因为随着社会事物的日益复杂，行政机关在现代社会是主要的政策制定者，担负了政策制定的主要任务，如果将行政机关排除在政策制主体之外显然是有失偏颇。① 美籍加拿大学者戴·维伊斯顿（David Easton）说：公共政策是对社会的价值作有权威的分配。这个定义的问题在于公共政策不仅要分配价值，而且它也会创造价值。另还有其他学者的看法。从总体是讲，由于侧重点的不同使得这些经典的定义都不同程度地带有一定的片面性，但也反映出了公共政策的一些共同特征。如：第一，公共政策的公共性，即它是由政府这样的公共机构对社会问题进行管理时所采用的手段。这不同于社会上其他组织或个人的问题处理方式。第二，公共政策是一个过程性的活动。它可以有一系列的环节组成。这些对于我们理解公共政策的实质提供了一些启示。② 这类界定强调的是：公共政策是政府为解决社会发展中的重大问题而实施的规范控制手段；公共政策是政府从自身利益和公众利益出发进行的具体管理；公共政策是以政府为主的由各种利益个体与群体参与的管理活动。

第二，以拉斯维尔、安德森为代表的以"活动过程"为中心内容的界定。拉斯威尔（Harold D. Lasswell）与亚伯拉罕·卡普兰（A·Kplan）认为：公共政策是"具有目标、价值与策略的大型计划"。③ 詹姆斯 E·

---

① 伍启元：《公共政策》，商务印书馆 1989 年版，第 4 页。
② D. Easton. *The Political System*, N, Y.: *Knopf*, 1953, P. 129
③ H. D. Lasswell and Kaplan, *Power and Society*, N. Y.: *McGraw-Hill Book Co.*, 1963, P. 70

安德森（James E. Anderson）认为，"公共政策是一个有目的的活动过程，而这些活动过程是由一个或一批行为者，为处理某一问题或有关事务而采取的。"① 卡尔·弗里德里奇（Carl. J. Friedrich）认为，"政策是在某一特定的环境下，个人、团体或政府有计划的活动过程，提出政策的用意就是利用时机、克服障碍，以实现某个既定的目标，或达到某一既定的目的。"② 这类界定强调的是：公共政策是政府有明确目标的活动；公共政策是政府运用大量资源，通过相关的规定、措施来实施决定的活动过程；公共政策是包括决定、实施等环节在内的具有连续性的活动过程。因为公共政策是针对未来的，公共政策通常有计划性。但是，公共政策除了有计划方案只外，还应当有执行的步骤，否则公共政策就无法落实。

第三，以我国国内多数学者为代表的"行为准则"为中心内容的界定。林金德在《政策研究方法论》书中说："政策是管理部门为了使社会或社会中的一个区域向正确的方向发展而提出的法令、措施、条例、计划、方案、规划或项目。"③ 孙效良认为，"政策，是决策者为了实现一定的任务，根据客观情况制定的行动方向和行为准则。"④ 陈庆云认为，公共政策是政府依据特定时期的目标，在有效增进与公开分配社会公共利益的过程中所制定的行为准则。⑤ 张金马认为，公共政策是党和政府用以规范、引导有关机构团体和个人行动的准则和指南。其表现形式有法律规章、行政命令、政府首脑的书面或口头声明和指示以及行动计划和策略等。⑥ 伍启元认为，"政策是行动或活动的指引、引导或指示，公共政策是一个政府对公私行为所采取的指引。"⑦ 王传宏、李燕凌等认为，公共政策是社会公共权威部门在特定的条件下，为达到一定目标而制定的行动

① （美）詹姆斯·E·安德森：《公共决策》，华夏出版社 1990 年版，第 4 页。
② Carl J. Friedrich, *Man and His Government. N.Y: Mcgraw Hill*, 1963. P. 79.
③ 林金德等《政策研究方法论》，延边大学出版社 1989 年版，第 3 页。
④ 孙效良：《政策研究学概论》，中国经济出版社 1989 年版，第 22 页。
⑤ 陈庆云等主编：《现代公共政策概论》，经济科学出版社 2004 年版，第 9 页。
⑥ 张金马：《政策科学导论》，中国人民大学出版社 1992 年版，第 19～20 页。
⑦ 伍启元：《公共政策》，台湾商务印书馆 1985 年版，第 1 页。

方案或行动准则。① 公共政策是指国家机关或者政党制定并付诸实施的、旨在解决某一问题的具有权威性的行动准则。这一归纳得出的公共政策内涵包含了三个要点，即欲达到的目标或目的、为达成目标而作的宣示或拟采取的行动，以及由政策声明所引发的权威性的实际的政策行动。② 可见，这类界定强调的是：公共政策是政府为实现某一目标而制定的谋略；公共政策是引导个人和团体行为的准则；公共政策是管理部门保证社会或某一区域向正确方向发展的行动计划或方案。从我国学者的分析可以看出，我们大多强调政党和政府的政策主体地位，却忽视了社会上其他政策主体的重要性。另外，我们对政策的过程性重视不够。由于公共政策的实施环境不同，许多学者在下定义时从不同的实际背景出发得出的结论也因此受限。那么结合以上的几种定义，我们可以这样说，公共政策是国家、政党及其他政治团体在特定时期为实现或服务于一定社会政治、经济、文化目标所采取的政治行为或规定的行为准则，它是一系列谋略、法令、措施、办法、方法、条例等的总称。

以上三类关于公共政策的定义，由于角度不同及价值利益取向的差异，有各自的特点。其共同性在于，它们都强调了公共政策是与以政府为主的公共部门的活动联系在一起的；都认为公共政策是必须付诸实施的、有目的的方案、计划、措施；都认为公共政策是为了解决社会发展问题。其差异性在于，它们有的侧重于公共政策的公共管理方面；有的侧重于公共政策的活动过程方面；有的较多地关注公共政策的行为规范和准则的方面。

根据上面关于公共政策定义的分析，本文认为：公共政策是以政府为主的公共机构为确保社会朝着政治系统所确定、承诺的正确方向发展，通过广泛参与的和连续的抉择以及具体实施而产生效果的途径，利用公共资源，达到解决社会公共问题，平衡、协调社会公众利益目的的公共管理活动过程。③ 公共政策是对社会的公私行为、价值、规范所作出的有选择性的

---

① 王传宏、李燕凌：《公共政策行为》，中国国际广播出版社2002年版，第6页。

② 甘华鸣主编：《公共政策》，中国国际广播出版社2002年版，第5页。

③ 陈庆云：《公共政策分析》，中国经济出版社1996年，第8页。

约束与指引，它通常是通过法令、条例、规划、计划、方案、措施、项目等形式表达出来的。这一本质规定在尽量保留已界定的共同内容的基础上，将"管理职能""活动过程""行为准则"等有差异的内容有机结合起来。

公共政策作为以政府为主的公共机构为解决社会公共问题，平衡、协调社会公众利益目的的公共管理活动的一种行为过程，它总是通过一定的形式表现出来。我们通常所见的形式有以下三类：一是实现政策的手段。公共政策不仅包含目标，而且也包括为实现目标所必须采取的手段。其中包括执行政策所需要的项目、措施、策略、方法和技术。在实施公共政策时，由于同一公共政策所面对的在不同空间、不同时间分布上的存在差异性的政策客体，另外在执行时所能实际提取的资源是不同的，再加上公共政策的执行者对政策目标的理解是不一样的，因而在实施同样的公共政策时所采取的行动路线、策略、方法、措施可能是多种多样的。公共政策的另一类形式是其多种表现形态，如路线、战略、方针、规划、计划、方案、措施、项目。公共政策在公布时也采取多种形式，主要有法律、计划、文件等。一般地说，路线、战略、方针表达的是较长久的政策，通常以法律的形式下达；规划、计划、方案则属于中长期政策，通常以计划的形式下达；措施、项目属于短期政策，通常以文件形式下达。公共政策的第三类形式是其文字形式，主要有：指示、意见、纪要、决定、条例、章程、计划、批复、工作报告，等等。

从公共政策的定义中可以知道，公共政策本身包含着公共政策主体、公共政策客体、公共政策目标以及影响公共政策制定和实施的一系列因素。这些因素之间的相互联系和相互作用，使得公共政策系统表现为一个动态的运行过程。公共政策的实施和目标都是同公共政策的运行联系在一起的，只有在公共政策的运行中，才会形成一定的政策体制。公共政策运行过程表现为各个阶段或者环节，这些环节和阶段的有序衔接，构成一个公共政策完整的运行周期。

公共政策运行过程是一个多种力量相互博弈的过程，有多种主体参与其中，共同作用于公共政策运行过程。它包括立法机关、政府、司法机关、政党、利益集团、公民以及新闻媒体等在内的组织或者个人，直接或间接地参与、影响公共政策的运行过程。这些组织和个人共同构成了公共政策的主体。同时，公共政策又是针对一定的社会问题而制定的，有一定的作用对象，还必需在一定的环境条件下进行，因此政策问题与目标群体共同构成了公共政策的客体。

关于公共政策运行过程的阶段或环节，德罗尔在《公共政策制定检讨》一书中，将其分为四个阶段18个环节：元政策（metapolicy是指相对于总政策、基本政策和具体政策而言的一种总的政策）制定阶段，即对制定政策的政策进行分析，包括处理价值，处理问题，调查、处理和开发资源，设计、评估与重新设计政策系统，确认问题、价值和资源，决定政策战略等7个环节；政策制定阶段，包括资源的细分，按优先顺序建立操作目标，按优先顺序确立其它一系列主要的价值，准备一组方案，比较各种方案的预测结果，并选择最好的一个，评估这个最优的方案并确定其好坏等7个环节；后政策制定阶段，包括发起政策执行，政策的实际执行，执行后的评估三个环节；反馈阶段，多层面联结所有阶段的交流与反馈。安德森在《公共政策》书中将政策过程的功能活动分为五个阶段：问题的形成、政策方案的制定、政策方案的通过、政策的实施、政策的评价。拉斯维尔在《决策过程》书中将政策分为七个功能活动环节：提出、建议、规定、行使、运用、评价、终止。琼斯在《公共政策研究导论》书中将公共政策运行过程分为11个功能活动环节或阶段：感知、定义、汇集或累加、组织、表述、确立议程、方案形成、合法化、预算、执行、评估、调整、终结。台湾学者伍启元认为，公共政策的运行过程包括：问题的发生、问题的列入议程、政策分析、政策的采用和制定、政策的执行、政策的评估、政策的修改与变更、政策的终结等阶段。[①] 胡宁生将公共政策运行过程分为五个阶段11个环节：公共政策的问题与议程，包括公共问题确认、公共政策诉求、公共政策议程，公共政策的规范与决定，包括公共

---

① 甘华鸣主编：《公共政策》，中国国际广播出版社2002年版，第7～8页。

政策规划、公共政策选择、公共政策决定、公共政策宣示，公共政策的实施与调整，包括公共政策实施、公共政策调整，公共政策的评估与终结，包括公共政策评估、公共政策终结。①

本文以公共政策过程途径的理论，分析归属于公共政策的我国人口政策的运行过程。公共政策过程途径的要点是将公共政策看作是一种政治行为或政治行动，通过政治与公共政策的关系对公共政策的政治行为进行阶段性或程序化研究。过程途径致力于政策过程的实践总结。尽管一项实际政策的过程不一定把政策各阶段都包含进来，但这一途径为我们对政策过程各种行为的把握，为研究实际的政策过程提供了较好的概念框架，对我们理解公共政策的实际过程有一个非常明确的方法论意义。

由于公共政策主体、客体、目标以及影响公共政策实施的一系列因素各有不同，因而公共政策运行过程的环节与阶段也会产生不同的差异性。从我国政府部门公共政策的实践来看，公共政策运行过程包括公共问题认定、政策方案制定、政策分析、政策执行、政策效果分析等步骤。这几个阶段构成了一个公共政策周期。

制定公共政策的目的是为了解决社会公共问题，制定政策首先要认清问题。当社会问题只影响到与其有直接关联的群体时，这类社会问题的涉及面还是比较小的，不能称为公共社会问题。当某些社会问题的影响已不再局限在某个区域或社会生活的某些领域，对人们利益的影响已不再是某个群体或某个层次的社会成员时，社会问题就转化为公共政策问题。也就是说，有广泛影响，迫使社会必须认真对待的问题，称为社会公共问题。但并不是所有的社会公共问题都能成为公共政策问题，只有那些特定的，由政府列入政策议程，并采取行动，通过公共行为，加以解决的社会公共问题才是公共政策问题。能够成为公共政策问题必须具备的五个要件：(1) 社会客观现象，社会问题来源于社会期望与社会现状之间的差距；(2) 大多数人对社会问题有所觉察并受其影响；(3) 利益与价值观念的冲

---

① 胡宁生：《现代公共政策研究》，中国社会科学出版社 2000 年版，第 116~117 页。

突；（4）团体的活动与力量；（5）政府的必要行动。因此，公共政策问题是指基于特定的社会公共问题，由政府列入政策议程，并采取行动，通过公共行为去实现和解决的问题。公共政策的形成过程，实际上是各种利益群体把自己的利益要求投入到政策制定系统中，由政策主体依据社会利益需求对复杂的利益关系进行调整的过程。公共政策具有导向、调控和分配等基本功能。社会公共问题的解决依赖于国家和政府的力量，只有国家和政府才能拥有解决社会公共问题的资源、手段和能力。这一过程也就是公共政策问题的形成过程。当这些社会问题通过各种方式纳入政府议程，成为公共政策问题后，公共政策主体就必须制定出相应的政策解决公共政策问题，从而进入公共政策制定程序。

公共政策制定，是指从发现问题到出台政策方案的一系列的活动过程，包括界定问题、建立议程、设计方案、预测结果、比较和抉择方案以及方案的合法化等环节。为了解决一定公共政策问题而制定了公共政策以后，执行问题就显得非常关键了。公共政策制定过程包括"提出问题、确定目标、拟定方案、优选方案、实施政策"五个步骤，以及各个步骤之间的多次反馈。目标和方案是公共政策制定所必须具备的两个基本要素。能否保证政策目标的有效性取决于两个环节：一是政策目标的设计正确；二是不同的参与者对政策目标达成共识。为保证政策目标的正确，政策目标必须明确具体；政策目标必须有效协调；政策目标与手段必须统一。拟定方案的基本环节包括：设想、分析、初选、评定、淘汰等。公共政策制定的方法包括：特尔菲法、决策树法、灵敏度分析法、成本效益分析法和模糊综合分析法等。特尔菲法，即用书面形式广泛征询专家意见以预测某项专题或某个项目未来发展的方法，又称专家调查法。它有专家匿名表示意见、多次反馈和统计汇总等特点：（1）匿名：专家单独表态，填写的调查表也不记名，以免受权威意见影响而改变自己的意见。（2）多次反馈：经过一轮特尔斐活动后，把原始资料或专家意见汇总成图表反馈给参加咨询的专家，在一定期限内回收，再进行汇总分析，然后转入第三轮活动。多次反复可为专家提供了解舆论和修改意见的机会。（3）采用统计方法进行汇总，以期作出符合客观情况发展的结论。决策是一个过程，包括四个主要阶段，这些阶段与人类解决问题的思维过程诸阶段之间有紧密的联系。正如思维离不开语言一样，决策作为一种复杂的思维过程也需要一种语言，或者说需要通过一定的模型来表达。通过比较现状与目标间的差距发现问题，根据问题的特征设计出几个可行方案，每个方案都对应一个最终的效果，而方案的实现具有一定的概率，决策者在权衡各方案时，除了考虑到方案实现的平均收益外，有时还加入主观的倾向和偏好，最后的选择是在全面衡量各方案的利弊，并参照目标要求的基础上做出的。把这一过程加以抽象就得到了决策树。决策树是一种探索式决策过程的模型，实际上它早已存在于人们的思维过程中，一直被决策者有意无意地使用着。灵敏度分析法是电力系统规划决策以及运行控制中常用的方法。它通过分析某项运行指标与控制变量的关系来确定该变量对系统的影响，从而进一步提出改善该运行指标的措施。它在公共政策的制定过程中也普遍地运用。成本效益分析法，也称费用效果分析法，是规划与采购工程系统或设备的一种方法。为了实现某种经济上的或军事上的目的，可供选择的经济技术方案很多，这些方案在实现目的的效果上和消耗的费用上各不相同。通过效用分析可以从这些方案中找出给定效果，采用费用最低的方案。成本效益分析法是综合利用运筹学、程序设计、经济分析以及有关设备系统设计与使用等的知识和方法。

只有公共政策得到比较好的或者完全的执行，制定政策时确定的目标才能实现，公共政策问题才能解决。公共政策执行是指把政策内容付诸实施的过程。关于公共政策的执行，早期的一些研究者认为一旦公共部门制定或者采纳了一项决策方案，并且拨付了必要的经费，决策就会自然地得以实施，目标就可以实现。如果公共政策本身完善，那么公共政策自然应该会得到执行。在这种思想的指导之下，他们把主要的精力集中到政策的制定和完善，对公共政策执行重视不够。而事实证明，在许多国家，在公共政策的预期目标和最终实现的结果之间会有或大或小的偏差。比如，我国目前已经制定了许多的法律法规，但由于在执行的过程中存在着许多的问题，因此这些法律法规的预期目标和最终实现的结果之间的差距是比较大的。这也就是我们所说的"执法不严"问题。再如，中央三令五申禁止乱摊派、乱罚款，但由于地方利益和部门利益的阻挠，屡禁不止。这些现象都说明了一项政策的制定并不等同于政策的执行，更不能够等同问题的解决，政策执行的力度与问题的解决息息相关。随着社会的不断向前发展，学者们越来越认识到公共政策执行的重要性，人们也越来越注意到了对公共政策的执行问题。比如：琼斯认为：政策执行是执行某一项政策付诸实施的各项活动；马杰和图尔认为：政策执行是执行某一项政策所作的各项决定；保罗·A·萨巴蒂尔和丹尼尔·A·马兹曼尼安则指出：可以将政策执行视为这样一个过程，即用法律、上诉法院决定、行政命令，或者用议会决定、内阁政策令的形式，实施一种基本政策决定的过程；林永波、张世贤认为：政策执行可谓是一种动态的过程，在整个过程中，负责执行的机关与人员组成必要的要素，采取各项行动，扮演管理的角色，进行适当的裁定，建立合理可行的规则，培养目标共识与激励士气，应用协商化解冲突，借以成就某种特殊的政策目标。[①]

政策执行也就是从政策生效到实现决策目标的整个过程。这些行为包括三个层次：服从、认同与内化。服从是接受政策的最低层次；认同是接受政策反应的中间层次；内化是接受政策的最高层次，它表现为对政策内容及其意义有准确而深刻的理解，并内化为自觉行动。组织者对政策执行过程应加以控制。这种控制表现为：一是政策执行中的协调。在政策执行中采取各种方法调节各项执行活动，解决或消除各种矛盾与冲突，引导行政机构和受众互相配合协作。二是政策执行中的方案调整。它既包括对原方案与实际问题之间产生的偏差的调整，也包括采用各种限制措施纠正偏离目标的行为。

一个完整科学的政策过程，不仅包括科学合理的制定政策和有效的执行政策，还包括对政策过程以及政策效果的分析评价，以确定政策的价

---

① 王传宏、李燕凌：《公共政策行为》，中国国际广播出版社2002年版，第239～240页。

值，这一系列活动就是政策评估。公共政策评估，主要是指依据一定的标准和程序，对政策的效果做出判断，确定某项政策的效果、效益以及优劣，并弄清该政策为什么能取得成功，或者为什么导致失败。政策效果评价是对政策实施结果及其影响的一种综合判断。政策评价要坚持价值与事实有机结合，坚持客观、公正、全面的评价标准。对政策效果进行评价需要制定一套政策评价标准。制定政策评价标准的原则是：科学性；客观性；可比性；方向性；准确性。价值原因、政策目标的不确定性、利益冲突的连续性、评价资源的有限性、数据资料的不全面性是影响政策评价标准的因素。

在公共政策执行过程中，由于政策问题的变迁、政策制定和政策执行中的偏差等各方面因素的影响，使政策出现了与预期不一致的情况，这时需要对政策进行调整，使其适应新形势的需求。公共政策调整，是指为达到政策方案的预期目标，避免政策失误对政策过程尤其是执行阶段的调整。

政策调整过程是政策方案的重新制定和执行的过程，实质上是政策制定过程的延续。公共政策调整，是依据政策评价的结果，对实施中的现行政策补充、修正和终止的动态过程。导致政策调整的主要因素有决策者的价值取向、政策环境、政策资源三个方面。决策者的利益、素质、信息资源是影响政策调整的主要障碍性。公共政策完成是公共政策执行过程的最后一个阶段，是政策过程的必要步骤，及时地终止一项无效的或者已经完成使命的政策，有助于提高政策的效率。公共政策完成，是在公共政策实施并加以认真评估之后，发现该政策的使命已经完成，其存在没有必要或不再能发生作用，采用措施结束政策方案的过程或行为。政策完成既是前一个政策的终止，又是后一个政策的开始。

关于公共政策研究的途径，不同学者有不同的观点。托马斯·戴伊认为公共政策有八种研究途径：制定途径、过程途径、集团途径、精英途径、渐进途径、对策途径、系统途径和理性途径；安德森将公共政策研究途径归纳为五种理论：政治系统理论、团体理论、杰出（精英）人物理论、功能过程理论、制度化理论。

公共政策有多种分类方式。从已有的公共政策文献资料来看，由于分类标准的不一致，得出的公共政策类型也是多样的。根据所指向的方向、所要实现的目标的综合程度，公共政策可分为元政策、基本政策和具体政策。

依据公共政策的作用特性，可以将公共政策划分为：改造型公共政策与调整型公共政策、创新型公共政策与重申型公共政策、鼓励型公共政策与限制型公共政策、原生型公共政策与派生型公共政策。

根据公共政策的内容和作用的领域来划分，可以划分为政治政策、经济政策、社会政策、科技政策、文教政策等等，这是一般的划分方法。张金马在《政策科学导论》中提出五类政策：侧重于政治学科的公共政策，如国家安全政策、外交政策、选举政策；侧重于经济学科的公共政策，如能源政策、税收政策、产业政策；侧重于社会学科的公共政策，如教育政策、人口政策、卫生政策；侧重于市政与区域规范学科的公共政策，如土地政策、住房政策；侧重于自然科学和工程技术的公共政策，如科学政策、技术改造政策等等。[①]

在现实的社会中还存在一种狭义的社会生活，它是由各种社会关系组成的一个系统。在这个系统中存在和发挥作用的因素是多种多样的，其中重要的有人口因素、种族因素、医疗卫生因素、劳动就业因素、福利保障因素、社会安全因素，等等。这些因素与人民的衣食住行、生老病死密切相关，与社会的稳定、有序运行和发展紧密相联，并由此产生一系列的社会问题。解决这些社会问题的政策，统称社会政策。任何一种社会政策，都是以一定的社会问题为解决对象。社会问题的存在导致了社会政策的产生，社会政策的实施又有利于社会问题的解决。解决社会人口问题的政策，一般称为人口政策。

---

① 张金马：《政策科学导论》，中国人民大学出版社 1992 年版，第 28 页。

## 二、人口政策及其运行过程

人口政策属于公共政策的一种，是公共政策的重要组成部分。

关于人口政策的定义，张纯元认为，人口政策是一个国家或地区用来影响和干预人口运动过程以及人口因素发展变化的法规、条例和措施的总和。[①] 杨魁孚认为，人口政策是一个国家为了对本国人口发展过程施加影响和干预而做出的具有法令性的规定。[②] 侯文若认为，人口政策是一个国家的统治阶级为维护统治利益，对人口发展过程施加影响和干预而作出的具有法令性的规定。[③] 陈正认为，政策是指包括政府在内的各种社会机构、组织等为达到其特定的目标所制定的计划或行动纲要，当这些计划或行动纲要涉及人口的规模、分布结构等等，就称之为人口政策。[④] 佟新认为，人口政策是政府的各种行为，这些行为的目的在于影响人口增减、过程、规模、结构和分布；政府的各种行为包括制定各种法律、法规和措施，还包括各种控制和激励手段。[⑤] 根据公共政策内涵包含的特点，本文认为人口政策包括两个方面的内容：一是实施政策的行为主体对其人口发展过程和行为所持的态度，即政府主观态度；二是实施政策的行为主体为影响或制约人口发展过程和行为所制定的法令、法规及措施的总和，即政府所采取的客观行为。一个国家的人口政策，也和其它公共政策一样，是在一定社会的经济基础上产生并为经济基础服务的上层建筑。既定的人口政策，集中表达了一个和国家和政府在一定时期内根据经济与社会发展的需要，对人口发展的方向、目标所提出的要求，以及把人口发展引向所期望方向而制定的各种目标和手段。政府如果想要有一个更快的人口增长，那么它可以制定各种政策以增加人口出生率、减少死亡率和鼓励人口迁

---

①　张纯元：《中国人口政策演变过程》，于学军、解振明主编：《中国人口发展评论：回顾与展望》，人民出版社 2000 年版，第 2 页。

②　杨魁孚：《中国人口问题论稿》，中国人口出版社 1997 年版，第 74 页。

③　侯文若：《中国人口政策评估》，《人口研究》1988 年第 6 期。

④　陈正：《人口生育政策的评价方法研究》，《人口学刊》2000 年第 5 期。

⑤　佟新：《人口社会学》，北京大学出版社 2000 年版，第 420 页。

人；反之，它可以制定各种政策以减少人口出生率以及禁止人口迁入。

人口问题属于公共社会问题。人口数量的增减、人口素质的高低、人口结构的优劣等等，都会对社会大多数人的利益以及对社会经济的发展产生影响。社会公共问题的解决依赖于国家和政府的力量，只有国家和政府才能拥有解决社会公共问题的资源、手段和能力。解决人口问题只有依靠国家和政府的力量，即：解决人口问题人口政策的主体是一个国家和政府。人口政策是为了一定时期的人口问题而制定的，因此，其客体就是一定时期的人口问题。

同其它的公共政策运行过程一样，人口政策的运行过程也包括人口问题的形成、人口政策制定、人口政策执行、人口政策评估、人口政策调整、人口政策完成等六个阶段。

一般地说，当公共政策主体意识到社会公共问题已经妨碍了整体社会发展，充分了解公众的公意性并认同这种公众的政策诉求时，公共问题才能变成公共政策问题。人口问题也是这样。这个世界充满了各种各样的矛盾和问题，它们存在于一切事物的发展过程之中，每一个事物的发展过程之中存在着自始之终的矛盾和问题。矛盾和问题是推动世界向前发展的根本动力。马克思从人的自然属性和社会属性的关系问题上，揭示了人的本质。人所具有的多种多样的属性，可以概括为自然属性和社会属性。马克思说，人"如果指的是孤立地站在自然面前的人，那么他应该被看作是一种非常群居的动物；如果这是一个生活在不论哪种社会形式的人……那么出发点是，应该具有社会人的一定性质，即他所生活的那个社会的一定性质"。[①] 所以，人是自然的人和社会的人的统一，人的属性是自然属性和社会属性的统一。人的自然属性主要是指人的生物方面的属性，包括人的肉体和精神方面的本能；人的社会属性，主要是指人的社会关系方面的属性。在人的自然属性和社会属性的对立统一中，社会属性居于主导的、支配的地位，是人的本质属性，即人的本质。马克思说："人的本质并不是

---

① 《马克思恩格斯全集》（第19卷），人民出版社1965年版，第404页。

单个人所固有的抽象物。实际上，它是一切社会关系的总和。"① "人是最名副其实的政治动物，不仅是一种合群的动物，而且是只有在社会中才能独立的动物。"② 所有这些都是指人的本质属性是社会属性。因此，我们可以说，人口问题与人类社会的发展相始终，是所有社会问题的出发点和归宿。人口问题的解决对于社会公共问题的解决具有非常重要的意义。在人口问题仅局限于某个区域或某个层次的社会成员时，还没有对绝大多数社会成员或者整个社会构成影响时，人口问题就不是一个国家的公共社会问题。这个国家和政府也就不会出台解决这些人口问题的人口政策。当人口问题发展到影响绝大多数社会成员利益或者整个社会的发展，这时，就会出现解决问题的公意性诉求，即社会成员就会要求国家和政府出台政策以解决这些人口问题。从世界范围内来看，在第二次世界大战以前，世界上大多数国家没有人口政策，因为那时的各国的人口问题还没有成为公共社会性问题。二战以后，随着人口的快速变化，并由此产生了一系列社会问题。在这种情况下，各国政府意识到了人口问题的严重性。从 1974 年的布加勒斯特世界人口大会以后的三十多年时间里，人们以不同方式表达了对人口问题的普遍关注，期间有五十多个国家明确制定了明确的人口政策。在 1994 年开罗国际人口与发展大会上，大多数发展中国家认为人口的快速增长会阻碍本国的社会经济的发展，主张实行控制人口增长的政策；有将近 1/3 的发达国家认为本国人口生育水平较低，主张采取措施鼓励生育，另有 2/3 的发达国家对本国人口生育水平和人口数量较为满意，主张对人口问题采取不干涉的政策。无论是控制人口增长政策，或是鼓励生育人口政策、还是不干涉的人口政策，都表明了国家和政府将人口问题上升为社会公共政策问题，并给予了一定程度的关注。以新加坡为例，二战后初期人口的迅速增长，使得在 20 世纪 50 年代末、20 世纪 60 年代初进入劳动力市场的大批青年未能得到足够的就业机会；同时，又产生了诸

---

① 《马克思恩格斯全集》（第 3 卷），人民出版社 1965 年版，第 7 页。
② 《马克思恩格斯全集》（第 46 卷），人民出版社 1965 年版，第 21 页。

如住房、公共卫生、医疗服务、教育等一系列社会问题。为了解决这些因人口剧增而导致的社会问题，从 1965 年开始，新加坡政府制定实施了一系列控制人口增长率的政策。这些政策主要包括以下几个方面：向已婚妇女提供家庭生育计划和门诊服务；宣传小家庭利国利民；对三个子女以上的家庭征收高额所得税；第三个孩子以上的产妇不能获得有薪产假，但若在产后自愿接受绝育手术，则可以得到有薪产假；鼓励公务人员做绝育手术，凡公务人员做绝育手术的，均可获得七天全薪产假；提出"两子女家庭"的模式；鼓励晚婚、晚育。同时，规定分娩费用随子女数量的增加而增加，以此来鼓励少生优生。

人口问题的产生导致人口政策的制定与执行。在人口政策的实施过程中，人口政策的行为主体会适时地根据人口问题的变化情况，对人口政策进行评估，就其实际成效（人口政策执行过程的效果、效益、效率和公众回应等）与预期成效的差异加以衡量。人口政策评估能够发现人口政策执行过程中存在的问题，以便于及时地总结经验、纠正错误，并适时地对其进行调整。人口政策调整是人口政策执行过程中不可或缺的组成部分。通过对人口政策进行调整，会及时纠正人口政策执行过程中的偏差，使政策更好地符合客观实际的需要，更好的实现人口政策的目标，以便有效地解决人口问题。如，进入 20 世纪 80 年代后，新加坡政府发现 20 世纪 60 年代制定的人口政策已出现了许多的负面因素，如低教育水平的夫妇生育子女偏多，平均每对夫妇生育 3.5 个子女，而受过高等教育的夫妇平均每对生育只有 1.7 个，影响了人口素质的提高。为了改变这种状况，新加坡政府对原先的人口政策进行了调整，在 1984 年提出新的人口政策。这一政策包括两个方面：争取人口实现零增长；对具有高等教育文化程度的育龄夫妇实行鼓励生育的政策，提倡受过高等教育文化程度的夫妇一生生育三个或三个以上子女，并规定这些子女在一年级新生入学报名中享有优先权，有优先进入重点学校的权利。同时，鼓励低文化水平的母亲减少或保持国家规定的生育数。任何一项人口政策都有其产生、制定、执行、评估、调整和完成等环节，它服务于某一特定的历史时期，着眼解决某一特定的人口问题。它是一个客观过程,具有阶段性。当这一特定的历史时期或特定的人口问题消失后,人口政策也就失去了存在的前提条件。人口政策完成是人口政策整个执行过程的最后一个阶段,是必不可少的。

### 三、我国人口政策的分期、分类和特征

我国是世界第一人口大国,也是经济发展中的国家。在经历了数十年的艰苦努力后,终于在世纪之交控制了人口快速增长的势头,实现了人口再生产类型由"高人口出生率、高人口死亡率、低人口自然增长率"经"高人口出生率、低人口死亡率、高人口自然增长率"向"低人口出生率、低人口死亡率、低人口自然增长率"的转变。在人口再生产的转变过程中,我国人口政策起到了非常重要的作用。

新中国成立以后,我国人口死亡率明显下降,实现了第一阶段的人口转变。由于我国生产力水平不高,农村商品经济不发达,半自然经济占主导地位,传统的多生多育观念根深蒂固,导致了我国人口数量的迅速增长。1965 年我国人口自然增长率达到了 28.5‰。由于人口再生产具有惯性和再生产高低峰的周期重复性使我国 20 世纪 60、70 年代的人口增长形成了巨大的人口压力。1963～1965 年我国每年出生的人口数都高达 2500多万。当这批人进入婚龄和育龄期后,结婚和生育的人数必然增长。20世纪 70 年代以后,我国开始采取自觉控制生育的人口政策,人口生育率迅速下降,推动了人口向第二个阶段的转变,同时也奠定了我国现行了人口计划生育政策的基础。

我国现行计划生育人口政策是在总结 20 世纪 50 年代、20 世纪 60 年代以及 20 世纪 70 年代"晚、稀、少"人口政策的基础上,在对独生子女人口生育政策进行几次大的调整和完善的基础上,逐步形成和发展起来的。20 世纪 70 年代,我国实施的是"晚、稀、少"人口政策。1972 年,卫生部提出了"晚、稀、少"人口政策内容的最初设想:"关于晚婚年龄,提倡在农村女 23 岁,男 25 岁,城市女 25 岁,男 27 岁或 28 岁。关于一对夫妇生几个孩子、每个孩子间隔几年问题,如果自然增长率保持10‰

的水平，就是平均每对夫妇有两个小孩，从母亲和孩子的健康来讲，间隔4~5年为好。"[1] 1973年，第一次全国计划生育工作汇报会确定了"晚、稀、少"的方针，会议提出了"晚、稀、少"的计划生育政策："晚"是指男25周岁以后、女23周岁以后结婚，女24周岁以后生育；"稀"是指生育间隔为三年以上；"少"是指一对夫妇生育不超过两个孩子。我国"晚、稀、少"人口政策的具体措施在全国城乡范围内逐步得到贯彻落实，并且取得了一定的成效。人口出生率由1970年的33.43‰下降到1980年的18.21‰，年净增加人口由2 321万减少为1 163万。该时期人口政策产生作用的机制固然与社会经济发展和人口年龄结构有关，但主要还应归功于"晚、稀、少"人口政策的合理性以及计划生育工作所依赖社会条件和运行机制的可行性。1980年，全国总人口已达98 705万人，出生率为18.21‰，人口自然增长率为11.87‰，总和生育率为2.24。根据有关方面的预测，要实现在21世纪末人口不超过12亿的目标，必须实行一对夫妇只生一个孩子的独生子女政策。"我国人口在1963年到1970年这一段时间增加得最快，现在30岁以下的人，约占全国人口总数的65%，今后每年平均有两千多万人进入结婚生育期。如果不从现在起用三四十年特别是最近二三十年的时间普遍提倡一对夫妇只生育一个孩子，控制人口的增长，按目前一对夫妇平均生2.2个孩子计算，我国人口总数在20年后，将达到13亿，在40年后将超过15亿。""解决这一问题的最有效的办法，就是实现国务院的号召，每对夫妇只生育一个孩子。"[2] 在这样的背景下，1980年党中央、国务院发出《关于控制我国人口增长问题致全体共产党员、共青团员的公开信》，提倡一对夫妇只生一个孩子。《公开信》指出，"为了争取在本世纪末把我国人口总数控制在12亿以内，国务院已经向全国人民发出号召，提倡一对夫妇只生育一个孩子。这是一项关系到四个现代化建设的速度和前途，关系到子孙后代的健康和幸福，符合全国人民长

---

[1] 《卫生部军管会业务组栗秀真在河北省计划生育工作会议上的讲话》（1972年1月25日），彭珮云主编：《中国计划生育全书》，中国人口出版社1997年版，第297页。

[2] 《党中央号召党团员带头只生一个孩子》，《人民日报》1980年9月26日。

远利益和当前利益的重大措施。中央要求所有共产党员、共青团员特别是各级干部,用实际行动带头响应国务院的号召,并且积极负责地、耐心细致地向广大群众进行宣传教育。"《公开信》阐述了控制我国人口增长、提倡一对夫妇只生育一个孩子的重要性和必要性,并对有些人担心一对夫妇只生育一个孩子可能出现的人口的平均年龄老化、劳动力不足、男性数目会多过女性、一对青年夫妇供养的老人会增加等问题作了科学的解释。《公开信》认为,只要大家齐心协力,一对夫妇只生育一个孩子的号召是有可能实现的:"1971 年到 1979 年我国努力控制人口增长,九年累计生婴儿 5 600 万。1979 年以来,几百万对青年夫妇响应党的号召,自愿只生育一个孩子。单是 1979 年一年,就比 1970 年少生 1 000 万人。"《公开信》说,为了控制人口增长,党和政府已经决定采取一系列具体政策:在入托、入学、就医、招工、招生、城市住房和农村住宅基地分配等方面,要照顾独生子女及其家庭;要大力开展生殖生理、优生和节育技术的科研工作。《公开信》同时还确认:某些确实有符合政策规定的实际困难的群众,可以同意他们生育两个孩子,但是不能生三个孩子;对于少数民族,按照政策规定,也可以放宽一些;节育措施要以避孕为主,方法由群众自愿选择。从 1977 年到 1980 年,在实行"晚、稀、少"生育政策时,城市总和生育率已从 1.57 下降到 1.15。但是在广大的农村地区,由于农民群众生育期望值与实际能够生育的子女数量存在着巨大差距,独生子女生育政策在具体实行过程中遇到了重重困难。1980 年,农村地区在实行晚稀少生育政策时总和生育率为 2.48,因此,在农村地区要真正做到生育一个孩子,其困难是可想而知的。1980～1984 年农村总和生育率分别为 2.91、3.32、2.78 和 2.70。[①] 也就是说,这几年农村育龄妇女的生育水平超过或接近三个孩子,这更从反面说明了独生子女人口政策在农村地区不具备可操作性。虽然这期间有关部门注意到了这个问题,要求把农村计划生育工作的重点放在杜绝多胎生育和按照政策有计划地安排第二胎上,

---

[①]　姚新武、尹华编:《中国常用人口数据集》,中国人口出版社 1994 年版,第 44 页。

逐步做到一对夫妇只生育一个孩子，并立即着手研究适应生产责任制的计划生育措施，避免被动，避免简单粗暴和强迫命令。[①] 但效果并不明显，并出现了两种极端倾向：一种是有不少基层计划生育干部为完成计生指标，使党群、干群关系严重对立；另一种是他们深感在农村推行只生一个孩子的政策太脱离群众，干脆撒手不管，放任自流，反而助长了多胎生育现象。因此，1984 年，党中央决定，除城市、城郊以外，在农村地区逐步实行允许第一胎生女孩的夫妇再生第二胎的政策，即实行所谓的"口子"政策。然而，由于推行独生子女人口政策在人们心理上形成的不正常心态，调整后的"口子"政策在理论工作者和实际工作者中都产生了很大的震动和不同的认识，许多人把调整政策同严格控制人口增长对立起来，认为调整政策实际上是放松计划生育工作。另一方面，调整政策没有充分估计到两种政策替代的困难，政策本身又缺乏可操作性；更由于有关文件旨在破除不顾实际情况、没有差异的"一刀切"标准，却忽略了"开口子"的标准，如何从"紧"政策过渡到"松"政策，都缺乏准备。"开口子"调整的人口生育政策不仅没有达到预期的目标，反而引起了不少地区计划生育工作的波动和混乱。不少地区按照各自的理解去实施贯彻，不少地方竞相攀比"口子"的大小，诱发了"抢生""超生""偷生"现象，致使这些地方人口控制出现波动，实际生育水平出现回升。关于在农村如何做到开小口、堵大口、刹歪口，有效地控制住我国人口的过快增长，国家计生委在全国有计划地设置试点县，进行实验，以便分别不同情况，总结试点经验，分类指导和完善农村计划生育人口政策。国家计生委吸取了山东省开小口、堵大口的行之有效的经验，即在符合一定的条件下，允许农村独女户夫妇再生一个孩子的办法。党中央肯定了这一经验。1986 年党中央强调，农村应该有个长期、稳定、得到多数农民支持的生育人口政策，除了过去规定的一些特殊情况可以生两个孩子外，要求生第二胎的独女户，间隔几年以后可以允许生第二胎。1988 年把现行计划生育人口政

---

[①] 人民日报社论：《必须认真抓好计划生育工作》，《人民日报》1981 年 8 月 18 日。

策规定为：提倡晚婚晚育、少生优生，提倡一对夫妇只生育一个孩子；国家干部和职工、城镇居民除特殊情况经过批准外，一对夫妇只生育一个孩子；农村某些群众确有实际困难，包括独女户，要求生二胎的，经过批准可以间隔几年以后生第二胎；不论哪种情况都不能生三胎；少数民族地区也要提倡计划生育，具体要求和做法可由有关省、自治区根据当地实际情况制定。1991 年 5 月，党中央、国务院又发出《关于加强计划生育工作严格控制人口增长的决定》。《决定》重申，争取今后十年平均年人口自然增长率控制在 12.5‰ 以内，完成这个控制人口增长的计划指标，对于保证我国现代化建设第二步、第三步战略目标得以实现具有重要的意义。《决定》并要求坚决贯彻落实现行计划生育人口政策，以保持人口政策的稳定性和连续性。[①]

关于我国人口政策的分期，由于其历时数十年，过程一波三折，加上研究者研究角度不同，因而学术界对人口政策的分期很不一致。侯文若认为，我国人口政策的制定经历了五个大的阶段：第一阶段：控制人口思想的提出；第二阶段：人口政策萌芽；第三阶段：人口增长失去控制；第四阶段：人口政策开始形成；第五阶段：人口政策最终形成并进一步完善。[②] 冯立天等将人口政策分为九个时期：中华人民共和国成立到 1953 年：不成文的鼓励人口增长的政策；1954 年至 1957 年：由严禁节育到逐步主张节制生育；1958 到 1959 年：已孕育起来的上层控制人口思想受到严重干扰；1960 年至 1965 年文化大革命发动前夕：计划生育思想复苏与开展工作；1966 年至 1969 年：计划生育政策未变，但丧失实施的社会环境；1970 年至 1980 年初秋：全面推行计划生育，形成合情合理的生育政策；1980 年秋至 1984 年春：计划生育政策由"晚、稀、少"向独生子女人口政策紧缩；1984 年至 1991 年：完善计划生育政策形成各地方计划生

① 中共中央、国务院：《关于加强计划生育工作严格控制人口增长的决定》，中发［1991］9 号（1991 年 5 月 12 日）。

② 侯文若：《我国人口政策评估》，《人口研究》1988 年第 6 期。

育条例；1991 年至 1999 年：现行计划生育政策的稳定。[①] 张纯元根据人口政策变动的状态把人口政策划分为五个阶段：1949～1961 年，限制人口增殖生育政策的思想准备阶段；1962～1969 年，限制人口增殖生育政策的提出及其在部分市、县的试行阶段；1970～1980 年，限制人口增殖生育政策的逐步形成和全面推行阶段；1980 年秋～1984 年春，限制人口增殖生育政策在生育数量上的进一步抓紧阶段；1984 年春至目前，限制人口增殖生育政策的进一步调整和稳定阶段。[②]

以上关于人口政策的分期，都非常直观地说明了我国人口政策的产生、发展和完善的全过程。但如果我们从实施人口政策的行为主体，即新中国政府在此过程中角色变化发展过程来分析的话，我国人口政策可分为三个时期：一是自新中国成立初期至"文化大革命"爆发。这一时期，新中国政府已经意识到了人口快速增长对我国经济社会各方面造成了严重的冲击，因此，国家和政府对人口再生产过程持非常明确的态度，即主张"节制人口生育"。二是 20 世纪 70 年代十年间。我国在全国范围内初步开展了计划生育工作，并且形成了以"晚、稀、少"为主要内容的人口政策。该时期的人口政策是在总结新中国成立后十七年人口理论及实践的经验教训基础上发展起来的；同时，又为 20 世纪 80 年代以后人口政策做了准备工作。"晚、稀、少"人口政策初步具备了我国现行计划生育人口政策的雏形，在我国人口政策史上起着承前启后的作用。三是从 1980 年 9 月党中央、国务院发表《关于控制我国人口增长问题致全体共产党员、共青团员的公开信》至目前。这一时期，我国政府为了控制人口数量、提高人口质量，制定了一系列法令、法规及措施，并通过这些法令、法规及措施的实施，在控制人口数量、提高人口质量取得了明显的成绩。

关于人口政策的分类，甘华鸣等把人口政策分为人口增殖和人口控制

① 冯立天、马瀛通、冷眸：《50 年来中国生育政策演变之历史轨迹》，《人口与经济》1999 年第 2 期。

② 张纯元：《我国人口政策演变过程》，于学军、解振明主编：《中国人口发展评论：回顾与展望》，人民出版社 2000 年版，第 15～25 页。

政策、公开的和倾向性的人口政策、全国和地区的人口政策以及广义的和狭义的人口政策、直接和间接人口政策。他们认为，人口增殖政策主张加快人口增长速度，扩大人口规模；人口控制政策主张降低人口增长速度，稳定以至缩小人口规模。根据一国政府对人口增殖或人口控制所持的态度，可分为公开的人口政策和带倾向性的人口政策。公开的人口政策有其明显特征：政府对鼓励人口增殖或控制人口增长所持的态度始终十分明朗，并公开作出政策声明；政府积极采取一系列配套措施，以促使人口出生率和自然增长率提高，或者促使人口出生率和自然增长率降低；政府设有专门机构对人口政策负责执行和检查；人口政策的推行有政府颁布的法律支持。带倾向性的人口政策是指一国政府虽然没有制定明确的鼓励还是抑制人口增长的政策，也没有正式颁布什么人口措施，但从其实行的社会政策措施，以及对民间家庭生育机构的态度，便不难发现它对人口发展的倾向性，也就是说，可以看出它倾向于更多地增殖人口还是控制人口增长。由于各个国家内的人口分布不一样，人口所生活的具体社会经济、文化条件不一样，还有一个国家的民族成份不同，因此制定人口政策时根据这些情况，有时就是既有全国的人口政策，而各地又制定适合自己情况的人口政策。狭义人口政策主要指涉及人口生产再生产相关的政策，如生育政策、死亡政策、优生政策和婚姻家庭政策，等等；广义人口政策除这些内容外，还包括劳动力的生产和再生产、人口迁移与分布、人口教育与就业、人口福利以及与人口有关的公共政策，如住房政策、土地政策、资源政策等等。直接人口政策是指国家制定有直接的政策，来指导和控制国家人口发展的走向；间接人口政策只是通过宣传和技术的方式去实现人口目标，而不是法律的、行政的、经济的强制。① 根据这个分类标准，对照我国人口政策的主要内容，可以看出，其属于人口控制、公开的、全国性的、狭义的以及直接的人口政策。

在构成狭义人口政策的所有要素中，人口生育政策是其最直接、最具

_____

① 甘华鸣主编：《公共政策》，中国国际广播出版社 2002 年版，第 438～440 页。

体和最重要的因素。生育政策是指一个国家或地区从社会的、经济的、政治的、资源的、生态环境的综合战略利益出发，同时考虑到大多数群众的接受程度，对其人口的生育行为所采取的政府态度。[①] 人口政策能够全方位影响和干预人口发展过程中的各个因素，它不仅要调节和影响人口的生育行为，而且还要调节和影响人口数量、人口质量、人口性别、人口构成和人口分布等各个因素。也就是说，人口政策不仅局限于对人口生育行为的调节或影响，同时还要调节和影响在人口发展过程以及人口因素发展变化中涉及人口与社会、人口与经济、人口与自然环境等相关因素。而生育政策则是实施政策的行为主体对其人口生育行为所持的态度，或者说是实施政策的行为主体为影响和调节人口生育行为所制定的法令及措施的总和。一个国家和政府就是依靠这种具体的人口生育政策来指导、调节和制约人口增长的规模、速度以及人口质量。

在我国现阶段，由于生育政策直接影响我国人口生育行为和人口过程，即影响我国人口数量的控制和人口质量的提高。因此，人口生育政策是我国人口政策最直接和最重要的方面和内容。

## 四、我国人口政策的历史沿革

人口思想是一定历史条件下人口现象在人们思维中的反映。人口思想是一定时期人口政策的基础，人口政策是一定时期人口思想的集中体现。从春秋战国时期至新中国成立前，与封建孝文化相适应的鼓励人口增殖的人口思想一直是历代王朝的正统人口思想，虽然主张节制人口的思想从清朝中后期就开始出现并一直缓慢地向前发展，但它并未被统治阶级所采纳。因而，体现为统治阶级意识的人口政策是鼓励人口增殖的人口政策。

先秦的春秋战国时期，是我国古代社会由奴隶制转变为封建制的大变革时代。社会经济制度的变革，政治以及由此而导致的在政治领域中的大

---

① 冯立天、马瀛通、冷眸：《50年来中国生育政策演变之历史轨迹》，《人口与经济》1999年第2期。

乱，无疑地会给社会思想意识以巨大的冲击。与这一社会变革的历史进程相对应，思想领域的一个重要特点是新旧杂陈、相互更替：新的观念和思想开始产生，然而尚零碎而不成体系；同时，旧的思想意识仍未退出历史舞台。新旧两种思想盘根错节，相互交织，正在做最后的角斗。人口思想作为此时期"诸子蜂起，百家争鸣"的一个重要组成部分，几乎包括了中国古代人口思想的所有理论问题。这时期人口思想所提出和探讨的问题，为后来两千多年的封建正统人口思想的形成和发展作了必要的理论准备。如管仲为了富国强兵，称霸诸侯，非常重视增加人口。他说："修旧法，择其善者，而后业之，遂滋民与无财，而敬百姓，则国民安矣。"① 怎样才能增加人口呢？他认为，使成年男女适时婚姻，以广生殖。据此，齐桓公曾下令："丈夫二十而室，妇人十五而嫁"，并把大批"未尝御"的宫女遣散出宫嫁人，以便做到"内无怨女，外无旷夫"。② 孔子、墨子、孟子、荀子等也都很重视增加人口。孔子认为"地有余而民不足，君子耻之"。③墨子认为"欲民之众而恶其寡"，"人民寡则从事乎众之"；④"为政于国家者，皆欲国家之富，人民之众，刑政之治。"⑤ 孟子认为"广大众民，君子欲之"；"诸侯之宝三：土地，人民，政事"。⑥ 荀子认为"土之与人也，道之与法也者，国家之本也"。⑦ 在这样的人口思想支配下，各个诸侯国为了补充兵源，富国强兵，都主张增加人口，推行人口增殖政策。如越王勾践在被吴王夫差打败以后，就把增加人口作为他推行"十年生聚，十年教训"的政策的主要内容。他规定："令壮者无取老妇，令老者无取壮妻。女子十七不嫁，其父母有罪；丈夫二十不娶，其父母有罪。"多生、生男育者还受到奖励，"生丈夫，二壶酒，一犬；生女子，一壶酒，一豚。生

① 《国语·齐语》。
② 《韩非子·外储说右下》。
③ 《论语·亲记下》。
④ 《墨子·节葬下》。
⑤ 《墨子·尚贤下》。
⑥ 《孟子·尽心下》。
⑦ 《荀子·致士》。

三人，公与之母；生二人，公与之饩。当室者死，三年释其政。支子死，三月释其政，必哭泣葬埋之如其子。"① 商鞅为了使秦国富国强兵，一统天下，进行了改革，实行增加人口的政策是其改革的一个方面。

秦汉统治者都推行早婚、奖励生育的人口政策。西汉高祖七年（公元前 200 年）下令："民产子，算，勿算二岁。"② 惠帝六年（公元前 189 年）规定："女子年十五以上至三十不嫁，五算。"③ 东汉章帝元和二年（公元 85 年）诏书曰"令云，人有产子者复，勿算三岁。今诸怀孕者，赐胎养谷人三斛，复其夫，勿算一岁，著以为令。"④ 元和三年又规定："婴儿无父母亲属及有子不能养食者，禀如律。"⑤ 因此，各地官员在任期内因户口增益而得到升迁的大有人在。南阳太守召信臣因在任期间使"户口增倍"而升任河南太守。⑥ 颖川太守黄霸因任期内使"户口岁增"而升至京兆尹。⑦ 西汉鼓励人口增殖的人口政策使其人口剧增，形成了中国历史上第一个人口高峰。"迄于孝平（西汉平帝元始二年，公元 2 年），……民户千二百二十三万三千六十二，口五千九百五十九万四千九百七十八，汉之极盛矣。"⑧ 比西汉初增加了七八倍。东汉和帝元兴元年（公元 105 年），"户九百二十三万七千一百一十三，口五千三百二十五万六千二百二十九。"⑨

魏晋南北朝时期，各统治集团和各民族之间的长期战争，广大群众在战乱中，"生民道尽，或死于干戈，或毙于饥馑。"⑩ 人口的大量死亡，给封建统治者的财政收入和兵源补充都带来了困难。因此，西晋建国之初就

---

① 《国语·越语上》。
② 《汉书·高帝纪》。
③ 《汉书·惠帝纪》。
④ 《后汉书·章帝纪》。
⑤ 《后汉书·章帝纪》。
⑥ 《汉书·召信臣传》。
⑦ 《汉书·黄霸传》。
⑧ 《汉书·地理志》。
⑨ 《后汉书·郡国志五》。
⑩ 《魏书·食货志》。

推行早婚，以提高人口出生率。晋武帝泰始九年（公元 273 年）诏令"女年十七父母不嫁者，使长吏配之"。① 北魏孝文帝除多次对"鳏贫者以宫女妻之"外，太和二十年（公元 496 年）还下诏令"夫妇之道，生民所先，仲春奔会，礼有达式，男女失时者以礼会之"。② 南朝刘宋规定"女子十五不嫁，家人坐之"。③ 北周武帝建德三年（公元 574 年）诏令："自今已后，男年十五、女年十三已上，爰及鳏寡，所在军民，以时嫁娶，务以节俭，勿以财币稽留。"④

隋唐是我国封建社会中两个比较强盛的朝代。唐朝建立后，又经过十年的战争，到公元 628 年全国得于统一。隋末的经济崩溃和唐初的战乱使人口大幅度下降，"大唐贞观，户不满三百万。"⑤ 因此，唐朝政府将人口繁衍作为一项重要的国策。唐太宗贞观元年（公元 627 年）诏令云，"宜令有司，所在劝勉，其庶人男女之无室家者，并抑州县官人，以礼聘娶，皆任同类相求，不得抑取。男年二十，女十五已上，及妻丧达制之后，孀居服纪已除，并须申以媒媾，令其好合。……刺史县令以下官人，若能婚姻及时，鳏寡数少，量准户口增多，以进考第"。⑥ 同一年，另一份诏书规定："民男二十，女十五以上无夫家者，州县以礼聘娶，贫不能自行者，乡里富人及亲戚资送之。"⑦ 《唐律》规定"诸男年十五，女年十三以上，并听婚嫁"。⑧ 是否能使人口增殖、户籍增加是唐代考核州县官吏的一条重要标准。《唐律》不仅规定了男女婚嫁必须及时，无力婚嫁的贫庶可以得到照顾，而且还规定了没有特殊情况的寡妇、鳏夫必须再婚。婚配"出宫人"是唐代促使多婚、增加人口的另一重要措施。据《唐会要》卷三《出宫人》载，唐代在武德、贞观、开元、大历、元和、长庆、宝历和开

①《晋书·武帝纪》。
②《魏书·高祖纪》。
③《周书·武帝纪》。
④《宋书·周朗传》。
⑤《通典·食货七》。
⑥《唐会要·嫁娶》。
⑦《新唐书·太宗纪》。
⑧《唐令拾遗·户令》。

成等年间，皇帝都曾出宫人数千，任其婚配。唐代还把育龄男女赶出寺庙令其婚配。唐武宗会昌年间大毁佛寺，"天下还俗僧尼二十六万五千余人"。[①] 唐朝实行的鼓励人口增殖的人口政策，使人口得到了很大的发展。到武则天结束执政的神龙元年（公元 705 年），在籍人口达到 3 714 万，到唐玄宗开元十四年（公元 726 年），再上升到 4 100 多万，比唐初增长 2 倍多。唐玄宗天宝十四年（公元 755 年），全国在籍户口达到 8 914 709 户，52 919 309 口。[②]

五代十国长达数十年。在长期的分裂割剧中，人口大量死亡、流散。如宋太祖开宝九年（公元 976 年），全国仅有编民 3 090 504 户，只相当唐朝最高户数的 3/1。[③] 因此，宋朝建立后，又继续推行人口增殖的政策。北宋以人户增减作为对地方官政绩考核的标准之一。宋建隆三年（公元 962 年）诏令，"县令考课，以户口增减为黜陟。"[④] 徽宗政和六年（公元 1116 年）规定，"令佐任内，增收漏户八百户升半年名次，一千五百户免试，三千户减磨勘一年，七千户减二年，一万二千户减三年"。[⑤]

明清时期，为了加快人口的增殖，封建统治者采取了一些与民休息的政策，其中与人口有关的，主要有以下三个方面的内容：一是安抚流民，鼓励垦荒，使民生息和蕃育；二是减轻赋税，改革赋税制度，促使人口增加；三是采取鼓励早婚的政策。如，洪武元年（公元 1368 年）定制，"凡庶人娶妇，男年十六，女年十四以上，并听婚娶。"[⑥] 针对元代实行的民族压迫政策所造成的民族矛盾尖锐状况，明朝政府规定各民族间要互相通婚，尤其是蒙古人和色目人不得自相婚配，必须与汉族通婚。各民族间互相通婚，既提高了人口素质，又增多了人口数量。明清政府鼓励人口增殖的政策，促使了人口数量大幅度地增长。如明万历六年（公元 1578 年）

---

① 《唐会要》。

② 《通典·食货典·历代盛衰户口》。

③ 张敏如：《中国人口思想简史》，中国人民大学出版社 1982 年版，第 122 页。

④ 《宋史·太祖纪》。

⑤ 《文史通考·户口考二》。

⑥ 《明史·礼志》。

全国约有在籍人口 6 200 万，清乾隆二十九年（公元 1764 年）为 20 560
万人，清嘉庆十七年（公元 1812 年）为 33 300 余万。值得注意的是，这
一时期，我国耕地面积虽然有所扩大，但是远远低于人口的增长速度，这
就不仅使得人均耕地面积从明朝中叶以前的十几亩，甚至几十亩，下降到
清朝中期的两三亩，而且几千来我国一直是地多人少的矛盾变成了地少人
多的矛盾。于是，有许多的思想家和政治家也一反既往那种希望人口众
多、主张增加人口的观点，变成了主张限制人口、减少人口的观点。洪亮
吉是这一时期持这种人口思想的主要代表。他写于清乾隆 58 年（公元
1793 年）的《治平篇》，是我国历史上最早专论人口问题的文章。针对当
时人口增长大大超过耕地和一般生活资料增长的情况，洪亮吉在文章中揭
示了人口繁衍速度同经济发展速度之间的矛盾，分析了人口膨胀可能导致
的社会危机。他指出，户口"则视三十年以前增五倍焉，视六十年以前增
十倍焉，视百年、百数十年以前不啻增二十倍焉"；而田地、房屋"亦不
过增一倍而止矣，或增三倍、五倍而止矣。"人口增长远远超过了田地与
房屋的增长，就不但使得"田与屋之数常处其不足，而户与口之数常处其
有余"，"为农者十倍于前而田不加增，为商贾者十倍于前而货不加增"，
还产生了"终岁勤动，毕生皇皇而自好者居然有沟壑之忧"和为非作歹之
徒、生"攘夺之患"的严重情况。为了解决人口过剩问题，洪亮吉提出了
"水旱疾疫，即天地调剂之法"和"君相调剂法"两种方法。前者，借助
自然灾害和疫病流行来减少人口；后者，"使野无闲田，民无剩力，疆土
之新辟者，移种民以居之，赋税之繁重者，酌今昔而减之，禁其浮靡，抑
其兼并，遇有水旱疾疫，则开仓廪悉府库以赈之。"即由政府通过发展生
产，移民开荒，减轻赋税，反对奢侈浪费，抑制兼并和赈济贫困等来减轻
人口增长过快的压力。但他又认为无论是前者还是后者，都有很大局限
性，无法解决这一矛盾。因此，"治平之久，君相亦不能使人不生，而君
相之所以为民计者，亦不过前此数法也。……此吾所以为治平之民虑也。"[1]

---

[1] 《洪亮吉·治平篇》。

在鸦片战争以后至五四运动时期的这一段时间里，面对人满为患的社会现状，汪士铎、薛福成、梁启超等都主张节制人口。如，汪士铎把人口数量和质量联系起来做分析，提出了人多会影响人口质量的观点。他认为："人多而气分，赋禀遂薄，又濡染于风气，故人才益难。"所以要使"国强民富"的唯一办法就是"减民"。如何减民呢？他提出了"实行晚婚，减少人口增长"等与传统人口思想截然不同的观点。他认为早婚是人口增长过快的重要原因之一，"每十五、六皆嫁娶"不合时宜，应"男子三十而娶，女子二十五而嫁"。[①]

资产阶级民主革命先行者孙中山从"国以民为本"[②]的观点出发，非常重视人口增减对民族兴亡的作用。他说："自古以来，民族之所以兴亡，是由于人口增减的原因很多，此为天然淘汰。……但是世界中的进化力，不止一种天然力，是天然力和人为力凑合而成。人为的力量，可以巧夺天工，所谓人事胜天。这种人为的力，最大的有两种：一种是政治力，一种是经济力，这两种力关系于民族兴亡，比较天然力还要大。我们民族处在今日世界潮流之中，不但是受这两种力的压迫，并且深中这两种力的祸害了。"[③]同时，孙中山也很重视提高人口质量。他否认人口质量决定于先天的人种，"世界上的人种，虽然有颜色不同，但是讲到聪明才智，便不能说有什么分别。"[④]他认为中国人口质量决不比外国人差。辛亥革命失败后，在中国国势岌岌可危的情况下，孙中山渐次改变了他先前关于人口的思想。他认为增殖人口是保国保种的关键所在，而生产力的发展是解决中国人口过剩问题的重要手段。他说，"我们中国人口在已往一百年，没有加多。……环看世界各国的情形，在美国增多十倍，俄国增多四倍，英国、日本增多三倍，德国增多两倍半，在法国的增加是最少，还有四分之一。若他们逐日的增多，我们中国却仍然如故，或者甚至于减少。……那

① 《汪士铎·乙丙日记》。
② 孙中山：《上李鸿章书》，《孙中山选集》上卷，人民出版社 1956 年版，第 16 页。
③ 《孙中山选集》（下卷），人民出版社 1956 年版，第 602 页。
④ 《孙中山选集》（下卷），人民出版社 1956 年版，第 595 页。

么，我们民族被世界各国人口增加的压迫，不久就要灭亡，这是显然可见的事。"① 因此，他提出施行提倡增加人口、保存民族新政策；否则"到一百年以后，如果我们的人口不增加，他们的人口增加到很多，他们使用多数来征服少数，一定要并吞中国。"② 由于受孙中山人口思想的影响，国民政府一般不对节制生育、控制人口的问题进行公开讨论。在官方的刊物里，有关节制生育问题的文章也往往避免刊登。但随着人口的迅增，人口社会问题日益增多。经过许多人口专家学者的大力呼吁后，国民政府终于逐渐改变了其态度。1941 年秋天，国民政府主管人口政策制订的社会部组织了一个人口政策研究委员会，邀请大学和政府部门中对人口问题有研究的专家学者参加。委员有：立法委员陈长蘅兼任重庆区主席，西南联大教授陈达兼任昆明区主席，中央大学教授孙本文，重庆卫生署医师许世瑾，西南联大教授潘光旦，社会部研究室主任张鸿钧。人口政策研究委员会成立后，他们在重庆和昆明召开了几次会议，就人口数量、人口质量和婚姻与家庭等问题，形成了许多重要的议案：（1）人口数量：在大多数人民面对着普遍贫穷、愚昧及生活程度低落的状况下，国家不应该也不能够鼓励无条件及普遍的增加人口。个人对于生育儿女，务必考虑自己的条件。（2）人口质量：应该采取隔离步骤，身心有遗传缺陷的人与正常的人口隔离，并且检查其身体，必要时令其绝育；鼓励体格健全的及有才智的人结婚，尽可能在结婚之前具有卫生机关颁发的证明书。为了适于个人的体格及心智的栽培，应有广泛的机会给大家自由选择。（3）婚姻与家庭：主张应当鼓励妇女自由参加各行职业，及自由增进男女两性间的社交。对于性的教育应当扩大到各个家庭中及学校中。并且应鼓励社会的习俗，使结婚者必须基于男女双方的恋爱与自愿结合的原则。（4）移民运动：关于经过移民运动使人口在地理上及职业上得到适当分配的问题，人口政策委员会也拟订了许多的理想计划。农村与市镇间的人口迁移，可以引起男女

---

① 《孙中山选集》（下卷），人民出版社 1956 年版，第 643 页。

② 《孙中山选集》（下卷），人民出版社 1956 年版，第 600～601 页。

两性的分配不均，应该鼓励一般的移民尽可能的在迁移时与其家庭一起迁徙。在许多的区域，手工艺工人的失业是因为某些行业的工人供过应求，其救济的办法应该提倡组织完善的劳动力市场，及完善运输机构以便伸移民运动。对于迁往外国的移民，政府要急切地增强保护他们的切身利益，并且和侨民所在地的各国政府签订协定，予以侨民合法的保障并增加其利益。对于边疆的少数民族的人口，要特别地注意教导。政府最主要的措施应为首先计划其地方的经济发展，随即以适当的卫生及教育设施；在开发边疆期间，更应鼓励汉族人口与少数民族人口的通婚，以便使边疆地区的人口有合理的增加。[①]

这一具有官方性质的人口政策，虽然并未真正地得以实施，但是却具有非常重要的意义。中国历史上几乎所有的人口政策都是鼓励生育，促进人口增长，因为在历代中央政府看来，人口增长即意味着国家税收与财富的增长，国力的增强。而这次由人口政策研究委员会制定的人口政策，是建立在专家们科学论证的基础之上，对中国的国情与人口状况作出的正确判断。这也表明，中国学术界第一次达成了一项基本的共识：中国已经存在着严重的人口问题，它表现在人口数量太多，已经形成了人口过剩，从而导致了人民生活水平的严重低下。在人口政策研究委员会的努力推动下，1945 年 5 月，国民党第六次全国代表大会的决议正式承认生育节制为合法。我国人口政策经过几次调整，到 1990 年代以来，我国人口生育率出现了明显的快速下降态势，2015 年，党的十八届五中全会决定，全面实施一对夫妇可生育两个孩子的政策。

---

① 葛剑雄、侯杨方、张根福：《人口与中国现代化（1850 年以来）》，学林出版社 1999 年版，第 29～32 页。

# 第二章　我国人口政策的形成

## 一、我国人口政策问题的形成

公共政策的制定是为了解决问题，因此制定政策者首先要认清问题。美国学者 J. S. 利文斯顿认为："问题的挖掘和确认比问题的解决更为重要，对一个决策者来说，用一个完整而优雅的方案去解决一个错误的问题对其机构产生的不良影响比用较不完整的方案去解决一个正确的问题大得多。"[①] 从某种程度上来说，认清问题就已经解决了问题的一半。因此，要制定出正确的我国人口政策，就首先要正确地认识我国的人口问题。

我国是一个人口大国。第六次人口普查数据显示，2010 年 11 月 1 日零时，我国内地总人口将近为 13.39 亿人，占世界总人口的 20％多，相当于所有发达国家人口数量的总和。这是我国基本国情中的基本国情，中国特色最主要的特色。因此，由人口众多而产生的人口问题，也是我国所有问题中的基本问题和主要问题。我国人口数量经过了三个发展阶段。第一阶段：从第一次有正式全国人口记录的西汉平帝元始二年（公元 2 年）开始到鸦片战争爆发的 1840 年的 1839 年间，全国人口从五千九百五十九万增到四亿一千二百八十余万，净增三亿五千三百二十余万，平均每年仅

---

① ［美］J. S. 利文斯顿：《受良好教训管理者的神话》，《哈佛商业纵览》，1971 年第 1 期，转引自张金马：《政策科学导论》，中国人民大学出版社 1992 年版，第 133 页。

递增 0.1％。这就是一般说的具有高出生率、高死亡率、低自然增长率特点的高—高—低类型的人口再生产。第二阶段：人口的变化不是平稳的，而是具有周期性大起大落的特点。大体上说，一个历时较久而又比较强大的王朝（如两汉、唐、两宋、明、清等）的初期，人口增长迅速，大约到中期达到高峰，而后停滞，到新旧王朝交替时期则急剧下降。第三阶段：就整个封建时期看，人口的增长往往经过一段较长的停滞时期后在短期内迅速增长，而后又停滞下来，即呈现为台阶式的"跃迁"。战国中期的人口大约为二千五百万到三千万，这是第一级台阶；从汉朝到唐朝人口似乎没有超过六七千万，这是第二级台阶；从北宋后期起，人口大约增长到一亿左右，这是第三级台阶；从清代乾隆初年开始，短短 100 年间人口即从一亿多猛增到四亿，随后又陷于发展迟缓的状态，这是第四级台阶。从 18 世纪中期到 19 世纪中期，清朝社会比较安定，生产力有所发展，同时清朝又实行鼓励人口增长的政策，清雍正 2 年（公元 1724 年），全国人口 2 500 万人，仅仅 42 年，到乾隆 31 年（公元 1766 年），人口爆炸性地翻了三番，达 2 亿 9 百万人。再过了 83 年，即道光 29 年（1849 年），人口又翻了一番，达 4 亿 7 千万人。大约每 60 年，人口就翻一番。从乾隆 6 年（公元 1741 年）到道光 20 年（公元 1840 年）的 100 年间，人口从 1.4 亿增长到 4.1 亿，[①] 增加了 187.8％，奠定了我国人口众多的基础。随着人口增长速度大大超过耕地和一般生活资料的增长速度，人口问题变得突出起来。乾隆皇帝在看到人口从 6 200 万增加至 20 500 万时，忧心忡忡地在一道上谕中写道："朕查上年各省报民数，较之康熙年间计增十余倍，承平日久，生齿日繁，盖藏不能如前充裕，且庐舍所占田土，亦不啻倍蓰。生之者寡，食之者众，朕甚忧之。"[②] 他担忧人口太多会造成国力"窘艰"。由于生产力发展水平的制约，人口数量的增多必然会影响人口质量的提高。晚清学者严复比较清醒地认识到了当时人口数量虽多而质量不

---

① 《清实录·宣宗一》。
② 《清史稿·食货志一》。

高的状况，"夫黄种之后亡于红种、黑种、棕色种者，岂智力之足抗白人哉？徒以地大人多，灭之不易，故得须臾无死耳。""然吾窃虑支那之民虽众，未可恃也。"[1] 鸦片战争以后，我国一步步沦为半殖民地、半封建社会，民族压迫、阶级压迫双重袭来，军阀混战不断。由于多年政局不稳，我国人口一直未有准确的统计数据。从 1912 年以来，关于中国人口数量的统计数值多达几十个，范围从 4 亿到 4.8 亿不等，而 4.5 亿则是流传最广、接受程度最高的估计值（见表 1）。1941 年至 1944 年联合国人口统计年鉴公布的中国人口是 4.5 亿。虽然 20 世纪 40 年代中国人口一直在缓慢增长，但由于战乱和饥荒的影响，多数机构估计 1948 年的中国人口规模仍然为 4.5 亿左右

表 1　1947—1948 年的中国人口规模

| 时间 | 人口数 | 资料来源 |
|------|--------|----------|
| 1947 | 463 198 093 | 内政部人口局《户政导报》第 4 期（1948 年） |
| | 462 798 093 | 内政部《中华民国年鉴》（1951 年，台北） |
| 1948 | 474 032 668 | 《中国经济年鉴》（1948 年） |
| | 464 663 798 | 内政部《中华民国年鉴》（1951 年，台北） |
| | 463 493 418 | 内政部人口局《全国人口统计》（1948 年） |

资料来源：路遇主编：《新中国人口五十年》，中国人口出版社 2004 年版，第 72 页。

新中国成立之际，一般都认为我国人口数为"4 万万"左右。1949 年 9 月 21 日，毛泽东在中国人民政治协商会议第一届全体会议上说："我们的极好条件是有四万万七千五百万的人口和九百六十万平方公里的国土。"[2] 在这种错觉下，新中国政府自然不会产生限制人口增长和节制生育的决策意识。相反，国家卫生部门从保障妇女生育的安全、保护母亲和婴儿的健康的角度出发，颁布的限制打胎、节育及人工流产等一系列的规定，在理论和实践上执行着一条不成文的鼓励人口增长的政策，从而使我国人口在该时期继续以较高的速度增长，进一步扩大了人口基数。根据

---

[1]　《严侯官文集·保种余义》。

[2]　毛泽东：《接见西藏致敬团代表的谈话要点》（1952 年 10 月 8 日），中共中央文献研究室编：《建国以来毛泽东文稿》（第 3 册），中央文献出版社 1989 年版，第 583 页。

1947 年 7 月中国国民政府内政部公布的数字，当年全国共有 86 262 337 户，合计 461 006 285 人，其中男 241 285 555 人，女 219 720 730 人。1959 年联合国经济社会事务部的调查数据显示：1900 年我国人口总数为 4.43 亿，1920、1930、1940、1950 年分别为 4.76、4.93、5.12、5.56 亿。[①]

为了配合全国各级人民代表大会的选举，同时也为制定国民经济第一个五年计划（1953～1957 年）提供基础数据，我国于 1953 年 6 月 30 日进行了新中国成立后的第一次人口普查。1953 年 4 月 3 日中央人民政府政务院发布了进行全国人口调查的指示，以及《全国人口调查登记办法》18 条。《办法》规定，以 1953 年 6 月 30 日 24 时为人口调查的计算标准时间。普查的项目有：总人口（其中分男、女，15～49 岁育龄妇女），总户数，各年龄组人口（其中分 0～6 岁、7～14 岁、劳动年龄人口、男 60 女 55 岁以上人口），市、镇县人口。1954 年 11 月 1 日，国家统计局发布全国人口普查结果的公报：全国人口总数为 58 260 万人，其中男、女、15～49 岁育龄妇女人数分别为 30 179 万人、28 081 万人和 13 314 万人；少数民族人口数为 3 532 万人；城市人口占 13.26％，农村人口占 86.74％。同时，1953 年国家在 29 个大中城市、宁夏全省，其余各省每省选 10 个县进行普查，另有 35 个县只查 1 区、两镇、58 个乡、91 个村，共有人口 3 081 万人，得出出生率为 37‰，死亡率为 17‰，人口自然增殖率为 20‰，人口总数为 580 603 417 人。从 1950 年到 1953 年的三年间，我国净增人口三千四百多万。在随后的四年里，我国人口出生率一直保持在 30‰以上的高水平，1957 年人口出生率为 29‰。1957 年，我国人口超过 6 亿，达到 6.47 亿。在新中国成立后的八年时间里，我国人口增加了一亿多，即增加了总人口的近 1/5，形成了新中国成立以来的第一次人口增长高峰期。三年自然灾害过后，自 1962 年开始，我国人口进入了出生率居高不下、死亡率下降、人口自然增长大大加快的人口高增长惯性时期。据联合国教科文组织统计，20 世纪 60 年代我国妇女平均生育率为

---

① 候杨方：《中国人口史》（第 6 卷），复旦大学出版社 2001 年版，第 12 页。

5.96，同非洲、南亚、西亚国家的妇女平均生育率水平不相上下。到1964 年第二次全国人口普查时，我国总人口已超过 7 亿，达到 7.05亿。1966～1970 年的五年间，每年出生人口在 2 500 万到 2 700 万之间，人口出生率均在 33‰以上，人口自然增长率在 26‰左右，全国净增人口超过 1 亿。1969 年，我国人口总量突破 8 亿，为 80 671 万人，1970 年达到 82 992 万人。

这一时期的我国人口问题，马寅初在《新人口论》中做了列举：第一，人口基数比较大。他说："我们只要研究一下中国人口的增长情况就会感到人口问题十分严重。1953 年全国人口普查，才知道我国人口已超过 6 万万，四年来又至少增加了 5000 万。我大概算了一下，如以净增加率 2％计算，15 年后将达 8 亿，50 年后将达 16 亿；如以 3％计算，15 年后将达 9.3 亿，50 年后将达 26 亿。到那时候，超过今日世界的人口。我说的 3％的净增加率，估计并不算高，可能还保守一点。"① 第二，人口的出生率与自然增长率太高。他说："现在一般估计中国人口大概每年增加一千二百万到一千三百万，增殖率千分之二十，如果这样估计下去，三十年后同实际的人口数字一比，就会差之毫厘而失之千里了。增殖率千分之二十是怎样得来的呢？一九五三年政府在二十九个大中城市、宁夏全省、其余各省每省选十个县进行普查，另有三十五个县只查一区、两镇、五十八个乡、九个村、共有人口三千零一十八万人，出生率千分之三十七、死亡率千分之一十七，因此人口增殖率为千分之二十，并且说城市的增殖率高于乡村；上海一地的增殖率是千分之三十九，城乡平均起来每年增加千分之二十。我很怀疑四年来增殖率是否仍旧是千分之二十呢？普查的数字在当时是正确的，但拿千分之二十来解释以后四年的情况（自一九五三年至一九五七年），恐怕有出入。由于以下七方面的考虑，我认为增殖率或超过千分之二十：（1）结婚人数增加，在解放以前青年人毕业即失业；现在毕业以后，国家分配工作，经济情况改善就具备了组成家庭的条件。社

---

① 马寅初：《我国人口问题与发展生产力的关系》，《大公报》1957 年 5 月 9 日。

会上大家都有职业，对于父兄、亲友的接济少了，负担减轻，也促使结婚人数增加，并且政府照顾已婚夫妇，原则上分配在一个城市内工作，生育的机会也就增加了。（2）政府对于孕妇产妇和婴儿的福利照顾，产妇产前产后有五十六天的休假，这在新中国成立前是没有的。随着卫生事业的发展，乡村中产婆接生已为正规接生所代替，婴儿死亡率下降，托儿机构普遍建立，可替多子女的家庭，进行一部分教养儿童工作，子女入学可以享受公费待遇。（3）老年人死亡率减少了，以往是人生七十古来稀，现在是人生七十多来兮。对孤寡老人政府有照顾，退休有养老金，真是鳏寡孤独皆有所养。（4）以往几乎年年有内战，人民遭受兵燹，水旱灾害，流离失所，大量死亡。现在国内秩序空前安定，内战消灭，盗匪绝迹，凶杀案件减少，人民死于非命的减少。（5）随着社会制度的改变。尼姑与和尚大半还俗结婚，将来和尚和尼姑的人数也不会多。在资本主义国家不能解决的娼妓问题，我们也彻底解决，大家都知道妓女因丈夫太多，是不能生育的。（6）农业合作化以后，人民生活改善，老年人尚有旧思想的残余，希望多福多寿，什么五世其昌，儿孙满堂，不孝有三，无后为大，种种格言，到处传播。只要经济上许可，就忙着替儿子娶媳妇，成家立业。（7）政府对于一胎多婴的家庭，除了奖励以外，还有经济上的补助。诸如此类，都是增加出生率，减少死亡率的因素。因此，我认为近四年来人口增殖率很可能在千分之二十以上。"[1] 第三，人口质量低，不仅身体素质差，平均文化低。"有许多人连扫盲过程都没有经过，书也读不懂，中国现在有 70%～80% 的人还不能阅读。"[2] 第四，中国经济发展落后，人均各项经济指标低，已经产生并将继续人口与经济的种种矛盾和问题。

这一时期，我国快速增长的人口给社会经济的发展带来了许多的问题。它影响了人民生活的改善和社会经济的迅速发展。新中国成立后，由

---

① 马寅初：《新人口论》，广东经济出版社 1998 年版，第 2～3 页。

② 《马寅初谈人口问题》，《文汇报》1957 年 4 月 27 日。

于生产力的提高和人民群众生产热情的迸发，人口消费资料的增长是比较快的，但由于人口增长速度高于生产增长速度，因此，人均增长则非常有限。1957 年"增加的 1300 万人口，能在工业中安插的不过 100 万人，其余的 1200 万人要下乡，但今日农民每人每年为国家所创造的财富包括农业税、公益金、公积金等在内，至多不过四五十元，而工厂中的工人因有新式的技术装备，每年至少可以为国家创造七八百元，若把 100 万工人和 1200 万农民合并计算，则每人平均劳动生产率一定很低，问题是在如何提高 1200 万下乡的人民的生产力。若要提高，非把农业电气化、机械化不可，非增加化学肥料不可。但资金在哪里？积累在哪里？去年我们的国民收入将近 900 亿元，其中消费占 79％，积累只占 21％，即等于 180 多亿元，这笔资金要分摊在重工业、轻工业、农业（包括林牧渔）、运输业、建筑业、商业（包括对外贸易）这许多单位之中，当然不能大踏步地前进。"[1] 表 2 和表 3 分别列出了 1952～1955 年主要农产品的人均产量统计情况和 1952 年与 1957 年全国城乡居民主要消费品增长情况。从中可以看出，油料、肥猪、水产品等主要农产品的增长率都远远低于同时期人口增长率。以农产品为例，按人口平均计算，大都没有显著提高，个别产品（比如肥猪）还有所减少。就粮食而言，1936 年是解放前粮食产量最高的一年，人均产量为 578 斤；1952 年的粮食总产量就超过 1936 年的水平，但由于人口再生产速度很快，1952 年人均粮食产量低于 1936 年的水平。从 1952～1955 年，人口净增长 3 983 万，增长率为 6.92％；而粮食人均增加只有 28 斤，增长率为 4.86％；棉花人均增加 0.4 斤，增长率为 9.01％。从 1957 年到 1970 年，我国人均耕地面积更从人均 2.59 亩降到 1.83 亩，人均粮食产量则从人均 306 公斤降到 293 公斤，大多数人维持着一种低水平的温饱。[2]

---

① 马寅初：《我国人口问题与发展生产力的关系》，《大公报》1957 年 5 月 9 日。
② 国家统计局：《中国统计年鉴》（1983 年），中国经济出版社 1983 年版，第 56 页。

表 2　1952—1955 年中国主要农产品人均产量表

| 年份 | 粮食（斤/人） | 棉花（斤/人） | 油料（斤/人） | 肥猪（头/人） | 水产品（斤/人） |
|------|------|------|------|------|------|
| 1936 | 578 | —— | | | |
| 1952 | 576 | 4.6 | 14.7 | 0.12 | 5.9 |
| 1953 | 574 | 4.0 | 13.3 | 0.12 | 6.6 |
| 1954 | 570 | 3.6 | 14.5 | 0.13 | 7.6 |
| 1955 | 604 | 5.0 | 15.9 | 0.11 | 8.2 |

资料来源：《中国统计年鉴》，中国统计出版社 1983 年版，第 184 页。

表 3　1952 年与 1957 年全国城乡居民主要消费品增长情况

| 年份 | 人均粮食消费量（斤） | | | 人均食油消费量（斤） | | | 人均猪肉消费量（斤） | | | 人均棉布消费量（尺） | | | 人均食糖消费量（斤） | | |
|------|------|------|------|------|------|------|------|------|------|------|------|------|------|------|------|
| | 全国 | 城镇 | 农村 | 全国 | 城镇 | 农村 | 全国 | 城镇 | 农村 | 全国 | 城镇 | 农村 | 全国 | 城镇 | 农村 |
| 1952 | 395 | 481 | 383 | 4.2 | 10.2 | 3.1 | 11.8 | 17.8 | 10.9 | 17.1 | 40.2 | 13.9 | 1.8 | 5.9 | 1.2 |
| 1957 | 406 | 392 | 409 | 4.3 | 10.3 | 3.7 | 10.2 | 17.9 | 8.7 | 20.8 | 34.2 | 17.9 | 3.0 | 7.3 | 2.2 |

资料来源：商业部经济研究所编著：《新中国商业史稿》，中国财政经济出版社 1984 年版，第 509～511 页。

　　人口增长过快对人民生活水平的影响是多方面的。以群众居住条件为例，从 1953 年至 1955 年国家拨出巨款建成职工住宅 3 000 多万平方米，但由于人口的迅增，不少职工居住条件仍然十分简陋，几世同堂的现象非常普遍。据对全国 18 个省 3 个市两个产业的不完全统计，几世同堂的约占职工总数的 10%。[①] 另据上海市国营第二棉纺厂的调查，该厂职工从 1953 年到 1957 年 7 月生了 3 049 个小孩，几乎等于该厂女工的总数。该厂 1956 年的出生率比 1946 年增加了三倍左右，一般女工在三年左右的时间生了 2 个小孩，因此，因家庭人口多而申请要房子的占全厂要房子人数的 40%～50%。[②] 同时，庞大而激增的人口造成了沉重的就业压力，城镇地区所能提供的就业机会难以满足不断增长的就业需求。1957 年，我国能在城镇、工业中安插的不超过 100 万人，而同年增加的人口达 1 300 万

---

[①] 《全国人民代表刘宁一在第一届全国人大第三次会议上的发言》，《新华半月刊》1956 年第 14 号，第 112 页。

[②] 楼葆华：《从住宅和工资问题看节育的必要》，《人民日报》1957 年 10 月 9 日。

人，其余 1 200 万人要在乡村中工作。[1]

人口过快增长还造成劳动生产率的下降，影响社会经济的发展速度。1949 年，全国共有职工 280 多万人，到 1956 年已达 2 977 万人，七年里增加了十倍多。[2] 以广州市为例，从 1950 年到 1955 年新增人口 53.4 万人，超过了该市生产发展的需要。[3] 上海市的情况也比较突出，如果把 1956 年第一季度的全部平均在册人员、工人平均在册人员及生产总产值三个指标设为 100，那么第四季度三个指标则分别为 117.14、119.28、113.29。但由于工人人数增长大于生产总产值的增长，造成了劳动生产率的下降。如把同年第一季度工人劳动生产率、全员劳动生产率设为 100，那么第三季度这两个指标分别降为 97.24、94.45。[4] 全国的情况也基本上差不多（见表 4）。

表 4  1953 年与 1956 年工人每人每年为国家创造的财富

| | | | 单位 | 1953 年 | 1956 年 |
|---|---|---|---|---|---|
| 工业生产的全部价值计算 | 工业总产值（不包括手工业的全部工业） | | 千元 | 35 576 744 | 57 136 410 |
| | 生产人员数 | 全部生产人员 | 万人 | 505.28 | 646.788 |
| | | 生产工人 | 万人 | 419.50 | 459.76 |
| | 每人平均创造价值 | 每人平均创造价值 | 元 | 7 041 | 8 834 |
| | | 每一生产工人平均创造价值 | 元 | 8 481 | 12 427 |
| 工业生产的全部价值计算 | 工业净产值（不包括手工业的全部工业） | | 千元 | 11 572 291 | 19 567 090 |
| | 生产人员数 | 全部生产人员 | 万人 | 505.28 | 646.788 |
| | | 生产工人 | 万人 | 419.50 | 459.76 |
| | 每人平均创造的新价值 | 每一生产人员平均创造的新价值 | 元 | 2 290 | 3 025 |
| | | 每一生产工人平均创造的新价值 | 元 | 2 759 | 4 256 |

资料来源：马寅初：《新人口论》，广东经济出版社 1998 年版，第 28 页。

---

[1]  马寅初：《我国人口问题与发展生产力的关系》，《大公报》1957 年 5 月 9 日。
[2]  马寅初：《新人口论》，北京出版社 1979 年版，第 9 页。
[3]  《广州市人民委员会发出关于动员剩余劳动力回乡生产的指示》，《南方日报》1955 年 12 月 30 日。
[4]  姜孟蕾、高柳根：《1956 年上海市工业企业职工人数增长中存在的问题》，《统计工作》1957 年第 15 期。

一般地说，当公共权力主体意识到社会公共问题已经妨碍整体社会发展，充分了解公众的公意性并认同公众的政策诉求时，公共问题就变成公共政策问题。这一时期，随着党和政府领导人及一些求实的学界人士察党并关注人口增长过快给社会造成的挑战和压力后，我国人口问题完成了从公共社会问题向公共政策问题的转变。这个转变有三个方面的标志。第一，普通群众已经感受到了人口过快增长所造成的压力，有一部分育龄群众有了避孕的要求，并要求国家和政府采取措施解决这个问题。1954 年 5 月，就有一些自愿节制生育的机关干部写信给时任全国民主妇联副主席的邓颖超，请求她帮助解决这个问题。邓颖超专门就一些机关干部要求节育的问题写信给邓小平。她在《关于帮助自愿节制生育的干部解决困难的建议》中说："有不少已婚男女干部为了避孕，由于得不到指导及适宜的药物工具等而被迫自行盲目解决，采用了一些有损身体健康的办法或引起疾病，以致造成不良的后果。倘主管及有关方面不及时注意，采取主动的方针和适宜可行的步骤，任其自流，则会使许多干部因缺乏避孕的医药卫生常识而造成不良的后果，将影响干部的身体健康，也影响其家庭幸福及女干部的工作和学习。因此，我们认为有必要提请主管机关及有关方面予以考虑，采取措施才好。按照目前我国人口出生数相当高，首先在机关中的多子女母亲或已婚干部的自愿节制生育实行避孕者中，推行有指导的避孕，是可行而又必须的，也不致有何不良影响。国家卫生机关应主动拟订办法，帮助干部解决避孕问题。"[1]

第二，党和国家领导人也已经意识到了人口问题的严重性，他们先后发表过赞同节育的谈话。周恩来在 1953 年第一次人口普查 3 个月后的一次报告中忧虑地指出："我国人口大概每年平均要增加 1 千万，那么 10 年就是 1 万万。中国农民对生儿育女的事情是很高兴的，喜欢多生几个孩子。但是，这样一个增长率的供应问题，却是我们的一个大负担。"[2]

---

[1] 中共中央文献研究室编：《邓颖超文集》，人民出版社 1994 年版，第 103～104 页。

[2] 周恩来：《第一个五年建设计划的基本任务》（1953 年 9 月 29 日），中共中央文献研究室编：《周恩来经济文选》，中央文献出版社 1993 年版，第 163 页。

1954 年 5 月，邓小平在邓颖超就部分妇女的避孕要求的信件上批示："我认为避孕是完全必要的和有益的"，并要求采取一些有效的措施来解决这个问题。同年 12 月，鉴于节育问题议论较多，为了表明党中央的态度，刘少奇在主持召开的节制生育问题座谈会时明确表态："党是赞成节育的"，"如果不节育，人口增长还要快。""人口增长后困难很多。父母、家庭、小孩子本身都困难，社会和国家也困难。"并对堕胎、绝育、避孕药品与器具的供应等问题作了具体的指示。[①] 翌年 3 月，党中央在批转卫生部党组关于生育问题的报告上批示："节制生育是关系到广大人民生活的一项重大政策性问题。在当前的历史条件下，为了国家、家庭和新生一代的利益，我们党是赞成适当地节制生育的。各地党委应在干部和人民群众中（少数民族地区除外），适当地宣传党的这项政策，使人民群众对无限制生育问题有一个正确的认识。"[②] 在这里，党中央第一次将和广大人民群众密切相关的节育政策上升到党的政策的高度，表明了党中央对这个问题已有了足够的认识。1956 年初，党中央又在公布的《1956～1967 年全国农业发展纲要》中明确提出："除了少数民族地区以外，在一切人口稠密的地方，宣传和推广节制生育，提倡有计划地生育子女，使家庭避免过重的生活负担，使子女受到较好的教育，并且得到充分就业的机会。"[③] 同年 9 月，周恩来在党的八大上作的《关于发展国民经济的第二个五年计划的建议的报告》中指出："为了保护妇女和儿童，很好地教育后代，以利民族的健康和繁荣，我们赞成在生育方面加以适当的节制。卫生部应该协同有关方面对于节育问题进行适当的宣传，并且采取有效的措施。"[④] 节育问题被列入国民经济和社会发展"二五"计划之中，标志着人口政策问题已被提上党和政府具体的议事日程。1957 年 2 月 11 日，刘少奇、邓

---

① 人民出版社：《文献与研究》（1983 年），人民出版社 1984 年版，第 149 页。
② 中共中央文件：《中共中央对卫生部党组关于节制生育问题的批示》，总号［55］045 号（1955 年 3 月 1 日）。
③ 《1956－1957 年全国农业发展纲要》，《人民日报》1956 年 10 月 5 日。
④ 周恩来：《关于发展国民经济的第二个五年计划的建议的报告》，《人民日报》1956 年 9 月 19 日。

小平分别发表关于节育人口问题的谈话。刘少奇说："避孕问题，我们要无所顾虑地搞。""我们现在一年增加一千五百万人口，这样下去，人民生活就不能改善，就不能建设和积累，工业化速度就要减低。"邓小平说："节育问题，不是个小问题，这涉及我国人民长远生活的改善问题。现在我国每年净增人口 1 500 万，长期下去，就没有办法改善生活了。现在人口已经是六亿五千万了，如果在第三个五年计划末期全国人口稳定在七亿至八亿上，就是我们在节育工作上的一个大胜利。我们要想尽一切办法实行节育。"① 他们并要求相关部门行动起来，想尽一切办法实行节育。

1957 年 6 月，周恩来在《应该有计划地生育》中指出："人口多了会带来很多困难，特别是对国家建设。"同时，他明确提出："既然汉族人口多，可耕地面积不能增加，而人口又增长很快，这就产生矛盾。如何解决？只有一条，那就是适当地节制生育，也就不得不在人口问题上注意起来。"②

1957 年 2 月，毛泽东甚至明确提出了"计划生育"的概念和"逐步达到普遍计划生育"的设想。他说："要提倡节育，要有计划地生育。"他还要求"可能要设一个部门，或者设一个生育委员会，作为政府的机关。人民团体也可以组织一个。因为要解决技术问题，设一个部门，要有经费，要想办法，要宣传。"③ "现在我国人口每年增长一千多万。你要他不增长，很难，因为现在是无政府主义状态，必然王国还没有变成自由王国。在这方面，人类还完全不自觉，没有想出办法来。我们可以研究也应该研究这个问题。……总而言之，人类要自己控制自己，有时候使他能够增长一点，有时候使他能够减少一点，波浪式前进，实现有计划的生育。"④

1962 年 2 月 7 日，周恩来首先提出了"节制生育"的人口政策。他认为，

① 人民日报社论：《应该适当地节制生育》，《人民日报》1957 年 3 月 5 日。

② 周恩来：《应该有计划地生育》（1957 年 6 月 6 日），中共中央文献研究室编：《周恩来经济文选》，中央文献出版社 1993 年版，第 357 页。

③ 毛泽东：《在最高国务会议第十一次会议（扩大）会议上的讲话》（1957 年 2 月 27 日），彭珮云：《中国计划生育全书》，中国人口出版社 1997 年版，第 131 页。

④ 毛泽东：《在最高国务会议第十一次会议（扩大）会议上的讲话》（1957 年 3 月 1 日），杨魁孚：《学习新中国领导者人口思想》，中国人口出版社 2004 年版，第 14 页。

"从长远来看，我们不仅要减现在的城镇人口，减现在的职工，还要控制人口的增长。在人口多的城市，在人口密的地区，应该提倡节制生育、计划生育。至于人口稀的地方，像江西省的农村，或者边远的省、自治区，比如西藏、青海、新疆、内蒙古，那些地方多增加一些人是好的。这也要因地制宜，区别对待。"① 党和国家领导人对节育工作的重视，有力地推动了人口政策的制定和落实。

第三，社会舆论已经开始关注人口问题，并参与人口问题的讨论。面对我国人口问题的现状，新中国成立初期，就有人大代表建议节育且以提案方式正式提出。1954 年 9 月 17 日，邵力子在全国人大一届一次会议上讨论中华人民共和国宪法草案和关于中华人民共和国宪法草案发言中说：人多是喜事，但在困难很多的环境里，似乎也应有些限度。宪法规定母亲和儿童受国家的保护，这也是非常使人鼓舞的；在我国，堕胎问题可以撇开不谈，至于有关避孕的医学理论等等措施，确是应当传播的，并且，还应当从实际上指导并供给有关避孕的方法和物品。② 1956 年 4 月，毛泽东提出了发展我国科学文化事业的"双百"方针，鼓励不同艺术形式和风格的同时存在和多样性，提倡科学的不同学术流派之间的平等争论。在"双百"方针的鼓励下，学术界对人口问题的讨论拉开了帷幕。同年 6 月 15 日，《健康报》发表题为《进行避孕知识的宣传和指导》的社论强调：避孕是人民的权利，使很多自愿避孕的人能够得到科学避孕方法的指导，购买到避孕工具和药品是必要的；各级卫生医疗保健单位，应该明确地把宣传避孕知识、指导群众避孕列为一项经常的宣传内容。③ 6 月 26 日，《光明日报》刊载邵力子在全国人大一届三次会议上的发言。在发言中，邵力子建议放宽节育技术的限制，男女结扎不必限制有 6 个以上孩子的人；他主张"如果已有三个或四个孩子的夫妇，双方同意由一方接受这种手术，

① 周恩来：《克服目前困难的主要办法》（1962 年 2 月 7 日），中共中央文献研究室编：《周恩来经济文选．》，中央文献出版社 1993 年版，第 445 页。

② 邵力子：《在全国政协二届三次会议上的发言》，《人民日报》1954 年 9 月 18 日。

③ 健康报社论：《进行避孕知识的宣传和指导》，《健康报》1956 年 6 月 15 日。

即应予以准许。"① 7月，《人民日报》发表《应当适当节制生育》的社论；8月，《光明日报》《健康报》《中国青年报》分别发表社论，倡导实行有计划地生育。同时，其它报刊如《浙江日报》《新湖南报》《解放日报》《文汇报》，浙江、上海《新知识》，人民卫生等出版社报道、出版了大量有关节育、避孕的新闻和书籍，营造了提倡节制生育的浓厚氛围。

1957年上半年，全国政协二届三次会议及全国人大一届四次会议相继召开，一批著名的社会学家、经济学家、医学家和民主党派人士在"两会"期间发表了一系列关于要重视人口问题，控制人口增长、实行计划生育的发言，随后这些发言又陆续刊登在《人民日报》《光明日报》《文汇报》等重要报刊上。"两会"后，他们继续发表这方面的文章和言论，还有不少报纸组织专门性的座谈会。马寅初通过实地调查人口增长情况，觉察到了人口快速增长的危害性。他认为："中国人口如继续这样无限制发展下去，就一定要成为生产力发展的障碍。"并带来以下诸多问题：一是同加快资金积累有矛盾，二是同提高劳动生产率有矛盾，三是同提高人民生活水平有矛盾，四是同发展科学事业有矛盾。② 面对我国高达30‰的人口增长率，他认为一定要人口计划列入国家计划之内，"我们社会主义经济是计划经济，如果不把人口列入计划之内，不能控制人。不能实行计划生育，那就不成其计划经济。"③ 这一时期，钟惠澜、邓季惺、全慰天、孙本文、陈达、吴景超等人也就人口问题，认为要实行计划生育，控制人口增长。④ 1957年2月15日，罗青、费孝通、吴景超、戴世光、赵承信、李景汉、潘光旦、雷洁琼等十多位社会学家与人口学家聚会，座谈人口问题。会上，陈达提出了一份人口问题研究提纲，提纲就降低人口出生率提

①　邵力子：《在全国人大一届三次会议上的发言》，《光明日报》1956年6月26日。
②　马寅初：《马寅初经济论文集》（下），北京大学出版社1981年版，第261页。
③　马寅初：《我国人口问题与发展生产力的关系》，北京大学出版社1979年版，第27页。
④　钟惠澜：《必须有计划地节制生育》，《人民日报》1957年3月17日；邓季惺：《计划生育符合社会主义利益》，《人民日报》1957年3月19日；全慰天：《社会主义经济规律与中国人口问题》，《大公报》1957年3月22日；孙本文：《八亿人口是我国最适宜的人口数量》，《文汇报》1957年5月11日；陈达：《节育、晚婚与新中国人口问题》，《新建设》1957年第5期；吴景超：《中国人口问题新论》，《新建设》1957年第3期。

出了两个关键性的问题：节制生育和提倡晚婚，并进行了较为详尽的分析，提纲引用大量我国和外国的有关人口调查及历史资料。大家认为这种分析可供学术研究及政府决定人口政策时参考。① 会后，《人民日报》发了新闻报道，影响很大。同年 3 月 30 日，《文汇报》编辑部邀请华东师范大学教授胡焕庸、复旦大学教授吴斐丹、上海财经学院教授叶元龙、上海第一医学院教授许世谨、上海财经学院应成一、复旦大学教授严北溟、上海市民主妇联福利部部长谢志成、上海市第六人民医院妇产科主任胡志远、上海市卫生局副局长李穆生、复旦大学副教授蒋学模、复旦大学讲师宋承先、上海文史馆馆员陈长蘅、华东政法学院讲师杨恩平、复旦大学教授漆琪生等专家、学者就"我国今天人口是过剩了、宣传节制生育是否和社会主义制度的优越性相抵触、是否违反我们的传统习惯、对马尔萨斯'人口论'究竟应该怎样估价、解决我国人口问题的途径是什么"等问题进行了座谈。在座谈发言中，胡焕庸认为我国人口增加率超过各国，只有减少出生才能有计划地提高人民生活水平；陈长蘅认为要有计划地控制我国人口增加；许世谨认为人口增加过速会推迟经济发展；李穆生认为人口增长与生产发展不相适应，要从实际出发需要节制生育；宋承先认为提倡节育是为了加速建设，提高生活；杨恩平认为解决人口问题的办法是增长生产。② 同一时期，《学习月刊》《经济研究》《学习》《学习与研究》《中级医刊》等刊物先后刊登了多篇有关人口、计划生育和节制生育等方面内容的文章。新闻出版部门也出版了许多宣传避孕节育的书籍和资料。据统计，自 1954 年开展节制生育宣传工作以来，全国印刷了 500 万册宣传指导避孕的书籍，3 000 多套避孕挂图和展览图片，700 多套避孕幻灯片。1956 年与 1954 年相比，男性计生药具增长了 90 倍，女性计生药具增长了 43 倍；供

---

① 杨魁孚、梁济民、张凡：《中国人口与计划生育大事要览》，中国人口出版社 2001 年版，第 14 页。

② 胡焕庸：《我国人口增加率超过各国》；陈长蘅：《有计划地控制我国人口增加》；许世瑾：《人口增加过速会拖迟经济发展》；李穆生：《人口增长与生产发展不相适应》；宋承先：《提倡节育是为加速建设提高生活》；杨恩平：《解决人口问题的办法是增长生产》，《文汇报》1957 年 4 月 8 日，1957 年 4 月 9 日。

应给群众使用的避孕用品已由 4 种增加到 7 种。[①] 1956 年男性计生药具销量比 1955 年增加了 25％，女性计生药具增加了 100％。[②]

社会舆论关注人口问题、并参与人口问题的讨论，无论是理论上还是实践中都有着非常重要的意义。第一，通过对关于中国人口问题的大讨论，正本清源，明辨是非，将中国人口政策引入正确的方向，从而奠定了当代中国计划生育人口政策的基调。中华民族崇尚多子多福的生育文化具有非常强的作用力，它随着中华民族传统文化的继承，一代一代承接下来，非一朝一夕可以更改。"多子多福"、"不孝有三，无后为大"等生育价值观已成为社会各阶层恪守的道德规范，并随着平民教育的诠释与发挥，具有了某种神圣的成份，沉淀为中华民族基本的心理定势。另一方面，在 20 世纪 50 年代中期，中国传统农耕方式依旧属于自耕自足的小农经济，由于劳动生产效率的低下，农业产量的增加除了倚重自然条件外，更有赖于劳动力不断的追加投入，这样，反映在广大农民生育观念上就是最大限度地压缩新一代劳动人口再生产的生命周期，从而形成了普婚、早婚、早育、多育的社会风尚。在这样的一种氛围下，要推行节制生育的人口政策，如果不事先营造一种浓郁的理论气氛，其难度是可想而知的。因此，通过此期的讨论，使人们认识到人口增加太多太快，对国家、对个人都不利，要反对早婚，赞成迟婚，实行有计划地节制生育，从而奠定了当代中国计划生育的基调。第二，通过在报纸杂志上发表的一系列文章对中国人口问题进行讨论这个中间环节，使政府高层关于人口政策的意向和群众性的计划生育活动联系起来，从而使计划生育人口政策的酝酿和实施有了坚实的群众性基础。1953 年第一次人口普查以后，面对庞大的人口基数和很高的人口增长率，党和国家领导人在不同场合反复强调要提倡节育，要有计划地生育。但是，在当时计划生育机构没有建立起来的情况下，在当时非常落后的通讯传播工具的条件下，他们对要实施节制生育的

---

① 文汇报社论：《群众性计划生育活动的开展》，《文汇报》1957 年 11 月 29 日。
② 杨魁孚、梁济民、张凡：《中国人口与计划生育大事要览》，中国人口出版社 2001 年版，第 13 页。

指示，在很长一段时间内只局限于政府上层范围内。在关于人口问题大讨论过程中，相当多的专家、学者在报刊上发表了为数众多的讨论性文章，这些关于人口问题的讨论不可避免地要深入到广大人民群众之中，从而使国家关于人口政策的意向和群众性的计划生育活动联系起来，使节制生育人口政策取得了实际成效。第三，此时期关于人口问题的大讨论，理论界对涉及人口问题的诸多方面进行了深入的探讨，积淀了关于人口问题丰厚的理论底蕴，为现行计划生育人口政策的酝酿和实施以及新世纪以后人口理论的复苏奠定了基础。在这场关于人口问题的大讨论中，理论界对节制生育、有计划地生育等具体人口问题的探讨为20世纪60年代节制生育人口政策、20世纪70年代"晚稀少"生育人口政策、20世纪八九十年代计划生育人口政策的酝酿和实施作了准备。同时，理论界对涉及人口发展规律，人口与经济、社会、教育、环境等关系，人口理论的探讨，为新世纪人口理论的复苏奠定了基础。

人口众多是我国最主要的人口问题，也是我国所有问题中的基本问题和主要问题。因此，我国的人口政策必须以解决人口数量为立足点，并同时解决由于人口众多而产生的其它人口问题。综上所述，此期的我国人口问题已具备了公共政策问题的一般特征，即：已经成为一种客观存在的情况、条件和事实，已经发展到了有一定的广度和严重程度，已经为社会上较多的公众所觉察和认识，已经出现了不同社会阶层的利益、价值和规范方面的冲突，社会公众中产生出来的受剥夺感与不满足感已经强烈到非采取行动不可的地步，某些社会团体已经产生了一连串的活动，国家和政府也已经感觉到有非常有必要采取必要的行动来解决这些问题。

## 二、我国人口政策的形成

公共政策问题被纳入公共政策议程之后，政府必须制定出相应的政策解决公共政策问题。公共政策的制定是一个极为复杂的过程。在这个过程中，存在着许多足以影响政策问题确认的重要因素。就规律性的现象而言，影响公共政策认定的主要因素大体上集中在诸如利益集团、政党、民意机关、政治领袖、选举、抗议活动、危机或特殊事件、大众传播媒介、新旧事物的差别等方面。

现代政治是政党政治。与政治相关的政策制定必然与政党和政党领袖有着密切的联系。在政治舞台上，政党都是决定政策议程的一个极为重要的因素，而且经常是起关键性和决定性作用的因素。政治领袖作为决策系统的核心，其对政策议程的影响力往往来自制度的授权，他们常常扮演政策议程主要决定者的角色，其政策建议几乎可以自动地提上政府议程。我国实行的是中国共产党领导的多党合作制度。我国的政党制度决定了中国共产党的各级领导机构在不同层次的政策制定中起着决定作用。在实行党政职能分开的新条件下，中国共产党的机构不再包揽全部国家事务的管理，而是集中精力对整个国家实行政治、思想和组织领导；在政策方面，执政党主要是抓好对国家发展具有指导意义的大政方针和总政策、基本政策的制定，同时对国家各个时期经济社会发展政策的制定提出建议。在公共政策制定的过程中，中国共产党的政治领袖人和政治领导集团所发挥的特殊作用是无可替代的。在我国人口政策制定过程中，这一点表现得尤为突出。

公共政策是公共权威部门在一定历史时期内为实现一定目标而规定的行为依据和准则，它是服务于一定经济基础的政治上层建筑的重要组成部分。对照公共政策这一属性，我国 20 世纪 70 年代的"晚稀少"人口政策具备了作为公共政策的基本特征。

第一，公共政策是阶级意志和利益的集中体现与表达，是统治阶级进行政治管理和阶级管理的工具，是社会阶级利益的表达与执行，同时，它又服务于社会的总体发展。我国 20 世纪 70 年代的"晚稀少"人口政策是当时比较严重人口问题的必然产物，体现了国家和政府管理国家人口问题的意志。

20 世纪初，瑞典的经济学家威克塞尔（J. G. Wicksell）、英国的经济学家坎南（E. Cannan）和人口学家卡尔·桑德斯（Carr Sanuders）又提出了"适度人口理论"，它对于中国现代的人口理论具有重要的影响。

这一理论的中心思想认为，人口的"适度数量"是这样一个数量：考虑到自然环境、已经采用的技术水平、民众的风俗习惯和所有其他有关因素，这个人口数量"提供按人平均的最大收益"；而人口的"适度密度"则应是使居民能够获得高水平生活的密度。中国人口居住相对较差的地理环境和人口过度增长之间本来就存在着尖锐的矛盾。中国的地理环境适宜生存的空间是狭小的。中国平原和丘陵的面积各占总土地面积的 12.0% 和 9.9%，合计不到 22.0%；其中丘陵地区有不少是不适宜居住的。而盆地、山地和高原的比例却各为 18.8%、33.3% 和 26.0%，合计达 78.1%。盆地大部分在西北，如柴达木盆地、准噶尔盆地、塔里木盆地，大多是不适宜居住的；山地和高原地区不适宜居住的则更多。也就是说，适宜居住的湿润、半增湿润地区分别只有 32.0% 和 15.0%，合计为 47.0%；而干旱和半干旱地区则分别占 31.0% 和 22.0%，合计达 53.0%。国家统计局等部门利用 1982 年第三次全国人口普查的数据，测算出中国有 20.3% 的人口居住在海拔 500 米以上生存条件较差的地区，其中一半又居住在海拔 1 000 米以上。而全世界平均只有 10.0% 的人口居住在海拔 400 米以上的地方。狭小的适宜人口生存的地理环境限制了人口的环境容量。人口的环境容量或称环境的人口承载量（Carrying Capacity）是指在不破坏生态环境，保证非再生资源能永续使用，也保证能持续发展的最大人口数。它对一个国家来说，是有一定的限量。1956 年孙本文根据我国耕地面积、粮食产量和就业情况，认为 8 亿人口是最适宜的人口数量。1980 年田雪原、陈玉光依据人口与生活资料、消费资料的关系，认为我国经济理想人口应是 6.5～7.0 亿之间。[①] 1981 年胡保生、王浣尘等提出中国生态理想的负载能力应是 7～10 亿人口。[②] 宋健、孙以萍根据

---

① 田雪原、陈玉光：《经济发展和理想适度人口》，《人口与经济》1981 年第 3 期。
② 胡保生、王浣尘、朱楚珠等：《关于我国总人口目标的确定》，《人口与经济》1981 年第 5 期。

我国的食品资源，估算出我国理想人口数应为 7 亿。[①] 由此可见，我国适宜生存的地理环境是有限的，不管是哪一种计算方式，其人口的环境容量都没有超过 10 亿人，而最理想的人口承载量在 7 亿～8 亿左右。因此，此时期的 8 亿多人口已经对社会、经济造成了巨大的压力。另一方面，人口增长巨大的分母效应，即按人口平均占有的自然资源与日俱增的人口压力使资源相对紧缺的格局愈演愈烈。人口的持续增长，对有限的耕地面积又提出了严峻的挑战。1949 年新中国成立时，全国有耕地 15 亿亩，人均 2.7 亩，已低于当时世界平均水平。1956 年底中国人口 6.2 亿多，其中新中国成立后的新增人口占了 15.9%。事实上，在 1956 年前，农村劳动力已经处于饱和甚至过剩状态。据调查，河北省河间县的个体农民，1950 年的出勤率，男劳动力一般只有 110 天到 112 天，妇女劳动力一般只有 30 天左右；合作化运动后，大多数农业合作社的劳动力过剩，只是集体劳动掩盖了这种现象。1955 年对全国 26 000 多个农村农业社的调查表明，平均每年每个劳动力只有 96 个劳动日，劳动时间剩余现象严重。河北香河等地，1955～1956 年，农业社劳动力过剩约为 26%。山西省阳高、灵丘等五县 18 个农业社大约有 30% 的劳动力没有活干，四川省内江县 18 个农业社的剩余劳动力更占总劳动人数的 35%。[②] 另一方面，从 1949～1957 年，中国耕地面积新增了 2 100 万亩，在粮食单产水平下降的情形下，由于耕地增加和播种面积扩大而使粮食总产量增加了 500 万公斤以上，但与此同时，在经过 1962～1973 年的第二个人口增长高峰期后，1969 年人口总量突破 8 亿，翌年又达到 8.3 亿，仅农业劳动力就增加了 2 000 余万。人口增长与粮食生产维系着一种脆弱的平衡关系。从 1957 年到 1970 年，中国人均耕地面积从人均 2.59 亩降到 1.83 亩；人均粮食产

---

① 宋健、孙以萍：《从食品资源看我国现代化后所能养育的最高人口数》，《人口与经济》1981 年第 2 期。

② 廖田平、温应乾：《两种生产理论和我国人口问题》，广东人民出版社 1982 年版，第 68 页。

量则从人均 306 公斤降到 293 公斤。[①]

到 20 世纪 70 年代初期,"文化大革命"已进行了五六个年头。这场自上而下全面发动的"政治大革命",使整个社会处于无政府状态。它对人口政策及人口发展的影响是显著的。在"文化大革命"发动前的 1966 年,节制生育人口政策在社会上已形成了一定的气候。此时,舆论上已结束上层酝酿阶段而转向对群众的口头宣传,计划生育组织机构在各省、自治区和直辖市相继建立,物质技术上亦加强了对计生药具的研究、生产和供应。但"文革"开始后,实施节制生育工作的社会政治环境已不复存在,计划生育实际工作已陷于瘫痪状态。1968 年 8 月,计划生育组织机构被撤销,有关计划生育工作由卫生部军管会业务组领导。我国人口又处于盲目发展的状态。1966~1970 年的五年间,每年出生人口在 2 500 万到 2 700 万之间,人口出生率均在 33‰以上,人口自然增长率在 26‰左右,全国净增人口超过 1 亿。1969 年,我国人口总量突破 8 亿,1970 年达到 82 992 万人。人口无节制的快速增长使当时濒临边缘的国民经济雪上加霜。农村的贫困化进程难以遏制,城镇居民的生活水平也没有得到多大提高,数以亿计的人口生活在绝对贫困线之下。因此,由于人口的迅速增加,我国面临着严峻的现实人口问题。

在这种背景下,1970 年 2 月,周恩来在全国计划工作会议上强调:"现在人口多,70 年代人口要注意计划生育。文化大革命期间有点放松,青年结婚的早了,孩子生得多了,特别是城市人口增长很多。凡是人口多的省、市要特别注意计划生育,劳动力多了是好事,但要与经济发展相适应才好。"[②] 同年 6 月,他在接见卫生部军管会全体人员时又说:"计划生育宣传工作要和免费供应避孕药配合,物质和精神不能分家,精神要起更大的作用。免费供应避孕药,有的拿去不用,又生孩子,这是最大的浪费。主要还是靠宣传工作。不能把计划生育和爱国卫生运动放在一起。计

---

① 《中国统计年鉴》(1982 年),中国经济出版社 1983 年版,第 56 页。

② 周恩来:《在全国计划工作会议上的讲话》(1970 年 2 月 7 日),杨魁孚、梁济民、张凡:《中国人口与计划生育大事要览》,中国人口出版社 2001 年版,第 42 页。

划生育属于国家计划范围，不是卫生问题，而是计划问题。你连人口增加都计划不了，还搞什么国家计划！避孕药免费供应，又不要造成浪费。要做到完全没有副作用，要考虑农村使用，要方便农村。"[1] 1973 年 8 月，他再次强调，"有的出生率已经下降的地方，疏忽了一下，今年上半年出生率又提高了，不能疏忽。人口增长要和国民经济的发展相适应。现在，平均年龄高了，老年人多活几年，总是好事；婴儿死亡率低了，也很好嘛。这两头一增，就要求我们更好地抓紧计划生育。打仗也要青壮年人；壮年人多，也便于转移。平时、战时，计划生育都是需要的。人口每年都有增长，农村也要实行计划生育。现在农村这方面的进展比城市慢一些。从城市去农村的知识青年，在这方面要起推动作用。"[2] 同一时期，毛泽东也对计划生育工作做了重要指示。1970 年 12 月，他对来访的美国记者埃德加·斯诺明确表示了对计划生育工作的不满意。他说："农村里的女人，头一个生了是个女孩，就想个男孩子。第二个生了，又是女孩，又想要个男孩子。第三个生了，还是女孩子，还想要男孩子。……一共生了九个，都是女孩子，年龄也是四十五岁了，只好算了。"他接着说："重男轻女，这个风俗要改。"[3] 1975 年 2 月，他在国家计委《关于 1975 年国民经济计划的报告》上作了"人口非控制不行"的批示。[4]

毛泽东、周恩来等中央领导人对计划生育的指示，体现了当时我国党和政府对业已出现的人口问题的高度重视；同时，在当时特定的历史条件下，他们的指示体现了国家和政府管理国家人口问题的意志。

第二，公共政策是一种行为准则或行为规范。行为规范和准则，使政策具有可操作性，从而才能有效地调整各种社会关系，调动各方面的积极

---

① 周恩来：《在接见卫生部军管会全体人员时的谈话》（1970 年 6 月 26 日），杨魁孚：《学习新中国领导者人口思想》，中国人口出版社 2004 年版，第 35 页。

② 周恩来：《接见全国知识青年上山下乡工作会议代表时的讲话》（1973 年 8 月 6 日），杨魁孚、梁济民、张凡：《中国人口与计划生育大事要览》，中国人口出版社 2001 年版，第 50 页。

③ 毛泽东：《会见美国友好人士埃德加·斯诺时的谈话》（1970 年 12 月 18 日），彭珮云：《中国计划生育全书》，中国人口出版社 1997 年版，第 133 页。

④ 杨魁孚：《学习新中国领导者人口思想》，中国人口出版社 2004 年版，第 15 页。

性，达到制定政策最初的目的。我国 20 世纪 70 年代的"晚稀少"人口政策涉及了具体的人口控制目标以及为实现这一目标所采取的控制人口增长的具体措施。

根据毛泽东、周恩来等中央领导人对人口计划生育工作的一系列指示，1971 年，国家计委把人口发展正式纳入第四个五年国民经济发展计划中，城乡人口自然增长率被规定为人口控制的目标。同年 7 月，国务院明确指出："除人口稀少的少数民族地区和其他地区之外，都要加强对这项工作的领导，深入开展宣传教育，使晚婚和计划生育变成城乡群众的自觉行为，力争在第四个五年计划期内做出显著成绩。"[①]并要求各省、市、自治区党委和革委会认真抓好计划生育工作，卫生部门在现在编制内设一个小的办事机构，各级医疗卫生单位和农村巡回医疗队宣传计划生育知识，做好技术指导，提高节育手术质量；在基层卫生单位和"赤脚医生"、接生员、卫生员中，培训计划生育的技术、宣传力量；在人口稀少或少数民族地区，对有节育要求的做好计划生育的技术指导工作；根据不同情况，采取避孕、节育等综合措施；积极推广新法接生，做好妇幼卫生工作；加强避孕药品和器械的研究、生产和供应工作；研究新的长效、安全、简便的中西医结合的避孕药物，发掘整理民间避孕、节育方法，寻找和研究男用避孕药，组织口服避孕药和避孕用具的供应，重点放在农村，落实到人，方便群众；计划生育的手术器械要增加生产，满足需要；计划生育工作的经费由省、市、自治区革委会统筹安排。在当时计划经济的大前提下，实行计划生育是为了使人口发展计划与社会经济发展计划相适应，于是，"有计划地增长人口"自然地被确定为我国既定的人口政策。为此，国务院第一次明确地提出了计划生育工作的具体指标，"在第四个五年计划期内，使人口自然增长率逐年降低，力争到 1975 年，一般城市降到 10‰左右，农村降到 15‰以下，原来城乡综合增长率就低的，如上

---

① 国务院文件：《国务院转发卫生部军管会、商业部、燃料化学工业部关于做好计划生育工作的报告》，[71] 国发文 51 号（1971 年 7 月 8 日）。

海全市已降到 9.01‰，则不应回升。"① 1973 年，国家计委把国务院提出的人口计划指标正式列为国民经济和社会发展计划之中。

国务院关于计划生育工作具体指标的提出，标志着我国人口政策由新中国成立后十七年的节制生育向 20 世纪 70 年代"晚稀少"人口政策的过渡。由于计划生育人口政策的核心问题是要降低人口自然增长率、控制人口的过快增长，这就必然要牵涉到影响和制约人口再生产过程中诸如结婚、生育的年龄，生育的间隔、数量等具体的政策性问题。在计划生育的具体实践工作中，按照人口规律的客观要求，根据控制人口过快增长必要性和可行性相统一以及国家利益和家庭利益相结合的原则，这些问题逐渐有了明确、具体的政策要求，并逐步形成了"晚稀少"人口政策。因此，我们可以说 20 世纪 70 年代"晚稀少"人口政策本质上就是一种计划的生育。它与节制生育最大的区别是：节制生育只是对出生人口的数量作出一定的限制，但没有具体量的规定，也没有具体的计划数，更没有什么强制性的措施；而计划生育不仅对出生的人口数有严格、具体的量的规定，并且还有强制性的措施以保障其落实。

1972 年，卫生部提出了"晚、稀、少"人口政策内容的最初设想：关于晚婚年龄，提倡在农村女 23 岁，男 25 岁，城市女 25 岁，男 27 岁或 28 岁；关于一对夫妇生几个孩子、每个孩子间隔几年问题，如果自然增长率保持 10‰的水平，就是平均每对夫妇有两个小孩，从母亲和孩子的健康来讲，间隔 4~5 年为好；关于节育措施的选择，人因人制宜，帮助群众自己选择，不强求一致，政策是提倡避孕，人工流产是一个补救办法。对实行计划生育的群众，从政策上有所奖励，免费做节育手术和供应避孕药，节育手术后有一定假期，工资照发，农村社队补助工分等，对不

---

① 国务院文件：《国务院转发卫生部军管会、商业部、燃料化学工业部关于做好计划生育工作的报告》，[71] 国发文 51 号（1971 年 7 月 8 日）。

孕群众，给予积极治疗。[①] 1973 年，第一次全国计划生育工作汇报会确定了"晚、稀、少"的方针，会议提出了"晚、稀、少"的计划生育政策："晚"是指男 25 周岁以后、女 23 周岁以后结婚，女 24 周岁以后生育；"稀"是指生育间隔为三年以上；"少"是指一对夫妇生育不超过两个孩子。[②] 1974 年中央在转发上海、河北等地关于开展计划生育工作会议的报告中，肯定了按"晚、稀、少"方针要求结婚和生育的政策。报告中说，上海市按照"晚、稀、少"的要求，制定了生育规划，取得了明显的成效，全市人口出生率从 1965 年的 17.0‰下降到 1973 年的 10.25‰，人口自然增长率从 1965 年的 11.3‰下降到 1973 年的 4.78‰；目前，该市 128 万余对已婚育龄夫妇中，已有 106 万多对夫妇落实了各种节育措施，节育率达 83%。河北省按照"晚、稀、少"要求结婚和生育的人越来越多，全省晚婚率已达到 85%以上，节育率达到 80%以上，预计到 1974 年人口自然增长率将由 1973 的 14.6‰下降到 11.0‰左右。[③] 1975 年 7 月全国卫生工作会议强调，要在群众自觉的基础上，按"晚、稀、少"的要求，把生育计划落实到人，力争在"五五"计划期间，人口自然增长率农村降到 10‰左右，城市降到 6‰左右。[④] 1978 年 6 月，国务院计划生育领导小组会议进一步明确了"晚、稀、少"方针的内涵：晚婚年龄，农村提倡女 23 周岁，男 25 周岁结婚，城市略高于农村，提倡一对夫妇生育子女数最好一个最多两个，生育间隔三年以上。各地根据人口规划的需要，对生得晚一点、稀一些的，可根据实际情况进行具体安排。同时还对职工和农民

① 《卫生部军管会业务组栗秀真在河北省计划生育工作会议上的讲话》（1972 年 1 月 25 日）杨魁孚、梁济民、张凡主编：《中国人口与计划生育大事要览》，中国人口出版社 2001 年版，第 46 页。

② 国务院计划生育领导小组办公室：《全国计划生育工作汇报会会议纪要》（1973 年 12 月 27 日）杨魁孚、梁济民、张凡主编：《中国人口与计划生育大事要览》，中国人口出版社 2001 年版，第 51 页。

③ 中共中央文件：《中共中央转发〈上海市关于开展计划生育和提倡晚婚工作的情况报告〉及河北省〈关于召开全省计划生育工作会议的情况报告〉的通知》，中发［1974］32 号（1974 年 12 月 31 日）。

④ 国务院文件：《国务院批转卫生部关于全国卫生工作会议的报告》，国发［1975］121 号（1975 年 8 月 5 日）。

接受手术后的福利待遇问题作了规定，要求城市住房和农村口粮、自留地分配等社会经济政策和其他一些规定，都要有利于计划生育工作的开展。会议还提出了一对夫妇生育子女数"最好一个、最多两个"的新要求。①

与此同时，有一些省、直辖市做出了"晚、稀、少"人口政策的地方性规定。1978 年 7 月，河北省做出了计划生育十条规定：（1）大力提倡晚婚晚育；（2）鼓励一对夫妇生育子女数最好一个，最多两个；（3）要求生两个孩子的，生育间隔 4 年以上；（4）夫妇终身要一个孩子者国家给予鼓励和表扬；（5）独生子女保健费从出生发到 14 周岁；（6）免费发放避孕药具和施行节育手术；（7）提高手术质量，保证安全；（8）提倡男到女家落户，凡男到女家落户者，女婿视为直系亲属，任何人不得歧视；（9）各条战线评选先进集体、先进个人时，不实行计划生育者不得评为先进；（10）大力开展妇幼卫生和赡养老人的工作。在中央和省、市、自治区计划生育部门的领导和具体指导下，以"晚稀少"为主要内容的人口政策在地市级、及以下城镇和农村地区得到了不同程度的落实，并且取得了一定的成绩。如，1973 年 5 月，福建省晋江地区计划生育办公室转发了该省计生领导小组《关于实行计划生育若干问题的暂行规定》，推行"晚稀少"生育政策；1979 年 3 月，该地区又颁布了《关于计划生育若干政策问题试行规定》，大力宣传贯彻"晚稀少"生育政策，并规定了奖惩办法。对于晚婚，该《规定》"提倡和推行城市男 26 周岁、女 24 周岁以后，或者男女均为 25 周岁，或者男女一方 28 周岁以上，另一方 23 周岁；农村男 25 周岁、女 23 周岁以后，或者男女均为 24 周岁，或者男女一方 27 周岁以上，另一方 22 周岁结婚。"对于"节制生育"，该《规定》"大力推行一对夫妇生育子女数，（包括抱养的）最好一个，最多两个；生育间隔 4 年以上。已生一胎的要求采取有效措施，做好间隔生育，已有两个孩子的夫妇（包括再婚夫妇）要落实一项长效的节育措施，确保不再生育。年

---

① 国务院文件：《国务院批转卫生部关于全国卫生工作会议的报告》，国发 [1975] 121 号（1975 年 8 月 5 日）。

纪和身体合适的，要做绝育手术。提倡男扎。"同时，该《规定》对遵守计划生育行为做了具体的奖励规定：凡有生育能力的夫妇，只生一个孩子，已采取有效措施，保证不再生育者，由女方所在单位核实后报所属县、市计划生育办公室，发给独生子女证，同时可享受相应的优待；对违反计划生育的行为做了具体的处惩规定：（1）结婚必须履行登记手续。对未达婚育年龄擅自结婚的要批评教育，遣送回家，或在经济上给予处罚，并不准补办登记手续，所生孩子则以计划外生育论处。学生在学和学徒未转正期间，硬要结婚或生育者，令其退学、退工；（2）早婚和已生育一个孩子生育间隔未到时间以及已有两个孩子的夫妇，都要落实节育措施；（3）生育3胎或3胎以上者，分娩按事假论，接生住院费自理，不能参加当年评奖；住房面积宅基地、自留地不能增加；（4）小孩口粮城乡都要按年龄分等定量发给，计划外生育的孩子，在14岁以前口粮按议价粮计价；（5）人事、劳动、教育部门应把实行晚婚节育作为考核干部、职工、学生的内容之一。① 这样，基本形成了以"晚、稀、少"（后来发展为"晚婚、晚育、少生、优生"）为主要内容的人口政策；在其内容的具体表述上，概括为"控制人口的数量，提高人口的素质"。

至此，我国形成了明确而全面的以"晚、稀、少"为主要内容的人口政策。为了保证这一人口政策能够落实到计划生育实际工作中，同期，计划生育组织机构也开始组建。1971年根据国务院转发《关于做好计划生育工作的报告》的要求，卫生部军管会业务组内设立了一个小的计划生育办事机构。1973年7月，国务院发出《关于成立国务院计划生育小组的通知》，批准恢复成立计划生育领导小组及其办公室，任命国务院业务组成员华国锋为组长，23个有关部门（单位）负责人为成员，下设办公室。随后，各省、自治区、直辖市及地市级、及以下城镇和农村行政区也先后恢复或成立了计划生育工作机构。如，1975年10月，福建省晋江地区成

---

① 晋江地区行政公署：《关于计划生育若干政策问题的试行规定》，晋地署［1979］007号（1979年3月24日）。

立了晋江地区计划生育领导小组，下设办公室；全地区1市6县亦重新成立了计划生育领导小组及其办公室；1979年12月，全地区各公社分别配备1~2名计划生育专职干部，共180名。至1975年底，全国各省、市、自治区都建立了计划生育领导小组及其办公室，领导和组织全国城乡开展计划生育工作。从此，涉及城乡亿万家庭的计划生育活动也在全国范围内开展起来。

这一时期，我国人口政策有着十分显著的特点。首先是各省、自治区、直辖市都把人口指标纳入了国民经济发展计划，编制了五年或十年人口规划。其次是逐渐形成了具体的计划生育人口政策。从最初的"有计划地增长人口政策"所要求的"晚、稀、少"，即男25周岁以上、女23周岁以上结婚；两胎间隔四年以上；最多生育两个孩子，到1978年中央批转《关于国务院计划生育领导小组第一次会议的报告》中提出的一对夫妇生育的子女数最好一个，最多两个和间隔三年以上的要求，再到后来更加科学地提出"控制人口数量，提高人口素质"的人口政策，其具体内容也发展为"晚婚、晚育、少生、优生"。第三是认真做好计划生育节育技术服务。这一时期，在做好城市避孕节育技术服务的同时，把大力加强农村的避孕节育技术工作作为重点。城市派出大批医疗队和节育技术服务小分队到农村开展节育技术服务，培训公社卫生院的医生开展节育手术。到1973年，全国有1/3的公社卫生院装备了能做输卵管结扎等节育手术的医疗器械设备。同时，从1974年开始，国家开始实行避孕药具免费供应，实施节育手术的育龄干部职工或农民不仅免收手术费用，而且可享受休假和工资照发或工分照记、不影响口粮分配的待遇。第四是将计划生育推向了广阔的农村地区，在农村全面普及推广计划生育。基层卫生人员和计划生育工作人员接受培训后，深入各村各户，宣传如何使用节育工具和服用避孕药物，指导已婚育龄妇女延长生育间隔，从而为计划生育的普及提供了必要的条件和保证。

马克思主义认为，社会生产包括两种："一方面是生活资料即食物、衣服、住房以及为此所需的工具的生产；另一方面是人类自身的生产，即种的繁衍。"[1] 物质资料的生产和人类自身的生产有着内在的联系。马克思主义还认为："事实上，每一种特殊的、历史的生产方式都有其特殊的、历史地起作用的人口规律。"[2] 就是说，人口规律是由社会生产方式决定的，人口发展要同经济社会发展相适应。这是不以人的意志为转移的客观规律。因此，我们可以说 20 世纪 70 年代"晚稀少"人口政策是由社会主义生产方式决定的，是社会发展的客观要求。在良好的政策环境中，经过广大计划生育工作者和人民群众的共同努力，我国计划生育工作取得了非常明显的成绩，并深刻地影响了中国几亿育龄妇女的生育行为，这主要表现在以下几个方面：一是人口增长速度显著下降。全国人口出生率由 1970 年 33.43‰ 下降到 1978 年的 18.25‰，下降幅度高达 45.40％；人口自然增长率从 1970 年的 22.80‰ 下降到 1978 年的 12.00‰，下降了 53.50％；年净增长人口由 1970 年的 2 114 万减少到 1 147 万。二是妇女生育率显著下降。在这一时期，反映一个国家或地区妇女生育水平的重要指标——妇女总和生育率由 1970 年的 5.8 下降到 1978 年的 2.7，下降幅度之大，速度之快是少有的。三是妇女生育胎次构成发生明显变化。在当年出生的全部婴儿中，属于第一胎、第二胎的上升，属于第三胎及以上多胎的下降。1977 年同 1970 年相比，第一胎由 20.73％升至 30.83％；第二胎由 17.06％升至 24.59％；多胎由 62.12％降至 44.55％。四是结婚年龄明显提高。妇女平均初婚年龄由 1971 年的 20.19 岁提高到 1978 年的 22.83 岁，升高 2.64 岁；早于 18 岁结婚的妇女早婚率由 1970 年的 18.6％降到 1978 年的 3.7％；晚于 23 岁结婚的妇女晚婚率，全国由 1970 年的 13.8％提高到 1978 年的 48.0％；同期城市妇女晚婚率由 40.1％提高到 84.0％，农村也由 10.1％提高到 41.4％。[3] 五是人们传统的生育观念得到了极大的改变，这是非常重要的。经过 20 世纪 70 年代的计划生育

---

① 《马克思恩格斯选集》（第 4 卷），人民出版社 1995 年版，第 2 页。

② 《马克思恩格斯全集》（第 23 卷），人民出版社 1995 年版，第 692 页。

③ 李宏规：《计划生育事业》，路遇主编：《新中国人口五十年》，中国人口出版社 2004 年版，第 1015 页。

工作之后，人们的生育观念开始发生了改变。该时期生育政策的具体要求女为 23 周岁，男 25 周岁，一对夫妇提倡生一个小孩，但允许生两个小孩，生育间隔在三年以上。据 1980 年统计数据显示，城镇总和生育率为 1.13，基本实现了一对夫妇平均只生育一个小孩；农村总和生育率为 2.49，一对夫妇平均生育的小孩也没有超过 3 个。我国妇女峰值生育年龄段为 25～29 岁，生育第一、二孩子的妇女平均年龄全国为 24.4 岁和 26.4 岁，城镇为 26.9 岁和 29.3 岁，农村为 23.9 岁和 26.1 岁，[①] 这改变了一般家庭生育积年所形成的早婚、早育、多育的社会习性，完成了从"早密多"传统落后的生育模式向"晚稀少"式生育控制模式的过渡。因此，这可以说是中国生育史上的一场革命。更由于它是对人们生育价值观众的冲击，其影响是深远的。

### 三、我国人口政策形成的特点

从以上我国人口政策形成的过程中可以看出，我国人口政策是在不断发展和不断完善的过程中逐渐形成的。它有着以下几个方面的特点：

（一）从强调领导者个人意志、中央文件对人口政策的影响到重视制度、法律法规建设对人口政策的作用。二十世纪五六十年代，该时期的人口思想、人口政策大多是领导者个人意志的体现，没有上升到国家法律法规的层面，因而政策的制定和实施随意性大，缺乏连贯性和可操作性。这一时期，虽然出台了许多关于计划生育工作的文件，但其落实工作往往受到不正常政治运动的冲击。

法律法规是国家意志的体现，也是政策的法制化。从 20 世纪 70 年代起，我国就开始着手制定有关计划生育的法律法规，以规范和保证计划生育工作的健康发展。1980 年 2 月，广东省五届人大二次会议首先颁布了《广东省计划生育条例》。它是我国第一部地方性计划生育法规。进入 20 世纪 80 年代中期以后，地方计划生育立法步伐加快。从 1986 年到 1989

---

① 马瀛通：《20 世纪后 30 年中国计划生育工作评价》，《人口研究》2000 年第 4 期。

年，先后有 19 个省、自治区、直辖市颁布了《人口与计划生育条例》。到 1992 年 4 月，除西藏、新疆是由自治区人民政府颁布人口与计划生育规定外，其余 28 个省、自治区、直辖市都颁发了由地方人大通过的计划生育条例。为了从法律高度维护现行人口政策连续性和稳定性，《人口与计划生育法》于 2001 年 12 月颁布，并自翌年 9 月起正式实施。这一时期，我国还出台了各种保障计划生育的法律法规，如《中国 21 世纪议程》、《中国计划生育纲要（1995－2000）》、《妇女权益保障法》、《母婴保障法》等。

（二）人口政策内容从强调以限制、处罚为主过渡到以奖励、服务为主，建立和完善计划生育的各种利益导向机制。20 世纪 50 年代初期颁布的《机关部队妇女干部打胎限制的办法》《限制节育及人工流产暂行办法》对妇女打胎、节育及人工流产做出了非常详细的限制性规定，凡未经批准而擅自打胎者，对其本人及执行打胎者分别予以处分。自实行节制生育开始，国家规定了奖励实行节制生育和计划生育的政策。随着社会经济和计划生育工作的不断深入发展，计划生育奖励优待政策的内容也不断丰富和发展。目前，已经建立和完善计划生育的各种利益导向机制。2004 年 2 月，在国家的统一部署和指导下，在中西部部分地区的农村对部分计划生育家庭实行奖励扶助制度试点工作正式启动。这项制度规定：对农村只有一个子女或者两个女孩的年满 60 周岁的计划生育夫妇，按每人每年不低于 600 元的标准发放奖励扶助金，直至亡故。与此同时，计划生育技术服务工作也得到了发展和完善。《人口与计划生育法》不仅规定了公民实行计划生育的义务，还用了很多条款规定了公民实施计划生育应享有的合法权益。《人口与计划生育法》及一系列法律法规的颁布，标志着国家通过法律的形式，确立了计划生育基本国策的法律地位，结束了人口与计划生育法工作长期以来主要依靠政策和地方法规调整的局面。

（三）计划生育人口政策从主要以控制人口数量发展到"控制人口数量，提高人口质量，改善人口结构，引导人口合理分布"多方位并重。20 世纪 80 年代以前，由于面对庞大人口数量的压力，我国人口政策主要解决的问题是降低人口出生率，减少人口数量。这可以从该时期党和国家领导人的谈话、国家重要文件以及所制定的政策法令中可以看出。20 世纪 80 年代以后，随着我国人口和计划生育工作出现的新问题、新情况、新任务，党和政府作出了全面加强人口和计划生育工作统筹解决人口问题的决策，以促进人的全面发展为中心，以统筹解决人口问题为主线，强调优先投资于人的全面发展，稳定低生育水平，提高人口素质，改善人口结构，引导人口合理分布，保障人口安全，促进人口大国向人力资本强国转变，促进人口与经济、社会、资源、环境协调和可持续发展，为构建社会主义和谐社会创造良好的人口环境。

（四）我国传统多子多孙、多子多福生育观念在平民教育的诠释和发挥下，已沉淀为中华民族基本的心理定势，影响并作用于人们的生育观念和行为。在这样一种崇尚早生、多生、生男的生育文化氛围中，国家要推行计划生育的人口政策，面临的困难是非常巨大的。复杂、顽固的社会历史习性以及传统观念，政府只能通过做长期、艰苦的宣传教育工作，争取广大群众的理解和支持，在自愿的基础上，推广节育措施。也只有这样，制定出来的人口政策才可能最大限度地被广大人民群众认可，落实在具体行动中；否则不顾具体情况，而一味地强制推行计划生育的人口政策，那么在贯彻落实的过程中所遇到的阻力和困难就可想而知。中国共产党充分发挥善于作群众工作的优良传统，在各个不同时期，通过做长期、艰苦的宣传教育工作，争取广大群众的理解和支持，使号称天下第一难的计划生育工作取得了巨大成绩。在 1980 年发出的《公开信》中就不仅要求所有共产党员、共青团员特别是各级干部，用实际行动带头响应国务院的号召，并且积极负责地、耐心细致地向广大群众进行宣传教育，争取广大群众的理解和支持。

# 第三章　我国人口政策执行机制

为了解决一定公共政策问题而制定了公共政策以后，其执行问题就显得关键了。所谓公共政策执行是指国家行政机关及其组成人员通过运用各种手段，将公共政策的内容转化为现实，从而实现公共政策决策目标的一种行为。这些行为包括两个方面的内容：一是将决策转化为可以操作的过程，二是按照决策所确定的目标而进行的努力。也就是说，公共政策执行也就是从政策生效到实现决策目标的整个过程。在这个过程中，政策执行者通过一定的组织形式，运用各种政策资源，经解释、组织、实施、服务和宣传等行动方式将政策观念形式的内容转化为现实效果，从而使既定的政策目标得以实现。关于公共政策执行过程的诸环节中，解释、组织和实施这三个环节具有非常重要的意义。查尔斯·奥·琼斯认为，政策执行是将一项政策付诸实施的各项活动，在诸多活动中，尤以解释、组织和实施三者最为重要。所谓解释就是将政策的内容转化为民众所能接受和理解的指令；所谓组织就是指建立政策执行机构，拟定执行的办法，从而实现政策目标；所谓实施就是由执行机关提供例行的服务与设备，支付经费，从而完成议定的政策目标。[①]

---

① C. O. Jones, *An Introduction to the Study of Public Policy*, 2nd. Ed. (North Scituate, Mass. ：Duxbury Press, 1977, p139. See J. L. Press and A. Wildavsky, Implementation：How Great Expection in Washington Are Dashed in Qakland) Berkely：University of California Press, 1973.

公共政策一个完整的运行周期包括公共政策问题形成、公共政策制定、公共政策执行、公共政策评估、公共政策调整、公共政策完成等六个阶段。在政策过程中，掌握了一定的政策问题，制定并选择了一定的政策方案，这些步骤都非常重要，但更为关键的问题在于既定的政策如何才能付诸实现。在政策和实现政策之间，有时存在着相当大的差距。在我国，中央三令五申禁止乱摊派、乱收费，但由于地方利益和部门利益的阻挠，屡禁不止。属于公共政策的人口政策也存在着政策制定和执行之间矛盾的问题。比如，印度政府认识到，庞大的人口数量是制约他们经济发展的主要因素之一。因此，印度在20世纪70年代制定了一系列以推行计划生育措施为主要内容的人口政策：提高结婚年龄，通过自由堕胎法令，鼓励已生育3个孩子的夫妇实行绝育，只生2~3个孩子的夫妇可以得到政府的奖励，如免除医疗、提供住房和教育津贴，政府雇员要签署计划生育保证书。但由于没有得到有效的执行，实际效果不大。20世纪70年代我国"晚、稀、少"人口政策、20世纪80年代及以后的计划生育人口政策在全国城乡范围内逐步得到贯彻落实，并且取得了非常明显的成效。这主要和"晚、稀、少"人口政策的合理性以及计划生育工作所依赖社会条件和运行机制的可行性和合理性是分不开的。因此，从某种意义上来说，政策的执行比政策的制定更为重要。这体现在以下几个方面：第一，政策执行是实现政策目标的关键。某项行政决策如果不转化为现实行为，付诸实施，政策目标就难以实现，再好的决策方案也只能是一纸空文。因此，美国政策学者艾利森认为，在实现政策目标的过程中，方案确定的功能只占10%，而其余的90%取决于有效的执行。第二，通过公共政策执行可以检验、修正政策。通过执行政策，可以检验政策，可以根据实际的发展修正和完善政策，以提高政策的可行性和有效性。实践是检验真理的唯一标准，检验一项政策是否可行有效，关键在于行政执行的实践通过政策执行，不仅可以检验政策，还可以不断充实和完善政策，如果执行中发现问题，可以继续修正和补充，使政策问题得到最终的解决。正是从这个意义上说，政策执行是检验政策正确的惟一途径。第三，公共政策执行决定着政策的效果。公共政策目标的实现不仅取决于政策本身的完善，还取决于政策的执行。第四，公共政策执行及其效果是公共政策制定的重要依据。一项政策在执行过程中或者执行结束后，都会暴露出政策本身存在的问题并且产生一定的影响。这些问题和影响便是公共政策再决策的依据。因为完善政策和制定新的政策都要以客观事实为依据，特别是要依据旧政策实施后由各种渠道反馈回来的信息为依据。[①] 因此，政府决策者要高度重视公共政策的执行，并将其当作一件大事，一个重要的问题来对待。

## 一、我国人口政策目标

联合国统计数据显示，1988 年世界上 131 个发展中国家中有 68 个国家没有明确的生育政策；有 61 个国家制定了降低生育率的人口政策；有不到 1/4 的国家决定增加或维持现有的生育率。[②] 目前，世界各国对人口控制都有一个比较明确的态度。以国家对待生育的态度和影响、干预生育的作用方向，以及为影响或制约人口发展过程制定的法令、法规及措施对人口发展所发生的影响，人口政策可分为鼓励人口增长政策和控制人口增长政策。鼓励人口增长政策主张加快人口增长速度，扩大人口规模。新中国成立初期，由于缺乏准确的人口统计数据，政府没有意识到人口控制的重要性和紧迫性。在保护妇女、儿童身体健康的口号下，有关部门颁布了禁止非法打胎、限制节育及人工流产的法令，客观上起到了鼓励人口增长的目的。控制人口增长政策，是指一个国家和政府认为本国人口数量超过了社会发展的需要，给社会经济发展带来了压力，通过制定一系列措施，如提高法定初婚年龄、提高生育间隔、限制子女数，宣传推广避孕节育，允许流产等，鼓励人们晚婚、晚育、少生、优生，以降低人口增长，缩小人口规模的政策。中国计划生育现行人口政策属于控制人口增长类型

---

① 王传宏、李燕凌：《公共政策行为》，中国国际广播出版社 2002 年版，第 241－242 页。

② ［丹麦］Katarina Tomasevski（卡塔琳娜·托马塞夫斯基）著：《人口政策中的人权问题——为瑞典国际发展合作署作的一项研究》，毕小青译，中国社会科学出版社 1998 年版，第 45 页。

政策。

人口控制政策首先和一定时期内的人口目标联系在一起，即人口控制政策必须要有与整个社会经济发展目标相联系的人口目标，这是该政策要在一定时期内争取实现的。从我国人口控制政策所制订的人口目标来看，其所确定的人口目标包括总人口目标和计划生育（家庭计划方案）目标。人口控制政策的总人口目标是指人口政策所规定的一个国家或地区在一定时期预计实现的总的人口变动指标或家庭规模指标。它分为两种情况：一种是规定具体的人口变动指标，即到某一时期所拟实现的某种人口的出生率、自然增长率、生育率、总增长率、出生人数和总人口数。同时，它还规定有计划生育指标，如节育率和节育人数等。不过，就一个具体国家而言，它在自己的人口控制政策中所确定的这一总人口目标往往都是从上述各项指标中选择若干加以确定，一般以人口自然增长率和总人口数作为衡量标准；另外一种总人口目标是只规定出一般性的生育水平或家庭平均规模的指标，如生育替代水平。①

我国人口政策目标在不同时期有着不同的内容和规定。新中国政府第一次明确提出总人口目标是在 1963 年 10 月党中央和国务院批准第二次城市工作会议纪要的指示中：城市的文化、医疗水平比较高，物质设备条件比较好，在计划生育方面，有可能比农村做出更大的成绩，因此，争取在三年调整期间，把城市人口的自然增长率下降到 20‰ 以下；在第三个五年计划期，降到 15‰ 以下；在第四个五年计划期间，降到 10‰ 以下。②上海市是最先制定人口目标的省一级单位。1965 年 5 月，上海市委、市人委发布了《关于计划生育工作的报告》；中共中央、国务院还批转这个报告。报告说：人口出生率究竟控制在什么水平较为合理，还须进一步调查研究、总结经验；估计今年（指 1965 年）人口出生率，市区要降到 20‰ 左右，农村下降到 25‰ 左右；今后两、三年内，市区的人口出生率

---

① 魏津生：《现代人口学》，重庆出版社 1992 年版，第 385 页。
② 中共中央文件：《中共中央、国务院批准第二次城市工作会议纪要的指示》，中发 [63] 699 号（1963 年 10 月 22 日）。

计划下降到 10‰，农村下降到 15‰。[①] 人口政策控制目标的提出，取得了比较明显的成效。1963 年全国城市出生率为 45‰，1964 年降到 33‰，1965 年上半年又比 1964 年同期下降了 3.5‰。同期，农村计划生育工作虽然还没有全面展开，但也取得了一定的成效。1964 年出生率比 1963 年也稍有下降，从 43.4‰降到 40.3‰。城乡合计，全国出生率 1964 年为 39.3‰，比 1963 年下降 4.3‰，自然增长率 1964 年为 27.8‰，比 1963 年下降 5.7‰。[②]

20 世纪 70 年代初，人口计划正式被纳入国民经济与社会发展计划中，城乡人口自然增长率被规定为人口控制的目标。在当时计划经济的大前提下，实行计划生育是为了使人口发展计划与社会经济发展计划相适应。1971 年 2 月，国务院提出了第五个计划期间的人口总目标：人口自然增长率力争到 1975 年，一般城市降到 10‰左右，农村降到 15‰以下；为了实际这个目标，同时还提出了四条措施：（1）加强晚婚、计划生育的宣传力度；（2）加强调查研究，抓好典型，总结和推广先进经验；（3）做好计划生育技术指导，提高节育手术质量；（4）加强避孕药品和器械的研究，生产和供应工作。[③] 这次提出的人口总目标，在人口控制实际工作中基本上得到了实现。因此，1976 年 12 月召开的第三次全国计划生育工作汇报会对其作了肯定：通过努力，基本完成了"五五"人口增长规划原订计划的要求，其中北京、上海、天津、河北、辽宁、江苏等省市的人口自然增长率已提前实现"五五"人口增长规划的指标；全国有 17 个省市降到 14‰以下，316 个先进县中有 188 个县的人口自然增长率在 15‰以下。特别重要的是，这次会议还讨论了一些政策性问题。关于人口规划，会议认为人口有计划地增长不是指标越低越好，为使出生率逐步做到相对平

① 中共中央文件：《中共中央、国务院批准〈上海市委、市人委关于计划生育工作的报告〉》，中发〔65〕385 号（1965 年 6 月 23 日）。

② 中共中央文件：《中共中央关于计划生育问题的批示》，中发〔66〕70 号（1966 年 1 月 28 日）。

③ 国务院文件：《国务院转发卫生部军管会、商业部、燃料化学工业部〈关于做好计划生育工作的报告〉》，〔71〕国发文 51 号（1971 年 7 月 8 日）。

衡，避免长期存在生育高峰，对"晚、稀、少"人口政策基础指标应做适当调整。[①]

党的十一届三中全会确立了以经济建设为中心的工作重点。为了和经济发展目标相适应，也同时提出了到 20 世纪末力争把我国人口控制在 12 亿以内，以实现全国人民的物质文化生活达到小康的目标。为了实现这一目标，就必须确立与之相适应的人口控制的生育政策。1979 年 6 月 18 日，国务院总理在五届全国人大二次会议上作的《政府工作报告》中说：要进一步做好计划生育工作，切实控制人口的增长；1979 年要力争使全国人口增长率降到 10‰左右，今后要继续努力使它逐年下降，1985 年要降到 5‰左右。1978、1979、1980 年，全国总人口分别为 96 259、97 542、98 705 万人，人口出生率分别为 18.25、17.82、18.21‰，人口自然增长率分别为 12.00、11.61、11.87‰，总和生育率为 2.72、2.75、2.24。根据有关方面的预测，要实现在本世纪末人口不超过 12 亿的目标，必须实行一对夫妇只生一个孩子的独生子女政策。[②] 因此，1980 年 9 月 7 日，国务院总理在五届全国人大三次会议上的讲话中说："国务院经过认真研究，认为在今后二三十年内，必须在人口问题上采取一个坚决的措施，就是除了在人口稀少的少数民族地区以外，要普遍提倡一对夫妇只生育一个孩子，以便把人口增长率尽快控制住，争取全国总人口在本世纪末不超过 12 亿。"1981 年 3 月，刚刚成立的国家计划生育委员会根据国务院提出的"争取全国总人口在本世纪末控制在 12 亿以内"的目标，进行了人口计划的编制、下达、检查和人口预报工作，并拟定了"六五"人口计划和 2000 年人口发展设想。1982 年，国家计委和计划生育委员会又根据中央和国务院提出的到 2000 年的人口发展目标，初步提出了各省、自

---

① 《国务院计划生育领导小组副组长兼计划生育办公室主任栗秀真在全国计划生育工作汇报会上的总结发言》(1976 年 12 月 29 日)，杨魁孚、梁济民、张凡主编：《中国人口与计划生育大事要览》，中国人口出版社 2001 年版，第 57～58 页。

② 刘铮、邬沧萍、林富萍：《对控制我国人口增长的五点建议》，《人口研究》1998 年第 3 期；宋健、田雪原、李广元、于景元：《关于我国人口发展目标问题》，《光明日报》1980 年 2 月 13 日。

治区、直辖市到 2000 年的人口计划指标；省、自治区、直辖市根据国家下达的人口规划，逐级分解，由地（市）和县（市）实行包干。1982 年12 月，五届全国人大五次会议批准的《国民经济和社会发展第六个五年计划》对人口政策的基本任务、综合指标、发展计划都做了明确规定：严格控制人口的增长，大力提高一胎率，严格控制第二胎，坚决杜绝多胎生育；本世纪末大陆人口总数控制在 12 亿以内，人口自然增长率 1985 年控制在 13‰以内。1986 年 4 月，全国人大六届四次会议批准的《国民经济和社会发展第七个五年计划》规定了人口的发展目标，即：人口自然增长率平均每年控制在 12.4‰左右，1990 年末，全国人口总数控制在 11.13亿以内。1991 年 4 月，全国人大七届四次会议批准的《国民经济和社会发展十年规划和第八个五年计划纲要》规定了 1991～2000 年人口政策的主要任务和重要指标：继续坚定不移地执行计划生育基本国策，控制人口数量，提高人口素质，逐步降低人口自然增长率，争取今后十年平均人口自然增长率控制在 12.5‰以内。1996 年 3 月，全国人大八届四次会议批准的《国民经济和社会发展"九五"计划和 2010 年远景目标纲要》对"九五"期间和 2010 年人口政策的指导方针和奋斗目标都做出了规定：人口过快增长的势头得到抑制，人口自然增长率由 1990 年的 14.39‰降到1995 年的 10.55‰；到 2010 年，人口控制在 14 亿以内。不同时期的国民经济和社会发展规划对人口政策指导目标和重要指标的规定，确立了这一时期内人口政策的基本走向和工作重点。

我国从 1973 年开始正式编制人口计划，实施人口计划管理以来，人口增长速度逐渐降低，人口与经济社会发展的矛盾逐渐缓解。但是除1983 年至 1985 年完成了调整过的年度人口计划外，其他年度都不同程度地超过了计划指标。"七五"计划规定全国总人口由 1985 年的 105 044 万人（编定计划时 1985 年年末人口按 104 532 万人计）增加到 1990 年的111 300 万人，五年可增加 6 256 万人，平均每年增加 1 251 万人。但"七五"计划头三年总人口增加了 4 570 万人，平均每年增加了 1 523 万人，平均自然增长率达到 14.20‰。由于人口超计划增加，不得不对"七五"

后二年的总人口计划指标进行调整。按照"七五"人口计划原订的指标，到 1988 年末，全国 30 个省、自治区、直辖市的总人口数，除 4 个未超过计划外，26 个出现了"寅吃卯粮"的现象。其中超过当年（1988 年）计划指标数的有 13 个；超过 1989 年计划指标数的有 10 个；超过 1990 年计划指标数的有 3 个。1989 年年末全国总人口数不仅超过编制"七五"计划时订的 109 850 万，而且还将突破新调整的 111 100 万。我国人口目标出现这些问题，说明了编制的人口计划科学性不够。原因主要有以下几个方面：（1）由于年度或五年的人口计划必须与 2000 年人口目标一致，"六五"、"七五"人口计划都是在 2000 年人口目标为 12 亿的前提下制定的，因此年度指标制定得偏紧，难以完成。（2）制定计划的底数不清，总人口基数不准。如制定全国"七五"人口计划时所用的 1985 年人口数是公安部统计的 104 532 万人，后来根据国家统计局抽样调查结果又上调到 105 044 万人，提高了 512 万人。20 世纪 80 年代中后期的全国人口计划都是以国家统计局人口变动抽样调查结果为根据的；而地方的人口计划，有的用公安部门统计数，有的用抽样调查推算数；有的包含机械增长，有的不包含，造成数据口径不一，全国和各省人口计划衔接不好。（3）强调从严从紧控制人口是完全必要的，但对第三次人口出生高峰的严峻形势估计不足，对控制人口的能力估计过高，制订人口计划指标时有急于求成的倾向。1980 年代中期以后，全国进入十多年的出生高峰期，每年将有 2 400 万至 2 800 万青年结婚生育。其中 20～29 岁的妇女人数，从 1986 年的 9 300 万逐年增加到 1992 年的 12 300 万人，此后逐年下降到 2000 年的 10 000 万人。如此庞大的育龄人群对控制人口增长形成了巨大的压力。而一些地区的领导对计划生育的重要性和紧迫性认识不足，抓得不紧，措施不力，基层工作薄弱，干部队伍数量少，文化低，不稳定，经费严重短缺等等都增加了控制人口的困难。（4）对不同地区的不同情况研究得不细，对各地人口计划的协调平衡不够，因而在实际工作中，计划指标没有起到应有的分类指导作用。

我国计划生育人口政策的基本要求是在国家的指导下，把人们的生育行为纳入有计划发展的轨道。人口计划的制定和实施，又是以一定时期的人口目标作为指导。因此，要搞好人口计划工作，就首先要制定一个建立在科学预测基础上的积极可行的人口目标。这个人口目标既要体现国家从严控制人口增长的要求，又要体现现行计划生育人口政策，使人口目标同人口政策有机地结合起来，还要深入了解和分析实际情况，根据不同地区计划生育工作的基础和社会经济条件做出不同的人口目标。这个人口目标不仅包括人口发展的数量指标，还应该包括实施计划的具体措施和必要的保证条件，它既是经过努力后能够实现的人口目标，同时又是经过科学论证后具有可行性的人口目标。

人口生育政策一般是按照人口控制目标制定的，而人口控制目标又主要是依据社会经济发展对人口发展的要求确定的。因而一个既能满足社会经济发展对人口发展的要求，同时又符合客观实际的人口控制目标，是制定一套切实可行生育政策的前提。我国在 20 世纪 80 年代初期选择"只生一个"政策最初是依据到 2000 年把我国的人口控制在 12 亿以内这一目标而制定的。但由于种种原因，这一人口总目标最终没有实现。于是，1991年 5 月，党中央、国务院根据人民群众实际生育控制能力与政策间的差距，将 1991～2000 年人口计划控制目标做了修订，即年均人口自然增长率为 12.5‰以内，总人口 2000 年末控制在 13 亿以内。按照这个方案，要求全国妇女的总和生育率从 1990 年的 2.3 下降到 1995 年的 2.1（即更替水平），到本世纪末低于世界上发达国家目前平均总和生育率 2.0 的平均水平。总人口目标的制订要与整个社会经济发展目标相联系，只有这样，制订的目标才可能实现。1980、1990 年代初期对 19 世纪末人口总目标的两次调整，就是基于整个社会经济发展目标的调整变化。到 1990 年代中期，我国国民经济和社会发展已处于重要时期：经过 1980 年代以来三个五年计划时期的努力，原定到 2000 年国民生产总值比 1980 年翻两番的任务将于 1995 年提前完成。"九五"时期要全面完成现代化建设的第二步战略部署，2000 年，在我国人口比 1980 年增长 3 亿左右的情况下，实现人均国民生产总值比 1980 年翻两番。于是，相应的人口总目标制定为：

2000 年全国人口控制在 13 亿以内，2010 年控制在 14 亿以内。计划生育（家庭计划方案）目标是指人口政策所规定的一个国家或地区在一定时期内预计实现的接受计划生育（家庭计划方案）的各种指标。在我国，计划生育（家庭计划方案）目标以 1980 年 9 月中央发出的《关于控制我国人口增长问题致全体共产党员、共青团员的公开信》为界，前后分为两个时期。在此之前，计划生育（家庭计划方案）目标没有具体的家庭生育子女数计划和要求。在 1950 年代中后期关于人口问题的大讨论中，党和政府只是表示了适当节制生育的态度，强调在生育方面应加以适当节制，卫生部门协同有关方面对节育问题进行适当的宣传，并且采取有效的措施，但并没有提出任何关于家庭生育子女数的具体要求。因此，从 1949 年到 1958 年间，妇女总和生育率均高于 5.68，表明该时期家庭平均生育的子女数量仍是非常多的。三年困难时期后至 1970 年代初期间，尽管 1962 年党中央、国务院发出的《关于认真提倡计划生育的指示》中提出要适当控制人口自然增长率，使生育问题由毫无计划状态走向有计划的状态。1963 年卫生部提出了一定时期内的人口控制政策的总人口目标，但该时期仍然没有提出具体的家庭生育子女数。此期间，妇女总和生育率、家庭平均生育的子女数都居高不下。1970 年代计划生育工作在全国范围内开展起来以后，在社会主义计划经济的前提条件下，有计划地增长人口被强调为我国的既定人口政策。1973 年 11 月，全国计划生育工作汇报会上提出了"晚稀少"的计划生育人口政策。这次会议提出的家庭生育子女数不超过两个孩子，但是由于没有具体的实施措施作保障，因此，从 1971 年到 1978 年间，妇女总和生育率均高于 2.84，也就是说，此期间家庭生育子女数没有低于 2.84。1980 年 9 月，党中央、国务院提出了"争取全国总人口在本世纪末不超过 12 亿"的人口目标。由此，实际工作部门和地方政府首次提出了明确、具体的计划生育目标，即家庭生育子女数为一个。由于从严从紧的家庭生育子女数同群众生育期望值相差甚远，在具体实践工作中有着相当大的难度，因而，政府又适时进行了调整，最后形成了区别不同情况的计划生育（家庭计划方案）目标：国家干部、职工、城镇居民除特殊情况外一对夫妇只生育一个孩子；农村确有实际困难的群众，可以有计划地安排间隔几年以后生第二胎；不论哪一种情况都不能生第三胎。区别不同情况的家庭生育子女数方案形成以后，由于这一方案顾及到了群众的生育期望，其成效是比较明显的。从1991年开始，全国妇女总和生育率均低于2.0，这表明家庭生育子女数已经稳定在一个比较低的水平上。

## 二、我国人口政策执行机制

人口政策除了要有自己确定的人口目标以外，还必须要有为实现这一目标而采取的各种措施（包括计划和方案）、即人口政策执行机制，以保证人口政策的有效落实。以印度的情况为例，1952年，印度政府出台了家庭计划方案，力争人口增长能够与经济发展相适应；但在1961～1971年间，印度的生育率有了稍微的下降，但与死亡率的下降相比则显得微不足道。到1976年印度政府开始对人口的快速增长感到无能为力，孟买家庭计划主任说："家庭计划对于90%的人口来说是没有任何利害关系的。如何使他们产生动机呢？唯一的办法就是强迫执行。"1976年，政府下令所有公务员不得生育三个以上的子女，否则就会失去工作；1980年代，印度政府提出扩大全国家庭计划服务的范围与质量，到2000年达到一个家庭只生育两个孩子，但生育率却没有明显的下降。印度家庭计划成效甚微的主要原因就是缺乏有效的执行机制。

人口政策执行机制是指人口政策正常有效运转和落实所必须的，具有普遍意义的基本条件和作用形式，或者说，人口政策实施的各部门、各种政策法律、职权之间所综合形成的一种工作关系和效能。一项好的人口控制政策一方面应有明确的人口目标，以便使目标明确到足以准确地转化为各项具体的措施；否则，目标过于宽泛笼统，措施也不会具体有力。但另一方面一项好的人口控制政策又必须要有具体的措施，以便使措施具体到可以有效地操作以实现人口目标；否则，措施过于一般化，目标也往往要落空。当然，无论是目标的确定还是措施的提出都必须合理可行，这是前提条件。但是不管怎样，人口目标一经确定后，措施就具有决定性的意义。就当代中国计划生育人口政策而言，比如党政方面的职能、计划生育一把手一票否决制、计划生育机构的作用、县乡党政机关的作用、村组干部的作用等等。从我国推行人口控制政策的实践来看，人口政策执行机制具体体现在以下几个方面：（一）采取有力的政治决策；（二）制定必要的法律法规；（三）建立有效的专门机构；（四）实行广泛的计划生育并辅以必要的奖惩措施。

**（一）采取有力的政治决策**

我国人口政策在实践中取得的显著成绩，离不开各个时期党和国家领导人对人口问题及人口政策的重视。

由于中国特殊的政治制度，党和国家领导人对人口问题的重视，在人口政策的实施过程中具有更重要的作用。新中国成立以后，在不同的历史条件下，党和国家领导人发表了许多重要的关于人口和计划生育的讲话。1957年毛泽东指出，我国人口增加很快，要提倡节育，要有计划地节育；抓人口问题也是三年试点，三年推广，四年普遍实行。1963年，周恩来说，要计划生育，一对夫妇生两个就够了，这要在社会上造成一种风气。同年，刘少奇也提到，我们现在一年增加一千五百万人口，这样下去，人民生活就不能改善，就不能建设和积累，工业化速度就要减低，因此，人口增长也要做到有计划。这时期，党和国家领导人已初步感受到了人口增长过快所带来的挑战和压力，意识到实行节制生育、降低人口出生率对于控制人口增长的重要意义。党和国家领导人对有关节制生育的重视，标志着最高决策层思想认识上的重大转变，从而把有关人口政策上升到党和政府重大决策的高度。1956年初，中央公布的《关于1956～1967年全国农业发展纲要》明确提出，除了少数民族地区以外，在一切人口稠密的地方，宣传和推广节制生育，提倡有计划地生育子女。1962年12月，党中央和国务院联合发出的《关于认真提倡计划生育的指示》，指出：在城市和人口稠密的农村提倡节制生育，适当控制人口自然增长率，使生育问题由毫无计划的状态逐渐走向有计划的状况，这是我国社会主义建设中既定的政策。

1970 年代"晚、稀、少"人口政策也是在党和国家领导人的重视下启动的。1969 年我国总人口突破了 8 亿，人口与经济矛盾更加突出。1970 年 6 月，周恩来指出，"计划生育属于国家计划范围，不是卫生问题，而是计划问题。你连人口增加都计划不了，还搞什么国家计划！"同时，毛泽东也作出"人口非控制不可"的指示。于是，人口计划便正式纳入国民经济和社会发展第四个五年计划中，城乡人口自然增长率被规定为人口控制的目标。1971 年 7 月，国务院在转发《关于做好计划生育工作的报告》中指出，计划生育必须认真对待；除人口稀少的少数民族地区和其它地区之外，都要加强对这项工作的领导，深入开展宣传教育，使晚婚和计划生育变成城乡广大人民群众的自觉行动。1973 年 12 月，第一次全国计划生育工作汇报会提出了"晚、稀、少"的计划生育人口政策，从而使党和国家领导人关于人口政策的思想和国家宏观的人口计划指标得以具体化，便于干部和群众有所遵循。1974、1976 年第二、三次全国计划生育工作汇报会都对"晚、稀、少"人口政策予以了确认，从而确立了1970 年代以"晚、稀、少"为核心内容的人口政策。

改革开放新时期以后，在新的历史时期，邓小平从我国总体战略的高度，对我国人口与计划生育问题作了一系列指示，阐明了抓紧抓好计划生育对促进我国经济社会发展的重大意义。他首先强调我国人口政策是一个带有战略性的问题，要继续抓好抓紧。1979 年 7 月，邓小平说："人口问题是个战略问题，要很好控制。"[1] 1981 年 1 月，他强调，"计划生育是一项战略性任务，一定要抓好，要大造舆论，表扬好的典型。"[2] 面对我国巨大的人口规模和严峻的人口形势，邓小平认为，采取严格控制人口增长的政策，是我国政府在特定国情下所作出的明智的、正确的选择。他说："中国对人口增长实行严格控制，是从自己国家人民的利益出发的，这是

---

① 中央文献研究室编：《邓小平思想年谱》(1975～1997)，中央文献出版社 1998 年版，第126 页。

② 邓小平：《关于计划生育的指示》，《人民日报》1981 年 1 月 17 日。

中国自己的一项重大战略决策。""实行计划生育可以使中国更快地发达起来。"① 邓小平还针对人口再生产周期长、惯性大的特点，科学地分析了我国的人口发展趋势，指出我国计划生育工作是一项长期的重要任务。1979 年 3 月，他在论述"坚持四项基本原则"中指出："我们要大力加强计划生育工作，但是即使若干年后人口不再增长，人口多的问题在一段时间内也仍然存在。"② 1980 年 1 月，他在关于目前的形势和任务的讲话中强调："我们要经常记住，我们国家大，人口多，底子薄，只有长期奋斗才能赶上发达国家的水平。"③ 这里讲的长期奋斗，既要积极发展生产力，又要长期坚持控制人口增长。在邓小平人口思想的指导下，党的十二大把实行计划生育人口政策确定为基本国策。

在新的形势下，以江泽民为核心的党的第三代领导集体从可持续发展的战略高度分析了我国人口问题，结合国际、国内的最新实践，进一步指明了做好人口与计划生育工作的指导方针和方针政策，阐述了一系列重要观点。江泽民认为，人口问题从本质上讲是发展问题，是可持续发展的关键。1992 年 3 月，他在《在中央计划生育工作座谈会上的讲话中》指出："人口问题，既是一个社会问题，也是一个经济问题。如果我们不能把人口控制住，大量的经济成果就会被过快增长的人口抵消掉，这是一个问题紧紧联系的两个方面。"④ 江泽民认为，人口与计划生育工作是一项社会系统工程，决不能孤立地就人口谈人口，光讲计划生育政策还不够，还应当有必要的经济政策和社会政策来保证计划生育工作的开展；要逐步完善法制，使人口与计划生育管理走向法制的轨道；国家设立了计划生育委员会，作为计划生育工作的主管部门，但是，"计划生育涉及经济和社会发

① 邓小平：《会见日本首相福田赳夫时的谈话》，《人民日报》1986 年 4 月 24 日。

② 邓小平：《坚持四项基本原则》（1979 年 3 月 30 日），中央文献研究室编：《邓小平文选》（第 2 卷），中央文献出版社 1993 年版，第 164 页。

③ 邓小平：《目前的形势和任务》，中央文献研究室编：《邓小平文选》（第 2 卷），中央文献出版社 1993 年版，第 260 页。

④ 江泽民：《在中央计划生育工作座谈会上的讲话》（1992 年 3 月 29 日），杨魁孚：《学习新中国领导者人口思想》，中国人口出版社 2004 年版，第 80 页。

展的全局。各级党委和政府要把这项工作列入重要议事日程，切实加强领导，并组织各有关部门和群众团体共同做好。"① 关于如何综合治理人口问题，他在 1996 年 3 月召开的第六次中央计划生育工作座谈会上的讲话中作了具体的部署："各级领导干部要认真贯彻落实《中国计划生育工作纲要》，不断深化对人口问题的认识，正确处理人口问题同经济工作以及其他工作的关系，更加自觉地、扎实地、持久地抓好计划生育工作。各级党委、政府要组织协调有关部门和群众团体对人口控制方面存在的问题实行综合治理，逐步增加计划生育事业的经费投入，落实各项有关政策、措施，稳定和加强各级计划生育机构。宣传部门要继续协调有关部门广泛深入地开展人口与计划生育宣传工作，加强正确的舆论导向。公安等有关部门要加强户籍管理和流动人口的计划生育管理。组织部门要把人口与计划生育工作的情况列为对领导干部的考核内容和考核标准，并建立相应的奖惩制度。农村基层计划生育工作要做到机构、人员、报酬三落实。"②

**（二）建立有效的专门机构**

我国为推行人口控制政策所建立的从中央到地方各级政府中专门的计划生育机构，它覆盖全社会，又有一定的协调组织功能，其基本职能不仅是制订和实施人口控制政策，而且是把这一政策与国家的其他有关政策联系和协调起来。同时，还不断壮大由专职和兼职人员共同组成的计划生育工作队伍，使人口控制政策能够在全国规模上付诸实践。

在 1950 年代到 60 年代初期，中国节制生育工作没有设立专门机构，其日常工作由中央人民政府卫生部管理，节育宣传和节育技术管理工作由卫生部妇幼卫生司妇女卫生处负责；计生药具的生产、供应、研制以及价格的制定由卫生部、化工部和商业部共同负责。1950 年代关于人口政策的几个重要文件，如《机关部队妇女干部打胎限制的办法》、《限制节育及

---

① 江泽民：《致出席全国计生委主任会议同志的信》（1990 年 2 月 13 日），《人民日报》1990 年 2 月 15 日。

② 江泽民：《在中央计划生育工作座谈会的讲话》（1996 年 3 月 10 日），杨魁孚：《学习新中国领导者人口思想》，中国人口出版社 2004 年版，第 106 页。

人工流产暂行办法》、《避孕及人工流产办法》、《关于人工流产和绝育手术的通知》等都是以卫生部的名义发布的。

1967年12月，党中央、国务院发出《关于认真提倡计划生育的指示》后，计划生育工作在一定程度上开展起来。为了加强对计划生育工作的领导，1967年12月，卫生部妇幼卫生司设立计划生育处，专门负责全国的计划生育工作，保证人口政策在实际工作中的落实。1963年9月，卫生部党组在党中央、国务院召开的第二次城市工作会议上建议设立中央计划生育领导小组，由一位副总理挂帅；下设办公室；各省、市、县亦应设立同样的机构；10月，中央、国务院在转发第二次城市工作会议纪要中要求各级党委和人民委员会把计划生育工作列为重要议事日程之一，中央和地方都要成立计划生育委员会。在党中央的要求下，1963年，天津、山东、河北、吉林、四川、黑龙江、浙江、北京、上海、河南、湖南等省市党委、人民委员会先后发出关于开展计划生育的文件，决定建立计划生育委员会；云南、福建、安徽、湖北、四川、青海、山西、贵州等省先后成立计划生育领导小组及其办公室；广东省建立计划生育指导委员会。但是，后来由于种种原因，中央计划生育领导小组未能建立起来。

1964年1月15日，国务院召开有关部委、群众团体、解放军总政治部参加的专门会议，成立了国务院计划生育委员会。周恩来提名国务院秘书长周荣鑫任委员会主任，下设办公室，杨振业任办公室主任，办公室的主要职责是：制定有关计划生育的方针政策；检查和促进各地的计划生育工作；协调有关部门的配合和合作。卫生部妇幼司负责计划生育技术指导工作；原国务院文教办公室管理的计划生育工作，移交给国务院计划生育办公室。同年4月，卫生部、财政部在国家预算科目中增设了"计划生育支出"一款，明确了国家在预算中安排的计划生育经费的开支范围，规定1964年全国计划生育支出预算为2 000万元。

"文化大革命"前期，国务院计划生育办公室停止了工作。1968年8月，国务院成立计划生育领导小组，办公室设在卫生部，有关计划生育工作由卫生部军管会业务组统一管理。1971年，四川省成立计划生育委员会，下设办公室；1972 年 7 月，浙江省成立计划生育委员会，办事机构设在省卫生局；同年，福建、山东等省相继成立地市县计划生育领导小组和办事机构。

1973 年 7 月 16 日，国务院批准恢复成立计划生育领导小组及办公室，任命国务院业务组成员华国锋为组长，全部成员 23 人，同时并任命栗秀真为办公室主任。办公室的职责是：负责秘书工作，制定人口规划，制定计划生育药具生产计划以及计划生育科研规划，开展节育技术指导，普及节育科学知识和人口理论等工作。1975、1978 年国务院又先后两次发文任免国家计划生育领导小组及其办公室的成员及调整人员编制，同时决定有关全国人口规划、科学研究、计划生育事业经费、基本建设等工作分别由国家计划委员会、国家科学技术委员会、财政部、国家物资总局归口管理，纳入国家计划。

1980 年 9 月，中央《关于控制我国人口增长问题致全体共产党员、共青团员的公开信》发表以后，我国计划生育及人口政策工作的难度加大。为了加强对计划生育工作的领导，使人口政策落到实处，1981 年 3 月，五届全国人大十七次会议决定设立国家计划生育委员会，任命国务院副总理陈慕华兼任主任。会议规定国家计划生育委员会的主要职责是：（1）研究拟定有关计划生育工作的方针、政策、法规、条例，检查各地执行情况，并进行管理；（2）编制人口发展长远规划、中期和年度计划，并负责组织实施和督促、检查；（3）负责计划生育统计工作；（4）负责组织人口和计划生育的对内、对外宣传工作；（5）在卫生部医学科学研究的总体规划指导下，负责制定计划生育应用科学研究的规划并组织实施，协同有关部门做好计划生育技术指导和优生优育工作，组织推动人口科学研究工作；（6）编制计划生育药具计划，制定药具管理的方针、政策，协同有关部门安排药具生产计划；（7）负责编制中央财政拨付的计划生育经费预决算，负责安排有关的基本建设项目和投资；（8）负责规划和指导计划生育干部培训工作，协同有关方面加强计划生育系统干部队伍的建设；（9）负责管理范围计划生育和有关的人口工作的国际交流合作；（10）指导中

国计划生育协会、中国人口福利基金会等有关社会团体的工作。[①] 1988 年
6 月，国务院将国家计生委的职能进行了调整：将计生药具供应的组织实
施、计生系统国家公务员和专业技术人员继续教育的培训业务、计划生育
抽样调查的有关工作交给事业单位承担，重大科研成果和节育新技术的评
审、鉴定、转化与推广应用等职能，交给有关社会中介组织承担。

我国地方政府人口政策管理机构分省、自治区、直辖市计生委，地
（盟、州、市）及县（旗、区、市）计生委，乡（镇）计划生育机构，街
道（村、组）计划生育工作人员四级。这些地方政府人口政策管理机构和
国家计生委构成一个全国性的自上而下的人口政策实施网络，从而保证了
人口政策的有效实施。

（1）省、自治区、直辖市计生组织机构。全国 33 个省、自治区、直
辖市都设有计划生育委员会，海南省设立人口局，西藏自治区设立人口和
计划生育领导小组及其办公室（办事机构设在自治区卫生厅内）。他们的
职责、机构设置大致相同，包括：第一，根据党和国家有关计划生育工作
的方针政策，结合本地区实际情况，研究提出具体的规定和制度，并组织
实施；第二，根据国家计生委下达的人口规划指标，协同本地区计划委员
会制定本地区人口发展的中、长期规划和近期、年度计划，收集区县人口
增长、出生、晚婚、节育以及领取独生子女证的信息，分析计划生育形
势，调动社会力量，共同完成人口发展计划；第三，负责本地区计划生育
部门的业务指导工作，督促检查计划生育指标的落实情况，总结推广先进
经验；第四，负责计划生育宣传教育工作，普及避孕、节育、优生优育和
妇幼保健知识，提高广大群众实行计划生育的自觉性；第五，协同卫生、
医药部门制定节育措施，开展技术指导，制定本地区避孕药具供应的计
划、分配、发放工作；第六，管理计划生育事业经费，检查计划生育经费
开支，超生子女费和节育手术经费的管理和使用情况；第七，开展计划生

---

① 国家计生委文件：《国家计划生育委员会"三定"方案》，国机编〔1988〕58 号（1988
年 11 月 5 日）。

育对外宣传工作，开展与国外的学术交流，引进先进技术和药具等。

（2）地（市）、县（区）及以下计生组织机构。1991年，全国共有地（盟、州、市）级计划生育委员会362个，县（旗、区、市）级计划生育委员会2 786个（见表5）。其职责主要包括：第一，在当地党委和人民政府领导下，在上一级计划生育委员会指导下，从本地区实际出发，切实贯彻落实党中央、国务院的计划生育方针政策；第二，拟定本地区的人口计划并组织实施；第三，指导基层单位搞好计划生育宣传、教育和干部培训工作；第四，根据上级要求和本地工作需要，统计汇总本地区人口自然变动、计划生育工作等各种基本情况；第五，根据国家和地方财政部门的有关规定，制定本地区的计划生育财务管理制度和办法；第六，落实避孕节育措施。同时，全国多数县还建立了人口与计划生育领导小组，由县委书记或县长任组长，县委、县政府等领导机关的有关领导任副组长，有关部门和群众团体的负责人为成员。其主要职责为：审议本县人口发展年度计划和中、长期规划，指导、检查人口计划的贯彻落实；协调各有关部门履行各自承担的计划生育工作任务；定期听取汇报，及时研究解决工作中的问题。

表5　国家及各省、自治区、直辖市计生委成立时间及人员编制表

| 机构名称 | 成立时间（年月） | 人员编制（人） |
|---|---|---|
| 国家计划生育委员会 | 1981.3 | 190 |
| 北京市计划生育委员会 | 1981.7 | 50 |
| 天津市计划生育委员会 | 1982.3 | 54 |
| 河北省计划生育委员会 | 1983.3 | 67 |
| 山西省计划生育委员会 | 1983.12 | 45 |
| 内蒙古自治区计划生育委员会 | 1983.5 | 45 |
| 辽宁省计划生育委员会 | 1983.6 | 47 |
| 吉林省计划生育委员会 | 1983.4 | 51 |
| 黑龙江省计划生育委员会 | 1982.1 | 55 |
| 上海市计划生育委员会 | 1982.12 | 30 |
| 江苏省计划生育委员会 | 1981.8 | 57 |

| 机构名称 | 成立时间（年月） | 人员编制（人） |
|---|---|---|
| 浙江省计划生育委员会 | 1983.9 | 56 |
| 安徽省计划生育委员会 | 1982.1 | 53 |
| 福建省计划生育委员会 | 1983.2 | 55 |
| 江西省计划生育委员会 | 1983.3 | 45 |
| 山东省计划生育委员会 | 1983.7 | 45 |
| 河南省计划生育委员会 | 1983.3 | 87 |
| 湖北省计划生育委员会 | 1983.4 | 52 |
| 湖南省计划生育委员会 | 1983.6 | 70 |
| 广东省计划生育委员会 | 1983.9 | 58 |
| 广西壮族自治区计划生育委员会 | 1984.4 | 61 |
| 海南省人口局 | 1989.2 | 21 |
| 四川省计划生育委员会 | 1983.4 | 84 |
| 贵州省计划生育委员会 | 1983.5 | 55 |
| 云南省计划生育委员会 | 1983.6 | 51 |
| 西藏区人口和计划生育领导小组办公室 | 1975.2 | 4 |
| 陕西省计划生育委员会 | 1983.4 | 61 |
| 青海省计划生育委员会 | 1981.12 | 33 |
| 宁夏回族自治区计划生育委员会 | 1983.6 | 37 |
| 新疆维吾尔自治区计划生育委员会 | 1988.7 | 61 |
| 重庆市计划生育委员会 | 1997.7 | 18 |

资料来源：彭珮云主编：《中国计划生育全书》，中国人口出版社 1997 年版；杨魁孚、梁济民、张凡主编《中国人口与计划生育大事要览》，中国人口出版社 2001 年版。

以福建省泉州市为例。1963 年 8 月，晋江地区（1986 年 1 月改为泉州市）成立了计划生育领导小组，下设办公室；同年 9 月起，下属的泉州市（县级市）及惠安、晋江、南安、安溪、永春、德化等 6 县先后成立了计划生育领导小组，下设办公室。1966 年起，因"文化大革命"动乱，计划生育机构瘫痪。1975 年 10 月，成立晋江地区计划生育领导小组，下设办公室。全地区 1 市 6 县也成立了计划生育领导小组及其办公室。1979 年 12 月，全地区各人民公社分别配备 1~2 名计划生育专职干部，共 180 名。1984 年 2 月，调整成立晋江地区计划生育委员会，全区各县（市）计划生育领导小组办公室统一改为计划生育委员会；1985 年 4 月起，全地区各乡镇先后成立了计划生育办公室，增配招聘计划生育干部、协助员。全地区 123 个居委会、2181 个村委会也先后建立计划生育委员会，每村（居）配备乡镇政府招聘的管理员和村（居）委员会选聘的计划生育宣传员各 1 名，初步形成了计划生育管理网络。1986 年 1 月，晋江地区计划生育委员会随着机构变动改为泉州市计划生育委员会。2 月，原泉州市计划生育委员会改为鲤城区计划生育委员会。1990 年 2 月，中共泉州市委成立泉州市计划生育领导小组。与此同时，计划生育服务机构也建立起来。1984 年 4 月，地区计划生育宣传指导中心站成立，1987 年 7 月，改称为泉州市计划生育技术指导中心站，1990 年 7 月，又改称泉州计划生育服务站，兼负泉州市计划生育药具管理职能，至 1992 年 10 月，全市建立了 133 个乡镇计划生育服务所，526 个村（居）建立了计划生育服务室。

全国绝大多数乡（镇）都建立了人口与计划生育领导小组和乡（镇）计划生育办公室。其主要职责包括：第一，向广大人民群众宣传、贯彻党和国家的计划生育方针政策、法律、法规等，贯彻"三为主"的工作方法；第二，编报人口计划，实施上级下达的人口计划并检查执行情况；第三，组织避孕节育技术服务、避孕药具发放管理和节育手术并发症及病残儿的申报工作；第四，及时、准确地掌握人口自然变动情况和育龄妇女的婚育、节育情况，如实填报各项统计数据；第五，建立、健全财务制度，合理使用经费；第六，做好村、组计生专兼职工作人员的培训工作，协助民政部门做好防止早婚早育、提倡晚婚晚育工作。

全国城市街道、农村村组根据人口和计划生育的工作任务，大都配备了计划生育工作人员。他们的具体任务是：第一，宣传计划生育政策和避孕节育、优生优育等知识；第二，掌握本地区育龄夫妇的生育状况；第三，帮助育龄夫妇落实节育措施；第四，经常反映育龄夫妇的意见和要求。

**（三）实行广泛的计划生育**

从中国的实践来看，推行人口控制政策的中心环节和主要工作是实行广泛的计划生育。也就是说计划生育不能局限于某些地区和人群，而应逐步推向全社会。计划生育工作不仅包括大量的避孕药具和节育手术的提供，而且还包括经常的计划生育的宣传教育和数据资料的统计分析。这些都是人口控制政策有效实施所必不可少的因素。自 1970 年代全面实施人口控制政策以来，中国免费为育龄夫妇提供各种避孕药具和节育手术，同时又注意加强计划生育宣传教育的科学性、针对性和服务性，把宣传教育与避孕节育更有效地结合起来；同时，中国还建立了各级专职的计划生育统计机构，负责全面的、经常的、系统的收集有关的人口和计划生育数据资料并进行分析，为人口控制政策服务。

早在 1956 年，卫生部就强调：避孕是人民的权利，使很多自愿避孕的人能够得到科学避孕方法的指导，购买到避孕工具和药品是必要的。[①] 随后，邓小平在关于节育问题的谈话中说：我们要想尽一切办法实行节育；轻工业部计划生产节育药具，每年拿 1 000 万元即用 1 000 吨橡胶可以一个钱不要地供应全国人民所需。从 1954～1957 年，全国印制了 500 万册宣传指导避孕的书籍，3 000 多套避孕挂图和展览图片，700 多套避孕幻灯片。1956 年与 1954 年相比，男性节育药具供应增长了 90 倍，女性节育药具供应增长了 43 倍；供应给群众使用的节育药品由 4 种增加到 7 种。[②]

从 1970 年开始，政府开始在全国范围内实行避孕药免费供应，送货上门。为支付避孕药费，财政部增拨 3 080 万元专款。[③] 1981 年，新《婚姻法》提倡一对夫妇生育一个孩子，育龄人群大量增加，避孕药具的需求相应增加。1982 年供应的避孕药具为 3 261 万人份，比 1981 年增加 62%；同期国家投入的药具经费为 7 000 万元，较 1981 年增加 3 000 万

---

① 《健康报》社论：《进行避孕知识的宣传和指导》，《健康报》1956 年 6 月 15 日。

② 《避孕宣传深入农村》，《文汇报》1957 年 11 月 29 日。

③ 财政部文件：《财政部、卫生部关于避孕药实行免费供应的通告》，[70] 财军事字第 87 号（1970 年 5 月 20 日），彭珮云主编：《中国计划生育全书》，中国人口出版社 1997 年版，第 1035 页。

元。由于缺乏翔实的统计数据，国家对避孕药具免费供应所投入的全部经费不得而知。但根据国家计生委1985年发布的《避孕药具包干经费基数计算办法》可粗略得知。《计算办法》内容如下：（1）按1985年6月底统计，已落实节育措施的人，每人以0.18元计算；（2）按1985年6月底统计药具的人数，其中使用避孕套的每人6元计算，口服及注射用药，外用药每人平均以3元计算；（3）以前面两项金额之和，作为新包干避孕药具包干经费基数。① 如果以1989年底统计的使用各种避孕药具的已婚妇女数8 828万人作为标准来计算，那么，仅1989年一年国家投入的计划生育经费是79 452万元。如果考虑到物价的原因，该年计划生育经费可能更多。至1990年代后，计划生育经费基数有所提高，国家每年投入的费用更多。

1988年11月，国家计生委决定，在坚持避孕药具按计划免费供应政策不变的前提下，全国城乡普遍实行按计划免费发放与市场零售相结合的双轨制供应办法。所谓"双轨"，即免费发放为一"轨"，市场销售为一"轨"，凡有免费发放的地方，同时也应有商店或医院出售避孕药具，群众可以按照自己的意愿到免费发放的地方领取，也可以到商店购买。据国家计生委1989年1月统计，全国避孕药具按计划免费发放的约占总发放量的90％以上，零售部分约占总发放量的5％～10％。② 至目前，计生药具的发放主要通过这两个途径来进行。一般来说，在农村地区，绝大多数育龄妇女使用免费的计生药具；在城市，有少部分育龄妇女自己零售计生药具。中国实行的计生药具发放制度，为中国广泛开展全国性的计划生育工作奠定了坚实的基础。

在中国这样一个拥有众多人口的国家推行人口控制政策，如果不是通过向群众进行广泛深入的宣传教育，其难度是可想而知的。政府计划生育

---

① 国家计生委文件：《国家计划生育委员会、财政部、国家医药管理局〈关于改进避孕药具经费包干办法的通知〉》，[1985] 国计生委（综）字第246号。

② 国家计生委文件：《国家计生委关于加强避孕药具供应实行双轨制宣传的通知》，国计生财字 [1989] 3号（1989年1月6日）。

部门在不同时期，针对不同情况，进行了大量卓有成效的宣传教育工作，为全国性的计划生育工作的开展营造了舆论氛围。

1980 年党中央《关于控制我国人口增长问题致全体共产党员、共青团员的公开信》发表以后，中宣部、国家计生委迅速下发了"控制我国人口增长的宣传要点"，用事实向人民群众说明了要普遍提倡一对夫妇只生育一个孩子的道理。宣传要点指出，我国人口基数大，年龄轻，30 岁以下的占 65％；今后每年有 2 000 多万人进入婚龄，只有一对夫妇生一个孩子，才能保证 20 世纪末人口总数不超过 12 亿。宣传要点并对群众担心的问题，如提倡一对夫妇只生育一个孩子，会出现人口老龄化、劳动力和兵源不足、男女性别比例失调、一对青年夫妇抚养四个老人与一个孩子，即出现所谓"四二一"的人口结构以及独生子女智能差、难教养、一个孩子不保险等进行了具体的解释，使广大人民群众认识到提倡一对夫妇只生一个孩子，符合人民的目前利益和根本利益，有利于"独生子女"人口政策的推行。

1982 年党的十二大报告中提出了"实行计划生育，是我国的一项基本国策。到本世纪末，必须力争把我国人口控制在 12 亿以内"的目标，为宣传、贯彻十二大有关计划生育的重要内容，中宣部、国家计生委等九大部委于 1983 年元旦到春节期间，以农村为重点，在全国开展计划生育宣传月活动。宣传月活动的开展"使各级领导干部提高了对实行计划生育重大战略意义的认识，真正做到'两种生产一起抓'，'两种责任制'一起建立；使党团员和干部真正做到'三带头'，即带头宣传，带头实行计划生育，带头破除封建思想；使广大群众，特别是农村的每一对育龄夫妇都知道实行计划生育是一项基本国策，以及提倡一对夫妇只生育一个孩子的政策，懂得避孕、优生等知识，自觉坚持晚婚、晚育、优生、落实节育措施。"①

---

① 中宣部文件：《中宣部、国家计生委关于进一步搞好计划生育宣传月活动的通告》，中宣发文［1983］3 号（1983 年 1 月 31 日）。

1989 年 4 月至 1990 年 7 月，中宣部、国家计生委等部门在全国范围内分别开展了"11 亿人口日"和"世界人口日"宣传活动。各地通过广播、电视、报刊等舆论工具，采取算账对比，与农民对话、文艺宣传等人民群众喜闻乐见的形式，开展计划生育进村入户宣传教育活动，使各级干部和广大群众认识到我国人口形势的严峻性和严格控制人口增长的必要性和紧迫性，从而增强了其实行计划生育的自觉性，最终并有利于各项计划生育工作任务的完成。为了促进群众婚育观念的转变，1993 年，国家计生委开展了"男女平等"、"女儿也是后代"的专题宣传活动。这次宣传活动把解决思想问题和解放实际问题结合起来，群众反应强烈。从 1982 年开始，国家计生委每年都要定期召开全国计划生育工作会议，总结一年来计划生育宣传教育工作的经验和不足。从 1989 年开始，每年的"今冬明春"都要开展计划生育宣传教育活动，对广大干部、群众深入进行国情、省情、县情、乡情教育，进行控制人口增长的紧迫性和责任感的教育，从而进一步增强其人口意识和人均观念，提高其实行计划生育的自觉性。同时，国家计划生育委员会还拍摄了《人口与计划生育》专题电视节目，从 1987 年 1 月至 12 月底，在中央电视台播出。通过这一系列电视节目的播放，不仅教育了群众，使其进一步了解到我国的人口现状，增加了其控制人口过快增长的紧迫感，从而有利于社会主义精神文明建设，而且还使他们学到了科学知识，提高了优生、优育、优教的水平。

实行人口控制政策是一项涉及面非常广的综合性工程。计划生育宣传教育活动的深入持久开展，无疑为人口控制政策的成功实施创造了有利条件。

## 三、我国人口政策的法制化建设及其生殖健康工作

我国各个不同时期的法律、法规以及国民经济和社会发展计划，以不同形式确认的全国实行计划生育，严格控制人口增长的基本原则、人口控制目标、主要政策措施和实施计划，都在客观上为人口控制政策的实施提供了最根本的保证。

1970 年代中后期，当"晚稀少"人口生育政策在我国广大城乡地区得到普遍推广之时，为了使计划生育工作走上法制化轨道，我国就开始了人口与计划生育的立法工作。当初，国家有关部门计划先制定一部全国性的法律条文，然后再依此制定出各省、自治区、直辖市的地方性计划生育条例或规定。1979 年，中央开始征求各地、各部门的意见，准备在集中各地经验的基础上，起草一部全国性的计划生育法。1980 年代，国家计生委曾先后起草过计划生育法 12 稿，计划生育条例 9 稿。但是，由于种种原因，这些全国性的计划生育法和计划生育条例始终未能出台。1990年 8 月，国务院考虑到由于我国各地区的经济文化发展水平、人口状况、民族构成等方面的情况不同，制定全国性法规不可能很具体，也很难照顾到不同地区的实际情况，因此决定暂不发布全国性计划生育条例，等地方性计划生育法规执行一段时间，积累了一些经验后，国务院再考虑全国性计划生育的立法问题；同时决定在总结计划生育工作经验的基础上，由党中央、国务院发个指导性文件，以便从方针、政策和计划生育的指导思想上做出明确规定。

这样，全国性计划生育法规的制定工作暂时停了下来，地方性计划生育立法工作加快了步伐。1980 年 2 月，广东省五届人大二次会议首先颁布了《广东省计划生育条例》。它是我国第一部地方性计划生育法规。进入 20 世纪 80 年代中期以后，地方计划生育立法步伐加快。从 1986 年到1989 年，先后有 19 个省、自治区、直辖市颁布了《人口与计划生育条例》。

为了加快地方计划生育立法工作，1990 年 8 月，国务院会议决定，由国家计生委向还没有制定地方人口与计划生育法规的六个省、自治区、直辖市打招呼，请他们争取在《中华人民共和国行政诉讼法》正式施行以前颁布各自的地方性计划生育条例。到 1992 年 4 月，除西藏、新疆是由自治区人民政府颁布人口与计划生育规定外，其余 28 个省、自治区、直辖市都颁发了由地方人大通过的计划生育条例。重庆市 1997 年设直辖市后，也很快颁布了人口与计划生育条例。因此，《中华人民共和国行政诉讼法》实施之后，计划生育工作进入了由行政管理向依法行政过渡的新阶段。

地方性人口与计划生育条例对计划生育的工作原则、组织管理、生育政策、节育措施、优待奖励、限制处罚等方面都做了详细的规定，但其核心内容可分为两部分，一是生育限制政策，二是生育管理政策。生育限制政策包括对生育孩子数量的规定和生育孩子时间间隔的规定两方面的内容，即晚婚、晚育、少生、稀生、优生问题。生育管理政策是保证生育限制政策得以落实的包括人口计划管理，优生、节育管理，优待奖励，处罚限制以及对流动人口的计划生育管理的相关规定、办法和措施。①

各省、自治区、直辖市人口与计划生育条例一般都规定，男女双方按《婚姻法》规定的结婚年龄（男 22 周岁，女 20 周岁）各推迟三周岁以上结婚为晚婚，结婚妇女 24 周岁以上生育为晚育；提倡和鼓励一对夫妻只生育一个孩子；符合规定条件可以生育第二个孩子的，一般应有四年的间隔时间；禁止患有遗传性精神病、遗传性智能缺陷、遗传畸形等严重遗传性疾病的夫妻生育，已怀孕的，应终止妊娠，以保证生育的后代没有遗传性残疾。

对于生育孩子的数量，各地的人口与计划生育条例根据国家总的生育政策，并结合当地的实际情况，制定了不同的规定。国家干部和职工、城镇居民，除特殊情况外，一对夫妇只能生育一个孩子。所谓的特殊情况，各地又有不同的规定，主要有：第一个孩子是非遗传性残疾，不能成为正常劳动力的；重新组合的家庭，一方原只有一个孩子，另一方系初婚初育的；婚后多年不育，抱养一个孩子后又怀孕的；夫妻双方都是独生子女的；夫妇中的一方为影响劳动的残疾者，生活不能自理者；两个以上兄弟或姐妹中，只有一人有生育能力的。同时又规定，凡符合条件要求生第二胎的，须经本人申请，经批准后，且有四年以上的生育间隔。各省、自治区、直辖市人口与计划生育人口条例对再婚夫妇的生育也都有明确的规

① 冯国平、郝林娜：《全国 28 个地方计划生育条例综述》，《人口研究》，1992 年第 2 期。

定。四川规定"因丧偶再婚的夫妻，再婚前丧偶一方子女不超过两个、另一方无子女的；因离婚再婚的夫妻，再婚前一方只有一个孩子，另一方无子女的"可以再生育一个孩子，另一方未生育过的可以再生育一个孩子；河北、山西、内蒙古、辽宁、黑龙江、江苏、浙江、安徽、福建、海南、四川、宁夏等省自治区规定再婚夫妇一方未生育过，另一方丧偶生育过两个孩子，也可再生育一个孩子；山西、山东、广东、海南等省规定再婚夫妇再婚前各生育一个孩子，离婚时依法判决孩子随前配偶，新组合家庭无孩子的，允许生育一个孩子。

各省、自治区、直辖市人口与计划生育条例都制定了详细、明确的保证生育限制政策得以落实的生育管理政策。[①] 主要有以下几个方面的内容：

（一）优生、节育管理政策。各地人口与计划生育条例对优生、节育的管理政策主要有：县以下医疗、妇幼保健单位和计划生育宣传技术指导单位，应开展优生节育咨询门诊；婚前应进行健康检查，结婚和生育应接受优生节育指导；禁止患有遗传性精神病、遗传性智能缺陷、遗传畸形等严重遗传性疾病的夫妻生育，已怀孕的，应终止妊娠。关于节育措施，各地人口与计划生育条例都规定凡是未取得生育指标而有生育能力的育龄夫妇，应当按计划生育的要求采取可靠的避孕节育措施。《福建省计划生育条例》规定：各级地方人民政府应当加强对计划生育技术服务机构和医疗保健机构服务网络的管理，充分利用现有卫生资源，改善服务条件，规范服务标准，增强服务能力。各级医疗保健机构和县（市、区）、乡（镇）设立的计划生育技术服务机构应当根据各自职责，密切配合，开展计划行生育技术指导、技术服务和生殖保健服务。节育技术人员必须经过考核合格后，持证上岗。任何单位和个人未经计划生育或者卫生行政部门许可，不得从事计划生育技术服务。计划生育和有关部门应当做好避孕药具的计划、管理、发放工作。加强计划生育科学研究，推广安全、有效、简便的

---

① 国家人口和计划生育委员会政策法规司编：《全国各省（市、区）人口与计划生育条例及规范性文件》，中国人口出版社 2004 年版。

避孕节育新技术。等等。

（二）优待奖励政策。各省、自治区、直辖市人口与计划生育条例对晚婚晚育者、独生子女家庭都制定了一定的优待奖励政策。各地条例一般都规定，国家工作人员和城乡集体所有制企业职工，夫妻双方符合晚婚、晚育条件的，除国家规定的婚假外，再增加婚假、产假若干天。国家干部和职工、城镇居民的独生子女家庭都可以领取一定数量的独生子女保健费，独生子女在入托、入学、就医、就业等方面，在同等条件下给予优先，或适当减免或免除独生子女的入托费、学费、医药费等；农村独生子女家庭除了发给独生子女保健费，独生子女优先在入托、入学、就医或减免此类费用外，还给予家庭一系列优待，如：优先分配住宅、宅基地；优先招工、优先安排进乡镇企业；优先分配生产资料，帮助发展生产等。江苏省计划生育条例规定：符合晚婚年龄依法登记结婚的初婚夫妻，增加婚假七天；符合晚育年龄的夫妻，增加女方产假十五至三十天，给予男方护理假三至七天；职工按上述规定所享受的假期期间，工资、奖金照发。实行晚婚晚育的农民，可减免本人当年的义务工。一对夫妻生育一个孩子后，自愿终身不再生育且落实有效节育措施的，可领取《独生子女证》，凭证享受以下优惠待遇：1. 从领证之年起至子女满十四周岁止，每年可领取不低于四十元的独生子女父母奖励金；2. 独生子女在入托、入园、入学、医疗、招工、分房、安排宅基地等方面可享受优惠和照顾。独生子女父母是双职工的，奖励金由双方所在单位各负担百分之五十；一方属职工，一方属纯农业人口或城镇待业人员的，则全部由职工所在单位负担。前款奖励金，机关、团体、企业事业单位在职工福利费项目中列支；农业人口在乡（镇）统筹费中列支。独生子女父、母是个体工商户的，奖励金由工商行政管理部门从个体工商户中统筹解决。统筹标准由政府有关部门核定。凡领取《独生子女证》，按规定年龄退休的职工，加发百分之五的退休金，但不得超过本人原标准工资。终身无子女或者领取《独生子女证》后子女死亡又不再生育的，按规定年龄退休后，可按本人标准工资的百分之百发给退休金。对符合本条例规定允许生育第二个孩子的夫妻，自愿只要一个孩子，领取《独生子女证》的，所在单位应给予表彰，并给予物质奖励。对在计划生育工作中做出显著成绩的地区、单位和个人，各级人民政府或有关部门、单位应给予表彰和奖励，等等。

（三）处罚限制政策。各省、自治区、直辖市人口与计划生育条例对早婚早育，非婚生育，计划外怀孕、生育者都有明确的处罚限制政策。各地条例对早婚早育，非婚生育，计划外怀孕、生育者的处罚，主要是进行经济处罚，是国家干部的还要给予行政处罚（包括降级、降职直至开除公职等）或取消各种福利待遇。各地所规定的经济处罚幅度不同，有的是按计划外生育第一个孩子的规定处罚，有的则处以一次性罚款，数额在一般300～2 000元之间。湖南省计划生育条例规定：对违反本条例规定不采取节育措施的育龄夫妻，给予批评教育或警告，并责令采取节育措施。违反本条例规定计划外怀孕的，责令终止妊娠，可以收取五百元以上三千元以下保证金。终止妊娠的，退还保证金；拒不终止妊娠导致计划外生育的，没收保证金。伪造、涂改、买卖或者骗取生育证、节育手术证明、病残儿鉴定证明或者其他计划生育证明的，给予警告，没收证件和违法所得，可以并处五百元以上三千元以下罚款；是国家工作人员、企业事业单位职工的，应当给予行政处分。出具假计划生育证明或者滥发生育证的，对出具证明的有关责任人员以及使用假证明的人员，依照前款规定处罚。为计划外生育人员提供躲避场所或者为其逃避检查提供其他便利条件的，处五百元以上二千元以下罚款；有违法所得的，没收违法所得。领取生育证后非医学原因实行性别选择性终止妊娠，或者生育后遗弃、买卖、残害婴幼儿，或者自报婴儿死亡又无确凿证据证明死亡的，生育证作废，并不再发给生育证。

为了从法律高度维护现行人口政策连续性和稳定性，2001年12月29日，《中华人民共和国人口与计划生育法》颁布，并自2002年9月1日起正式实施。这一时期，我国还出台了各种保障计划生育的法律法规，如《中国21世纪议程》、《中国计划生育纲要（1995～2000）》、《妇女权益保障法》、《母婴保障法》等。《人口与计划生育法》分总则、人口发展规划的制定与实施、生育调节、奖励与社会保障、计划生育技术服务、法律责任、附则七章共四十七条。《总则》规定：实行计划生育是国家的基本国策；国家采取综合措施，控制人口数量，提高人口素质；国家依靠宣传教育、科学技术进步、综合服务、建立健全奖励和社会保障制度，开展人口与计划生育工作；第三章明确规定"国家稳定现行生育政策。"第十八条规定："鼓励公民晚婚晚育，提倡一对夫妇只生育一个孩子；符合法律、法规规定条件的，可以要求安排生育第二个子女。具体办法由省、自治区、直辖市人民代表大会或者常务委员会规定。少数民族也要实行计划生育，具体办法由省、自治区、直辖市人民代表大会或者常务委员会规定。"

《人口与计划生育法》作出这样的规定，主要是出于以下两点考虑：第一，现行计划生育人口政策没有收紧的必要。一方面，生育政策的制定必须考虑群众的实际困难和承受能力。目前，我国的生产力发展水平还不高，社会保障制度，特别是农村的社会保障制度还没有建立起来；现行生育政策经过二三十年的实践，已逐步被广大人民群众理解和接受。另一方面，1998 年以来，我国人口自然增长率已降到 10‰以下，达到世界发达国家水平，继续下降的余地很小。当前人口规模的继续增长，原因不在公民个人生育数量的增长，而是人口总量的惯性增长。第二，现行计划生育人口政策没有放松的条件。即使在今后相当长的一段时间内，人口过多仍是我国的首要问题。我国人口与计划生育工作的目标是：到 2010 年末，全国人口总数（不含香港、澳门特别行政区和台湾省）控制在 14 亿以内，年均人口出生率不超过 15‰；出生人口素质明显提高；出生婴儿性别比趋向正常；育龄群众享有基本的生殖保健服务，普遍开展避孕节育措施的"知情选择"；初步形成新的婚育观念和生育文化；逐步建立调控有力、管理有效、政策法规完备的计划生育保障体系和工作机制。[①] 按照现行计划生育人口政策，实现这一目标也是十分艰巨的。因此，只有稳定现行计划

---

① 《中共中央、国务院关于加强人口与计划生育工作稳定低生育水平的决定》（2000 年 3 月 2 日）。

生育的人口政策，我们才有可能完成既定的人口控制目标。

《人口与计划生育法》及一系列法律法规的颁布，标志着国家通过法律的形式，确立了计划生育基本国策的法律地位，结束了人口与计划生育法工作长期以来主要依靠政策和地方法规调整的局面。

我国现行人口政策包括"控制人口数量，提高人口质量"两个方面的内容。随着"控制人口数量"工作取得巨大成绩，"提高人口质量"也提上了日程。这主要表现为20世纪90年代中期以来，生殖健康工作（Reproductive Health）成为我国人口政策的主要组成部分。

"生殖健康"概念是1988年由世界卫生组织提出来的。1992年，专家们将其定义为：它一方面是指安全健康的妊娠，即孕妇和即将出生的子女拥有安全生育和出生的条件；另一方面是指有计划的生育，即人们对自己生育的孩子数量、间隔、时间有能力进行有效的控制。其具体工作包括以下四个方面：（1）生育调节，如避孕、节育、人工流产和防治不孕症等计划生育信息服务，这些涉及所有夫妇和个人；（2）孕产妇保健，包括产前、分娩和产后保健，流产后的咨询与计划生育服务等；（3）预防生殖系统传染病，如性传播疾病的预防及生殖系统感染性疾病的治疗，人体免疫机能丧失病毒——艾滋病的预防；泌尿系统感染、子宫颈传染病、子宫癌、乳腺癌及其它影响妇女健康状况疾病的常规性检查；对有害健康如切除妇女外阴的习俗进行有效的阻止；（4）婴幼儿保健，排除所有致使婴幼儿的发病和死亡的风险，使他们健康成长。①

1994年9月在开罗召开的联合国人口与发展大会被称为"关系到千百万妇女生命的会议"，生殖健康成为最引人注目的基本问题之一。这也促使我国开始把计划生育工作向积极的生殖健康工作转变。这一时期，我国结合本国实际国情引进了生殖健康的概念，围绕生育、节育和不育开展了生殖健康教育和生殖保健服务，做了大量的工作。重视生育年龄、生育间隔和生育次数、妇幼健康以及预防性病和艾滋病等方面的工作成为我国

---

① 佟新：《人口社会学》，北京大学出版社2000年版第431—432页。

人口政策的主要组成部分。这主要体现在以下几个方面：

第一，生殖健康赋予了我国计划生育新的内涵，促进了计划生育工作的两个转变。在战略目标上，由过去的单纯控制人口转变到将计划生育、人口和健康结合起来；在方法上，从以前行政管理手段为主转向计划生育优质服务与科学管理相结合。各级计划生育干部的思想观念和工作方法也得到相应的转变。至目前，我国已形成了覆盖全国的多级计划生育管理与服务网络，建立了许多生殖健康知情选择和优质服务的试点。30多万计划生育专职干部努力为育龄夫妇提供安全有效的避孕节育指导，使众多妇女完成了由多生多育向少生优育的转变，总和生育率已由1970年的5.81下降到目前的1.80，广大妇女逐渐摆脱了频繁生育之苦，不仅促进了妇女的身心健康，也为妇女平等的参与社会创造了条件。第二，从妇女保健的角度看，生殖健康拓展了传统的妇女保健范畴，从过去只关注妇女青春期、孕产期和更年期的保健，逐渐转变到对妇女整个生命周期生理健康和心理健康的全面关注。随着《母婴保健法》的颁布实施，我国城乡进一步加强了三级妇幼保健网络建设，妇女生殖保健的可及性和可得性不断扩大，每年接受妇科病检查的人数达4 000万人；特别是通过孕产妇系统管理和母亲安全计划的实施，使城市98％和农村70％的孕产妇得到产前检查，正规护理员接生率也上升到85％，有效地控制了孕产期并发症的发生。此外，全国妇联也将促进妇女生殖保健列入自己的工作范畴，自20世纪90年代初，在17个省、市、自治区开展了妇女生殖健康的研究重点从增强妇女权利、消除不利于妇女健康的社会文化因素入手，通过多部门的干预行动来改善基层妇女的生殖健康状况。[①] 第三，颁布实施了《计划生育技术服务管理条例》。2001年10月实施的此条例，标志着生殖健康成为我国公民的一项基本权利。这包括知情选择避孕方法的权利、安全生育健康后代的权利、夫妻安全满意的性生活及免受性传播疾病（包括艾滋病）感染的权利。以避孕工作为例，我国的计划生育工作已经发展到了

---

① 萧扬：《妇女生殖健康与社会可持续发展》，《中国计划生育学》2000年第2期。

"知情选择避孕方法"的阶段。到 1996 年全国约有 2.18 亿对夫妇采取了避孕节育措施。第四，国家计生委实施了生殖健康三大工程。2000 年，国家计生委实施了避孕节育优质服务工程、出生缺陷干预工程和生殖道感染干预工程。生殖道感染干预工程作为一项重要工程，将为保障公民生殖健康权利、稳定低生育水平发挥不可或缺的作用，也将直接为实现国家控制性病艾滋病的目标发挥重要作用。

这一时期，我国的生殖健康问题得到各方面的重视，科技的成果不断改进计划生育的技术工作。国家在财政并不宽裕的情况下支付了可观的计划生育经费。据世界银行估算，20 世纪 80 年代初，我国政府支付的人均计划生育经费为 1 美元，高于同期发展中国家的平均值（0.62 美元），这为控制人口增长提供了必不可少的物质和资金保证。与此同时，各种研究机构从生殖健康的概念出发做了大量研究，其研究项目可以成为人口社会学相关研究项目的参考。

以"控制人口数量，提高人口质量"为重要内容的我国现行人口政策，自上个世纪 80 年代在全国范围内逐渐实施以来，在人口数量控制方面取得了巨大成绩，推动了社会经济的高速发展。从人口总量与经济总量的关系来看，人口数量对经济发展有促进或延缓的作用。有经济学家计算，人口增长率每下降 1 个千分点，人均国民生产总值增长率可提高 0.36～0.59 个百分点。《中国计划生育效益与投入》课题组研究成果显示，自 1971 年至 1998 年的近二十年间，我国累计减少出生人口 3.38 亿，节省社会抚育费 7.4 万亿元，这相当于 1997 年我国全年的国内生产总值。其中家庭节省的少年儿童抚养费为 6.4 万亿元，国家节省的儿童抚养费为 1.0 万亿元。研究结果还显示，实行计划生育下的经济发展明显快于不实行计划生育的经济发展。1971～1998 年，我国国内生产总值、人均国内生产总值按当年价计算，分别增长了 32.4 倍和 21.8 倍；如果不实行计划生育，则只能增长 10.6 倍和 5.3 倍。[①]

---

① 杨魁孚、陈胜利、魏津生：《中国计划生育效益与投入》，人民出版社 2000 年版第 165 页。

但另一方面，现行人口政策在控制人口数量、提高人口质量取得巨大成绩的同时，又出现了一些不容忽视的问题。这主要表现在以下几个方面：

第一，人口低增长率和高增长量长期并存，人口过多仍是我国长期面临的首要问题。我国低生育水平并不稳定。由于人口增长的惯性作用，未来十几年，我国人口仍以每年净增 1000 万左右的速度增加，人口总量仍将保持强劲的增长趋势。第二，现行人口政策对生育子女数量的规定，在中国传统生男生育文化的影响下，导致了新生人口性别比居高不下。从 20 世纪 80 年代开始，我国出生人口性别比持续攀升。1990 年第四次人口普查时为 111，2000 年第五次人口普查时为 117，严重偏离正常范围；并且出生人口性别比偏高的地区由沿海地区向中西部地区扩展，重度偏高（超过 117）的省份增加到 14 个，个别省份甚至超过 130。"五普"数据表明，0～9 岁男性比女性人口多 1 277 万，约占同龄男性人口的 15％。据预测，从 2005 年开始，1985 年以后出生的青年人群中将出现婚姻挤压现象。到 2020 年左右，20～29 岁婚育旺盛期的男性青年比女性多约 3 000 万人。这直接影响经济发展和社会稳定，影响人民群众小康生活的质量。[①] 第三，现行人口政策的推行在一定程度上又加速我国人口老龄化的进程，但由于对过早到来的老龄化社会准备不足，从而使整个社会的养老保险问题变得复杂起来。由于我国计划生育政策的严格实行，生育率在较短的时间内迅猛下降，加速了人口老龄化的进程。"五普"结果表明，我国 65 岁及以上人口达到 8 811 万人，占总人口的 6.97％，0～14 周岁人口占总人口的比重是 22.89％，老少比是 30.4％；特别的，我国是在未富先老的情况下进行老龄化社会性的，这都给我国的经济发展和社会保障带来了严峻挑战。

在这种情况下，一些省市开始了计划生育条例的修订修正工作，以适应人口政策转型升级的需要。放宽对二孩的生育条件和范围是目前计划生

---

① 张维庆：《关注人口安全，促进协调发展》，《市场与人口分析》2003 年第 5 期。

育条例的修订修正工作的主要内容。2003 年 12 月，上海市通过了修订后的《上海市人口与计划生育条例》，允许下列十一种情况可以再生生育：（1）一方为从事出海捕捞连续五年以上的渔民，现仍从事出海捕捞的；（2）生育的第一个子女经区、县或者市病残儿医学鉴定机构鉴定为非遗传性残疾，不能成长为正常劳动力的；（3）一方经有关部门鉴定为非遗传性残疾，影响劳动，生活不能自理的；（4）一方符合二等乙级以上伤残军人条件的；（5）双方婚前各生育过一个子女，其中一方生育的子女经区、县或者市病残儿童鉴定机构鉴定为非遗传性残疾，不能成长为正常劳动力的；（6）双方均为独生子女的；（7）一方为本市农业户口且有一方为独生子女的；（8）女方为本市农业户口，无兄弟，其姐妹均只生育一个子女，男方到女方家庭落户赡养老人的；（9）一方婚前未生育过子女，另一方婚前生育过一个或者两个子女的；（10）双方婚前各生育过一个子女，且双方均为独生子女的；（11）双方婚前各生育过一个子女，一方为本市农业户口且有一方为独生子女的。从 2003 年 9 月 1 日起正式施行的《北京市人口与计划生育条例》，对可生育第二个子女者也放宽了女方年龄和生育间隔时间的限制。新条例规定，按原规定符合生育第二个子女情况的公民，在上述两个条件中只需具备一个，即可生育第二个孩子。湖南省也扩大了育龄妇女生育二胎的范围，浙江省对生育间隔不再做硬性规定。截至 2003 年底，全国 30 个省区市（西藏自治区除外）完成了地方人口和计划生育条例的修订（制定）工作。总体来看，各地新出台的条例都较全面地体现了《人口与计划生育法》的立法指导思想和基本原则精神，符合《人口与计划生育法》的立法宗旨、目的、基本方针、原则和制度，保持了现行生育政策的稳定性、连续性；突出了依法行政、维护公民实行计划生育合法权益的思想，普遍取消了一孩行政审批制度，修订了各种不符合《人口与计划生育法》规定的收费、罚款（如二胎生育调节费）项目，多数省放宽了生育间隔规定，吉林、上海、海南三个省（市）取消了生育间隔规定；同时各地在避孕方法的知情选择、综合治理、奖励与社会保障等方面都有不同程度的突破、创新和发展。基于此，国家人口和计生委副主任王国强认为，我国人口政策应从"限制人口数量，提高人口素质"，完善为"稳定低生育水平，提高人口素质，改善人口结构，引导人口分布，开发人力资源"五个方面，并认为我国人口政策从两句话发展为五句话，反映了我国经济社会发展和人口形势变化的需要，体现了"两种生产"的理论、可持续发展理论和科学发展观的本质要求。

# 第四章　我国人口政策的评估

一个完整、科学的政策过程，不仅包括科学、合理的制定政策和有效的执行政策，还包括对政策过程，以及政策效果的分析评价，以确定政策的价值。这一系列活动就是政策评估。公共政策评估是依据一定的标准和程序，对政策过程的效果、效益和公众回应加以判断、评定并由此决定政策变迁的活动。一般地说，公共政策评估包括规范、测试、分析和评判四个环节。规范环节的任务是建立政策评估的标准与程序，这是整个评估活动的前提；测试环节的任务是收集评估对象的各方面的信息，这是评估活动的基础；分析环节是运用已收集的信息，对政策实施结果进行评定，这是公共政策评估活动中关键的一步；评判环节的任务是对政策的变迁提出建议，从而完成公共政策评估活动的一个周期。[①] 公共政策评估是公共政策过程不可或缺的组成部分。科学的评估活动能够发现公共政策过程中存在的问题，以便及时地总结经验、纠正错误，人们才能据此判定某一政策本身的价值，从而决定对公共政策的态度，为延续、革新或者终结公共政策提供依据。

## 一、我国各阶层人口对生育政策的态度

社会分层（social stratification）是指以一定的标准把社会成员分为

---

① 胡宁生：《现代公共政策研究》，中国社会科学出版社 2000 版，第 226 页。

若干阶层或社会层。其划分的主要标准有：收入水平、职业种类、教育程度、生活方式、社会威望、居住地区，等等。根据这些标准中的一项或几项结合进行分类，可以把每个社会成员纳入这个或那个社会集团或阶层。在西方社会学史上，最早进行社会分层理论研究的是德国著名的社会学家马克斯·韦伯（Max Weber）。他提出了划分社会层次的三重标准：在经济领域存在着阶级（class），在社会领域存在着身份地位（status）或声望（social honor）群体，在政治领域存在着政治派别（polity），即（政党）。他认为，"在一个共同体内部权力分配的现象，就是'阶级'、'等级'和政党。"① 这三重标准已成为目前西方资本主义国家划分社会阶层的主要理论依据。

身份制度本质上是中国传统农业社会留下的痕迹，它是市场经济不发达的产物。自 20 世纪 50 年代中期至改革开放，甚至于可以说一直到今天，中国一直实行着比较严格的户籍制度。户籍制度最主要的方面就是将人们分为两类：城市户口和农村户口。持有城市户口的人称为城市人口；持有农村户口的人称为农民，尽管他们中的有些人并不是从事农业生产。对于中国的农民来说，要改变户籍身份，进入城市，成为城市人口是极为困难的。严格的户籍制度形成了我国城市与农村相互分割的二元社会结构，城乡差异成为最基本的社会分层。近年来，中国社会发生的巨大变革，工业经济与市场经济在中国的迅速发展，对中国传统的身份制度造成了重大冲击，从而使我国社会阶层结构发生了新的变化。这种变化可以从群体分层结构与制度变迁两个方面表现出来。从群体分层结构来看，比较大的变化包括：农民的分化、工人群体的膨胀、新的个体私营工商层的出现、贫富群体之间差距的拉大等；从制度变迁来看，比较大的变化有：城乡结构、关系的变迁，官本位制的变迁，单位制的变迁，等等。目前，虽然中国的身份制度已经出现了松动的迹象，但城市人口和农村人口仍然存在着巨大的差别。从总体上来说，城里人的生活水平是大大高于农村人

---

① ［德］马克斯·韦伯：《经济与社会》（下卷），商务印书馆 1997 年版，第 274 页。

的，城市人在收入、消费、社会福利、就业等各个方面所享有的条件和待遇都是农村人所不能比的。比如，仅从城乡消费水平来看，我国城市居民的消费水平是高于农村的，前者是后者的 2.4—3.2 倍左右；同时，城市居民还享有其他多方面的福利条件，如各种食品的补贴、住房补贴、医疗保险、单位提供的子女教育等。[①] 因此，城市人口和农村人口的差别仍然在一定时期内会长期存在。改革开放以后，随着大量农村劳动力涌入城市，流动人口又成为我国特有的一个社会阶层。

中国社会城市阶层人口、农村阶层人口和流动阶层人口的出现对包括现行人口政策在内的国家政策产生了不同的态度。研究、分析中国社会各阶层对现行人口政策的态度，有必要就人口与计划生育法对不同类型人群的生育数量的规定作些分析。中国人口与计划生育法是从 20 世纪 70 年代末期开始酝酿，到 2001 年 12 月颁布，2002 年 9 月正式实施，经过了一个较长的时间。同时，制定者受到了中国沿袭多年的身份户籍制的影响，对不同阶层社会成员生育子女数量的规定是以其居住地为划分标准的。这从人口与计划生育法的内容也可以看出。现行人口政策的主要内容为：提倡晚婚晚育、少生优生，提倡一对夫妇只生育一个孩子；国家干部和职工、城镇居民除特殊情况经过批准外，一对夫妇只生育一个孩子；农村某些群众确有实际困难，包括独女户，要求生二胎的，经过批准可以间隔几年以后生第二胎；不论哪种情况都不能生三胎；少数民族地区也要提倡计划生育，具体要求和做法可由有关省、自治区根据当地实际情况制定。这一政策在对全体社会成员"提倡晚婚晚育、少生优生，提倡一对夫妇只生育一个孩子"的同时，对城市人口和农村人口有着不同的规定，即要求"国家干部和职工、城镇居民一对夫妇只生育一个孩子"，而"确有实际困难的某些农村群众，经过批准间隔几年以后"有生育第二胎的可能。因此，我们以居住地区作为其划分的标准，将所有人口划归为城市阶层人口和农村阶层人口，来分析他们对现行人口政策的态度。同时，现行人口政

---

① 李强：《社会分层与贫富差别》，鹭江出版社 2000 年版，第 14—15 页。

策已经实施了十多年，并且随着社会经济的发展，人民生活水平的提高，人们对此已经有了相当程度的理解。目前，城市人口和农村人口的生育意愿一般都是以此为基础。因此，我们在分析社会各阶层对现行人口政策的态度时，以城市阶层人口和农村阶层人口作为衡量单位。

本文分别对城市阶层人口、农村阶层人口和流动阶层人口对现行人口政策的态度作分析。

**（一）城市阶层人口对现行人口政策的态度**

在中国现阶段，人口政策最核心内容是生育政策。生育是具有三维特征的事件，即子女数量、性别和生育时间。因此，考察城市阶层人口对现行人口政策的态度也应该包括这三个方面。

在过去的二十多年里，中国城市阶层人口对现行人口政策的态度发生了很大的变化，表现为：人口出生率明显下降，生育模式发生变化。20世纪80年代对北京等城市15—49岁育龄妇女的调查发现，平均理想子女数在2个左右，如北京市年平均理想子女数为2.10，希望有2个孩子的占77.0％；天津市1985年平均理想子女数超过为2.10，希望生2个孩子者占80.0％；上海市1984年平均理想子女数为2.49，希望生2个孩子者占50.0％，生3个孩子者占36.0％。[①] 而目前城市人口的平均理想子女数一般都少于2个。

本部分使用的数据均来自笔者对江苏南京市、湖南怀化市的城镇居民人口所进行的问卷调查。笔者根据第六次全国人口普查城市人口的职业构成和性别构成，并参考其它相关的因素，共抽取了500人，作为样本进行调查。在实施调查的过程中，笔者又采取了有目的的抽样调查，选择不同年龄、性别、职业、文化程度和婚姻状况的调查对象，以保证调查数据的代表性。全部调查均采用选择方式，调查实施均由笔者以现场登记、当面询问两种方式进行。为了得到城市阶层人口对现行人口政策的总体态度，所进行的调查问卷没有分别计算南京、怀化两城市的个数。设计调查问卷

---

① 辜胜阻：《中国人的生育意愿》，北京大学出版社，1989年版，第60—73页。

共 500 份，收回有效问卷 454 份，有效率为 90.8％，其中男性 236 份，女性 218 份。职业分类包括各类专业技术人员，国家机关党群组织、企事业单位人员，商业工作人员，服务性工作人员，生产工人、运输工人和有关人员。以上所有人员都具有城市户口，不包括来城市工作的流动人口。

（1）被调查者的基本情况。本次所进行的调查由笔者采用随机抽样入户的方式进行，并填写调查问卷，实施时间为 2014 年 6 月至 7 月。年龄结构的设计以女性的生育年龄段作为标准，其中 15－20 岁、40－49 岁为可生育年龄段，21－29 岁为旺育年龄段；男性的年龄结构设计参照女性。受教育程度分初中及初中以下、高中（包括中专层次）、大专、大学及大学以上四个等级。婚育状态包括未婚、已婚两种情况，已婚又设计了未育、已育两种情况；职业结构分教育业、党政企事业、金融保险业、服务业、高科技产业、制造业、其他行业等类别。

（2）理想子女数。从接受调查对象的总体情况来看，理想子女数平均为 1.06。其中选择生育无、一、二、三个及三个以上的所占比例分别为 23.79％、65.20％、9.47％、1.54％。从调查中发现，不同年龄段的样本，其理想的子女数不同。在 15－20 岁的被调查对象中，有 34.75％ 的人表示不要孩子，大大高于 20 岁以上的年龄段。21－39 岁年龄段理想的子女数绝大多数为一个，40－49 岁年龄段理想的子女数稍高。也就是说，不同年龄段的人其理想子女数也各有不同。这里特作说明，对于特定的个体而言，其理想子女数可能会随着他们的年龄的变化而发生变化。比如，某一个体在 15－20 岁年龄段时选择不要小孩，有可能到了 21－39 岁年龄段时选择要小孩；另外，特定个体的理想子女数还受到外界因素的影响，结婚前可能不要小孩，结婚后由于外界因素的作用，又可能要小孩。但受访者在接受调查时所做出的选择，基本反映了他们当时的意愿。

如果按文化程度作统计，不同文化层次的受调查者的理想子女数也是不相同的。统计显示，文化程度越高，其理想子女数的平均值越低。选择不要子女的，本科及本科以上学历所占比值要比初中及初中以下高出 10 多个百分点；理想子女数为三个及三个以上的，本科及本科以上学历所占比值要比初中及初中以下低出 10 多个百分点。这表明，社会成员受教育的程度直接影响他们对现行人口政策的态度。

调查中还发现，受调查者的收入状况也直接影响他们的理想子女数。调查数据显示，低收入者期望的子女数比中等收入的要高，高收入者期望子女数也比中等收入的要高。由于在没有收入的受调查者中有在校学生，他们的教育程度相对较高，因此有将近一半的人表示不要小孩。调查数据显示，理想子女数的多少并不与收入的多少成比例关系，低收入者和高收入者的理想子女数均多于中等收入者。出现这种情况，其原因有以下两个方面：第一，低收入者由于自己的经济能力比较差，希望有两个或两个以上子女能够养老；第二，高收入者由于有比较强的经济能力，他们能够承担起抚养两个或两个以上子女的费用。虽然职业结构对理想子女数的影响并不是很明显，但在调查中仍然发现，对知识层次要求较高的行业，如教育业、党政企事业、金融保险业、高科技产业等，其理想子女数相对于对知识层次要求较低的行业如制造业要少。

（3）对子女性别的选择。性别选择的不同，可能会对具体家庭生育的子女数量产生影响。比如，某一夫妇偏爱女孩，如第一孩是男孩，就有可能使他们产生生二孩的想法。有的夫妇喜欢儿女双全，就有可能成为他们生二胎的诱因。因此，通过对"性别选择"的调查，能够从更深层次了解城市阶层人口对现行人口政策的态度。调查数据显示，城市阶层人口对男孩、女孩没有特别的偏好。在全部样本数中，选择男孩占 16.08%，选择女孩的占 18.51%，选择儿女双全的占 9.66%，选择儿女都一样的占 55.75%。就年龄结构而言，年龄小的比年龄大的对子女性别的选择要小，15—20 岁年龄组比 40—49 岁年龄组选择"儿女都一样"的多了近 12 个百分数，而选择"儿女双全"的却少了将近 10 个百分数。受教育的程度也影响其对子女性别的选择。初中及初中以下的选择"男孩"的比大学及大学以上的高出了近 15 个百分数，而选择"儿女都一样"的却少了将近 30 个百分数。收入状况、婚育状况、职业结构的不同都对子女的性别选择构成了一定的影响。和选择"理想子女数"一样，在性别选择中，收入低的和收入高的对"男孩"和"子女双全"的选择比中等收入的要高；各类专业技术人员、国家机关党群组织和企事业单位办事人员和有关人员比生产工人、运输工人和有关人员期望子女的性别低。以制造业和高科技业相比，选择"儿女双全"的和选择"儿女都一样"的分别高了将近20个百分点和低了将近30个百分点。

（4）生育目的和动机。生育目的和动机直接影响生育的子女数，从而也对现行人口政策的态度产生了重要的影响。调查发现，被调查者不要孩子主要出于两个动因：一是经济方面的，如大多数低收入者（样本数为6人）和45.3％的中等收入者担心因经济原因，而不能使孩子得到良好的教育；一是工作方面的，有23.5％的中等收入者和67.8％的高收入者认为自己工作太忙，没有时间和精力抚养孩子。

在想要孩子的被调查者中，其原因的选择是不同的。但总的特点是，传统的传宗接代、养老和继承财产等因素所占的百分比较低；而为了满足自己的感情需要所占的百分比较大。同时，调查还发现，传统的为了传宗接代、养老和继承财产等原因想生孩子的，偏向于生男孩，而为了满足自己的感情需要的则不太注重所生育孩子的性别。比如，在选择传宗接代、养老、继承财产、长辈想要的栏目中，都有将近一半的人想要男孩；而在配偶需要、感情需要的栏目中，选择男孩的、女孩的、儿女都一样的比值相差不多，各有1/3。

为了了解国家干部和职工、城镇居民对这种可能的态度，在这次调查中，还设计了城市阶层人口对希望生育两个及两个以上子女原因的调查项目。调查数据显示，城市阶层人口希望生育两个及两个以上子女的各种原因中，传宗接代、养老、多子多福、长辈想要、继承财产、增强家族势力等传统因素所占的比值不大，如传宗接代、养老、多子多福、增强家族势力所占百分比分别为7.70％、4.40％、3.35％、1.10％；而属于家庭类、感情类原因的比值却比较高，选择感情需要、增加家庭乐趣的分别有108、104人，所占百分比分别为23.79％、22.90％，都高于传统因素。尤其值得一提的是，还有65人自动控制了"担心子女病残"项目，这反映了城市阶层人口对子女在成长过程中发生意外事故的担心。

（5）调查结论。从以上统计数据的具体分析中可以看出，目前，城市阶层人口对现行人口政策基本上是持赞同态度。也就是说，他们中绝大多数人对国家所提倡晚婚晚育、少生优生，提倡一对夫妇只生育一个孩子的人口生育政策是支持的；对"特殊情况经过批准"可以生育二胎的规定，也只有全部样本数 1/5 的人表示有这种想法。这说明，通过在城市地区二十多年不遗余力地宣传和实行现行人口政策，这种人口生育政策的实施已经有了一定的基础，从而成为我国计划生育事业取得重大成绩的一个重要因素。

同时，这次调查还发现了城市阶层人口在生育方面以及未来发展趋势上的一些新特点：第一，随着一部分高收入家庭的出现，由于他们有比较强的经济势力可以为子女的成长提供好的条件，因此，想要二孩的绝对人数和比值都有所提升。特别是《人口与计划生育法》做出了对超生子女征收社会抚养费的规定后，这种趋势更加明显。这是以后计划生育工作所面临的新问题。第二，由于种种原因，有一部分人对子女的性别有了选择，而现代医学技术又使这种选择变成了现实，因此性别比例失调的状况进一步加剧。第三，在调查中发现，有一部分青年人做会出了"不要子女"的选择，这一方面是目前已经出现的"丁克家庭"现象的反映，另一方面又会进一步加快城市的老龄化趋势，出现新的社会问题。据有关资料显示，1979－1989 年，上海市区"丁克家庭"约占全市家庭夫妻总数的 2.3%，人数估计超过了 5 万人；北京市 1984 年以来结婚的夫妇中有 7 万人自愿不要子女；1989 年底，广州市结了婚而不愿生育的人由三年前的 3 万人增至 10 万人；[1]据叶艳枫等人对厦门知识女性所做的调查，该市有 27%的知识女性考虑采用"丁克家庭"。[2] 这次调查中也发现有相当一部分人表示不要子女。在中等收入的被调查者中，有 21.84%的人表示不要

---

① 叶文振：《中国婚姻质量研究》，中国社会科学出版社，1999 年版，第 12－20 页。

② 叶艳枫：《厦门知识女性调查报告与分析》，《市场与人口分析》2003 年第 1 期。

子女。

### (二) 农村阶层人口对生育政策的态度

我国现行人口政策对城市人口和农村人口有着不同的规定，即要求"国家干部和职工、城镇居民一对夫妇只生育一个孩子"，而"确有实际困难的某些农村群众，经过批准间隔几年以后"有生育第二胎的可能。对农村阶层人口生育的规定，现行人口政策一方面提倡晚婚晚育、少生优生，一对夫妇只生育一个孩子；另一方面又对"某些确有实际困难的群众，包括独女户"，规定经过批准可以间隔几年以后生第二胎，但不论哪种情况都不能生三胎。这样，农村阶层人口的生育数量就有了多重选择。他们可以生育一个小孩，也有在符合规定的条件下生育第二孩的可能。另一方面，由于目前农村基层政权组织的相对弱化，再加上传统的生育观在农村地区仍然有一定的影响，因此，那些生育了女孩的家庭，出于对男孩的渴望，也会出现多胎现象。这成为影响农村阶层人口对现行人口政策复杂态度的主要原因。以此作为前提条件，我们来分析农村阶层人口对现行人口政策的态度。

关于农村人口对现行人口政策态度的调查内容有：初婚年龄；不同收入层次农民的生育意愿和生育动机；目前的生育现状；对生育的性别选择；理想的子女数；影响生育的因素。

(1) 被调查者的样本情况。本次所进行的调查由笔者采用随机抽样入户的方式进行，并填写调查问卷，实施时间为 2014 年 6 月至 7 月。调查对象确定在湖南省湘西自治州泸溪县的梨村、资溪，沅江市的台江、汪家村共四个自然村。这次调查的预计样本数为 350 人，考虑到拒访等原因，将实际调查样本数确定为 400 人。据统计，有 312 份为有效问卷，有效率为 84.32%。由于这次调查属于定量调查性质，更由于农村人口对已生育子女数目的隐讳，因此，调查结果可能不是当前农村阶层人口对现行人口政策态度的全部反映。尽管如此，这些也在一定程度上反映了农村人口的生育意愿和生育行为的现状和未来发展趋势。

考虑到农村人口的实际情况，其年龄结构和城市阶层人口分类稍有不同，分为 18—22 岁、23—35 岁、36—45 岁三个年龄段。考虑到农村人口受教育的实际情况，受教育程度项目分为文盲、小学、中学、高中及高中以上四项。

（2）初婚年龄。初婚年龄的大小直接影响着生育子女的数目。在调查中发现，农村人口的结婚年龄偏低，分别有 7.05％、16.02％的男性、女性未满 18 岁就构成了事实上的婚姻关系。晚婚者，女性的比值为8.02％，男性稍高一些。

农村的男女结婚以后，一般很快就开始生育子女。如果第一个孩子是女孩，由于对男孩的企盼，他们会生第二胎，这样就增大了多生的机会。

（3）理想子女数。从调查的结果来看，农村阶层人口的理想子女数高于城市阶层人口的理想子女数。在所有的年龄段中，没有人表示不要子女。这基本上反映了现阶段农村人口生育的真实情况。理想子女数为一个的，年龄小的大于年龄高的，在 36—45 岁年龄段中，没有人做出此项选择。有超过 24％的人选择了生育三个及三个以上子女这一项。调查中还发现，受调查者的收入状况直接影响着他们的理想子女数。高收入者和低收入者一样，其期望子女数比中等收入者要高。这一点和城市阶层人口的结果和原因基本上是相同的。调查数据显示，农村阶层人口的理想子女数是两个左右。在调查的 4 个自然村里，目前拥有两孩的家庭比例最多，泸溪县的梨村、资溪分别为 87.53％、85.51％，沅江市的台江、汪家村分别为 79.78％、80.59％。

（3）性别选择。调查数据显示，农村阶层人口对子女性别的选择（表现在对男孩的偏爱上）比城市阶层人口要强烈。在 165 名接受调查的男性中，选择男孩的占 47.27％，比选择女孩的多了 20 多个百分点；在 147名接受调查的女性中，选择男孩的比例高达 55.10％，比选择女孩的多出30 多个百分点。

受访者年龄的大小也影响了其对性别的选择。调查结果显示，18—22岁选择要男孩的百分数为 42.86％，36—45 岁选择要男孩的百分数为46.34％，这两个年龄段对男孩的偏好都低于 23—35 岁年龄段；同时，18

一22岁年龄段选择女孩、儿女双全、男女都一样的又都高于其他两个年龄段。

受访者受教育程度、收入状况和婚育状况对性别选择也有一定程度的影响。统计数据显示，农村阶层人口的文化程度越高，其对生育子女的性别选择就越小，如，高中及高中以上文化程度的受访者选择男孩的百分数比文盲选择男孩的百分数要低 20 多个百分点，而选择女孩、儿女双全、男女都一样的又高于文盲的选择百分数。低收入和高收入的受访者对性别的选择要高于中等收入的受访者，如，低收入受访者有 66.67％的选择生男孩，高收入者也有 59.32％的选择生男孩，而中等收入的只有 49.11％的选择要男孩。在未婚受访者中有 36.53％的人选择要男孩，而已育受者中却有 50.94％的人选择要男孩。

（4）生育目的和动机。从调查的统计数据来看，农村阶层人口生育的目的和动机比较偏向于传统的传宗接代、养老、继承财产以及长辈想要等类型。其中选择传宗接代、养老、继承财产三类的共有 170 人，所占比重超过了一半；选择长辈想要、配偶需要两项的有 85 人，所占百分比为 27.24％；而选择感情需要的只有 39 人，比例为 12.5％。

（5）调查结论。调查数据显示，农村阶层人口绝大多数生育户的理想子女数是两个左右；对子女的性别有一定的选择，有超过半数以上的夫妇希望生男孩，如果第一胎是女孩的话，则有将近 75％的夫妇考虑生第二胎，并且希望能生一个男孩；有 2/3 以上的家庭对子女的性别组合有明显的偏好，希望能够生育一男一女。根据现行人口政策对农村阶层人口生育数量的规定，农村地区大部分家庭从理论上来推算，政策允许生育二孩的家庭比例在 50％—70％之间，因此，这次调查所得出的"有将近 75％的夫妇考虑生第二胎"的结论也从数量上描述了农村人口生育意愿与现行人口政策之间的差距。这也是目前农村阶层人口对现行人口政策态度的反映。这一结论，从目前农村地区计划生育工作的难度中也可以得到佐证。

**（三）流动阶层人口对现行人口政策的态度**

在我国现行户籍管理制度下，流动人口是指离开了常住户籍所在地，跨越了一定的行政辖区范围,在某一地区暂住、滞留、活动,并在一定时间内返回常住地的人口。即:流动人口是在不变更常住户口的前提下,进入非常住户口所在地从事各种社会经济活动的人口。从动态上看,流动人口是实现了人户分离的在地区之间流动的人口;从静态上看,流动人口是某一地区中没有该地常住户口而在该地从事各种活动的人口,或是某一地区中有该地常住户口却不在该地活动、居住的人口。2009 年 5 月 11 日,国务院在发布的《流动人口计划生育工作条例》中对流动人口的定义是:指离开户籍所在地的县、市或者市辖区,以工作、生活为目的异地居住的成年育龄人员〔但是,下列人员除外:(1)因出差、就医、上学、旅游、探亲、访友等事由异地居住、预期将返回户籍所在地居住的人员;(2)在直辖市、设区的市行政区域内区与区之间异地居住的人员〕。

我国第三、四次全国人口普查将现在住在普查登记地的、流出一年以上的外县市人口(第五次人口普查规定为半年),作为流动人口普查登记的对象。2010 年"六普"将流动人口"离开户口登记地时间"分为以下九种情况,即:没有离开户口登记地,半年以下,半年至一年,一至两年,两至三年,三至四年,四至五年,五至六年,六年以上。从全国城乡范围来看,我国流动人口的主要流向可分为四类:(1)农村人口向城市的流动;(2)农村人口向其它村社区的流动;(3)城市之间的人口流动;(4)城市人口向农村的流动。在中国现阶段,流动人口第一类流向是占绝对多数的,第二、三、四类流向所占的人口数不多。

2010 年第六次人口普查数据显示:居住地与户口登记地所在的乡镇街道不一致且离开户口登记地半年以上的人口为 26 139 万人,其中市辖区内人户分离的人口[①]为 3 996 万人,不包括市辖区内人户分离的人口为 22 143 万人。同 2000 年人口普查相比,居住地与户口登记地所在的乡镇街道不一致且离开户口登记地半年以上的人口增加 11 700 万人,增长

---

① 市辖区内人户分离的人口是指:市辖区内人户分离的人口是指一个直辖市或地级市所辖的区内和区与区之间,居住地和户口登记地不在同一乡镇街道的人口。

81.03%；其中不包括市辖区内人户分离的人口增加 10 036 万人，增长
82.89%。这主要是多年来我国农村劳动力加速转移和经济快速发展促进
了流动人口大量增加。

按照 1991 年 12 月国家计生委颁布的《流动人口的计划生育管理办
法》，流动人口的计划生育按照属地管理的原则，以其常住户口所在地
（即流出地）的人口生育政策为准。因此，从农村向城市流动人口的人口
生育政策是按照农村阶层人口政策来实施的。

为了探析流动阶层人口对现行人口政策的态度，本文以泉州市为样本
点，进行问卷调查。本次所进行的调查由笔者采用随机抽样入户的方式进
行，并填写调查问卷，实施时间为 2014 年 7 月中旬至 8 月中旬。本次调
查的预计样本数为 500 份，回收的有效问卷为 431 份，有效率为 86.20%。
调查共包括四个方面的问题：流动人口样本的基本情况；流动人口的理想
子女数；流动人口对子女性别的选择；流动人口生育的目的和动机。调查
采取随机当面询问的方式进行。这里说明一下，由于流动人口对生育子女
数目的隐讳，因此，调查结果可能不是当前流动阶层人口对现行人口政策
态度的全部真实反映。但它在一定程度上反映了流动人口的生育意愿和生
育行为的现状和未来发展趋势。

（1）被调查者的样本情况。在 202 名流出人口中，有 78.22% 为男
性，女性为 21.78%；在 229 名流入人口中，有 75.55% 为男性，女性为
24.45%。流动人口的年龄主要集中在 18—22 岁之间，其在流出人口中占
47.52%，在流入人口中占 41.48%；流动人口的文化程度以小学、初中
居多，其在流出人口中占 68.32%，在流入人口中占 64.63%；婚育状况，
已婚的稍比未婚的多，在已婚者中，已育的又比未育的多。男性流动人口
主要是由 20—34 岁的人口组成，而女性流动人口年龄主要集中在 15—29
岁年龄组。其中最集中的年龄组是 20—29 岁。在 18—22 岁年龄组，女性
大于男性；22 岁以上的年龄，男性多于女性。数据同时表明，男性流动
人口的平均年龄比女性稍大，男性为 26.32 岁，女性为 24.28 岁。在流动
人口中未婚女性平均为 20.52 岁，已育妇女平均为 28.38 岁。

在经营、服务类中，25 岁以下且有一定文化程度的女性居多；技工类中，25 岁以下的未婚男女居多；而年龄较大且没有多少文化的流动人口多在建筑行业从事较重的体力劳动。调查表明，收入情况和文化程度、职业有很大的关系，文化程度高的比文化程度低的收入要高，技工类的比劳务类的要高。

调查数据还显示，由农村流向城市的流动人口所在家庭平均户男性为 2.68 人，女性为 2.12 人，平均家庭人口为 4.80 人；家庭中男劳工力平均为 1.89 人，女劳动力平均为 1.75 人；流出人口户平均承包责任田为 4.58 亩，人均作业耕地为 0.95 亩，每个劳动力平均作业耕地为 1.26 亩，人多地少矛盾十分突出。

（2）理想子女数。从调查的结果来看，流动阶层人口的理想子女数介于农村阶层人口与城市阶层人口之间。在所有的年龄段中，没有人表示不要小孩。这反映了流动人口与农村人口对子女企盼的相同点。理想子女数为一个的，年龄小的多于年龄高的；理想子女数为三个的，年龄大的多于年龄小的，在 36－45 岁年龄段中，有 35.58% 的人选择生育三个及三个以上的孩子，而 18－22 岁年龄段的只有 15.18% 做出同样选择，两者相差 20 多个百分点。

另一方面，有少部分流动人口对子女数，特别是对男孩表现出了十分强烈的渴望。这部分人大多是一胎、二胎，甚至三孩都是女孩，为了得到一个男孩，设法从农村流向城市逃避计划生育管理的那一类流动人口。

调查还发现，流动人口的收入状况直接影响着他们的理想子女数。流动人口中的低收入者，特别是在街头巷尾做一些小本生意或在地摊上贩卖一些简单日杂品，勉强度日的那一类流动人口，他们中相当一部分出来的目的就是为了生育。当他们生育了小孩后，又会很快回到自己的居住地。他们的理想子女数通常是两个以上，并且一定要有男孩。

流动人口中的中等收入者，由于他们年龄较小，文化程度、职业结构较其他流动人口稍好一点，特别地，城市五彩缤纷的生活吸引着他们，也影响着他们，他们希望能够融入城市，因此，他们对子女的期望没有同龄农村阶层人口那么强烈，选择理想子女数为一个的比较多。另外，也有少部分这类流动人口选择了不要小孩，虽然这种选择并非最终的决定，也许到了一定的年龄后会改变，但这是流动人口生育观出现的新特点。

流动人口中的高收入者，他们每月的收入一般在 1 200－1 800 元之间，很少有超过 2 000 元以上的，他们除去寄给家里和自己必要的开支外，所剩无几，因此，从严格意义上讲，他们也不能算是真正的高收入。由于城市子女良好的教育对他们的触及，他们一般会注意对子女后天的教育。因而，他们的理想子女数为二个左右，即使没有男孩也无所谓。

（3）性别选择。调查数据显示，流动阶层人口对子女性别的选择也介于农村阶层人口和城市阶层人口之间。在选择生育男孩这一项，农村、流动、城市阶层男性人口的比值分别为 47.27％、30.35％、14.20％，女性人口的比值分别为 45.56％、35.26％、28.45％。流动人口的年龄大小、受教育程度也影响他们对子女的性别选择。调查数据表明，年龄越小的越不在意子女的性别，而年龄大的对子女的性别，特别是对男孩的期望值比较高。18－23 岁年龄段的流动人口中有近 40％的人选择男女都一样这一项，而 23－45 岁年龄段的流动人口却只有 11.92％的做出同样的选择，两者相距近 30 个百分点。文盲的流动人口有 40％的人选择生育男孩，但高中以上的流动人口只有 20％多一点的人做出此项选择。低收入的流动人口对男孩的期望值也比中等收入和高收入的人要高。未婚的流动人口中有超出 25％的人选择男女都一样，但已育的只有不到 20％的人做出同样选择。

（4）生育目的和动机。从调查的统计数据来看，流动阶层人口生育的目的和动机处于从传统的传宗接代、养老、继承财产以及长辈想要等类型向现代型的感情需要、增加家庭乐趣等过渡。这两种类型大约各占了一半的比例。这反映了流动人口出现了相对于农村人口新的生育观。但同时应该注意到，流动人口中有超过 22％的人选择了生育目的和动机是为了未来养老，这也从另一个方面反映了当前包括流动阶层人口在内的农村人口在保障体系方面所存在的问题。

（5）调查结论。从调查的数据可以发现，流动人口的理想子女数、对生育子女的性别选择和生育的目的和动机都是介于农村阶层人口和城市阶层人口之间的。除少部分是为了多生孩子而成为流动人口的外，他们所希望的理想子女数一般在1—2个之间，并且年龄越小，所希望的理想子女数越少。这和城市人口的理想子女数有共同之处。但另一方面，流动人口的理想子女数又有自己的特点，即：年龄较大的流动人口所要求的理想子女数比较多，因为这一部分人还保留着较浓厚的农村人口所固有的传统生育观；年龄较小的对子女数的要求不是很强烈，但很少出现如同城市人口那样不要子女的现象。

流动人口对子女性别的选择已基本上改变了农村人口对男孩的苦苦追求，他们更注重对子女后天教育的投入，以便使子女有一个比较好的生活环境，能够有一份比较体面的工作，以改变他们未来的生活方式。流动人口生育的目的和动机正处于从传统的传宗接代、养老、继承财产以及长辈想要等类型向现代型的感情需要、增加家庭乐趣等类型过渡。但由于受其本身生存、生活条件、教育程度等方面的限制，他们在一定程度上又把自己的未来养老寄托在子女身上。也正是这一点，决定了流动人口生育观的复杂性和矛盾性。

流动人口对现行人口政策态度的双重性，是由流动人口本身的特点所决定的。流动人口是在当前中国市场经济及现行户籍管理制度下，农村劳动力与资源的重新配置，是农村经济结构的一种调整方式。大量农村剩余劳动力人口进入城市，他们的生育观在城市现代的生活方式、消费方式的影响下，渐次地发生了变化；并且，随着他们在城市生活的时间越长，这种变化会越大。其次，随着城市就业竞争的日益激烈，本来处于劣势的流动人口为了能够生存下去，他们不得不提高自身的业务能力，推迟婚龄和节制生育；又由于抚养子女费用的增多，他们会渐次改变农村多子多福的传统习俗，而转向只生一个孩子。因此，流动阶层人口逐渐表现出与城市阶层人口一样对现行人口政策的同一性。

但是，生育文化、意愿的转变并非一朝一夕就能够完成，而是一个长期、艰苦的过程。这就要求实施人口政策的实际工作部门从流动人口的实际情况出发，通过做长期的、细致的工作，以求得这一部分人口对现行人口政策的认同。

## 二、我国人口生育政策的积极效果

1960 年代末期、1970 年代初期，由于"文化大革命"导致整个社会的无政府状态，使我国人口处于盲目发展的状态。1966～1970 年的五年间，每年出生人口在 2 500 万到 2 700 万之间，人口出生率均在 33‰以上，人口自然增长率在 26‰左右，全国净增人口超过 1 亿。1969 年，中国人口总量突破 8 亿，为 80 671 万人，1970 年达到 82 992 万人。人口无节制的快速增长使当时濒临边缘的国民经济雪上加霜，农村的贫困化进程难以遏制，城镇居民的生活水平也没有得到多大提高，数以亿计的人口生活在绝对贫困线之下。因此，由于人口的迅速增加，中国面临着严峻的社会现实问题。1970 年代"晚稀少"人口政策和 1980 年代以后以"控制人口数量，提高人口质量"为主要内容的计划生育人口政策就是基于当时我国庞大的人口数量提出并实施的，其目的就是要控制人口数量。从这一点出发，我们评估我国计划生育人口政策就是要看它是否能够在控制人口数量和提高人口质量方面取得成效。这也是我们评估我国计划生育人口政策的前提。

国家计生委《中国未来人口发展与生育政策研究》课题组在评估我国现行计划生育人口政策时，认为它有以下几方面的积极效果：第一，促进生育率大幅度地降低，人口快速增长的势头被有效地遏止，成功地实现了人口低增长的目的；第二，减轻了人口和土地、资源的矛盾，促进了社会的可持续发展；第三，改善了妇女的生殖健康状况，有效降低了因怀孕导致的死亡风险，提高了妇女、儿童的健康水平，提高了妇女的社会地位；第四，人口生育率迅速下降对我国经济增长作出了重要贡献。[①] 我国计划

---

① 国家计生委课题组：《中国未来人口发展与生育政策研究》，《人口研究》2000 年第 3 期。

生育人口政策促使了人口出生率下降，从而达到控制人口数量，取得预期的人口效益。这种人口效益可以通过计量方法加以估算，一是计算因实行计划生育而少出生的人数；二是计算 0～14 岁人口的家庭和社会抚养费用，由此计算出的人口为社会节省了多少抚养费用。评估工作的一个难题在于如何区分出计划生育因素与社会经济发展因素对减少出生人数的作用。著名的莫尔丁·贝雷尔森（Mauldin-Berelson）多变量分析方法目的在于解决这一问题，此项研究方法是建立在对 1965～1975 年间世界上 94 个发展中国家的社会经济因素（非人口控制因素）和家庭计划方案因素（人口控制因素）对出生率的下降（人口效益）定量分析。他们提出了以下三个方面的结论：（1）一个国家出生率的下降与它的社会经济发展状况和家庭计划方案的努力都有密切关系，两者具有不可替代的作用；（2）在社会经济发展水平大体相近的国家中，家庭计划方案活动搞得好的，其出生率下降的幅度就大，反之则小；（3）在家庭计划方案努力程度大体相近的国家中，社会经济发展水平越高的，出生率的下降就越明显，反之则较缓慢。总之，最佳的人口效益依赖于计划生育的推行和社会经济的发展。[①] 1984 年，兰普汉姆和莫尔丁（Lapham & Mauldin）对世界 100 个国家和地区的资料进行了深入的分析，指出新加坡、韩国和中国以及中国的香港和台湾地区出生率的成功下降说明了计划生育工作和经济发展的双重作用，社会经济的发展使原本已经下降的生育率更加下降。[②]

人口政策在不同阶段对人口生育数量的规定，实际上构成了人口控制强度变量，这一变量在不同阶段的变动反映出人口政策由松到紧、由紧到缓和、最后趋于稳定这样一条发展的轨迹，反映在人口政策的实际工作中，是人口出生率、自然增长率和总和生育率的变动。1970 年代实施的"晚稀少"人口政策，在控制我国人口数量方面初见成效，表现为人口出

---

① 魏津生、王胜今主编：《中国人口控制评估与对策》，高等教育出版社 1996 年版，第 2～3 页。

② R. Lapham and W. P. Mauldin, *"Family Planning Program Effort and Birthrate Decline in Developing Countries"*, *International Family Planning Perspectivs* 10（4）: pp. 109－118.

生率、自然增长率以及总和生育率大幅度地下降。1970 年末与 1980 年末相比，人口出生率由 33.43‰降至 18.21‰；人口自然增长率由 25.83‰降至 11.87‰，减少了近 14 个千分点。1980 年代以后实施的计划生育人口政策又进一步巩固了这一成效，表现为人口出生率、自然增长率以及总和生育率保持在一个较低的水平。根据第四次全国人口普查提供的资料，1990 年底我国人口出生率、自然增长率分别为 21.06‰和 14.39‰；2000 年末，这两个数据又分别为 14.03‰和 7.58‰。妇女总和生育率是指在一定时期内（通常为一年）年龄别生育率之和，是指一名妇女如果像统计年那样度过她的生育期，她一生可能生育的子女数。这个假定的指标，它能够准确地反映现有的生育水平，避免了育龄妇女年龄构成的影响，并可直接用于比较研究，是最方便的测量生育率的指标。如果我们将历年的妇女总和生育率进行比较，从总和生育率的变动中可以发现妇女生育子女数的变动。如果妇女总和生育率呈现下降的趋势，就表现为妇女生育的子女数呈现下降的趋势。1949 年的妇女总和生育率为 6.14，1950 年代和 1960 年代，基本都保持在 6.0 左右的高水平上运行；1963 年达到了 7.5，是过去五十年的最高水平。进入 1970 年代后，总和生育率开始大幅度下降，1970 年总和生育率为 5.81，1979 年已经降低到了 2.75。1980 年代，总和生育率在 2.5 左右上下波动，既没有大幅度回升，也没有大幅度下降。从 1990 年代初开始，我国妇女总和生育率持续地低于更替水平。这表明我国已经进入了低生育水平时期。从人口学的角度来看，生育的更替水平对于一个国家或地区的人口转变具有特别重要的意义，标志着人口转变的一次飞跃，因为它是人口实现零增长最主要的前提条件。如果总和生育率高于更替水平，无论如何人口将继续增长；而如果总和生育率低于更替水平，经过若干年份的调整后，人口即可实现零增长或负增长。表 6 是1950～1995 年中国与发展中地区的总和生育率相比较的数据。从表中，我们可以看出，在 20 世纪五六十年代，我国与其他发展中地区相似生育率水平都很高；而自 1970 年代开始，我国生育率迅速下降，总和生育率从 1965～1970 年的接近 6.0 下降到 1980～1985 年的 2.5 和 1990～1995

年的 2.0 以下；其他发展中地区生育率也在下降，但速度非常缓慢。在 1990～1995 年这一时期，人口总和生育率最高的是非洲，为 5.80，最低的是拉美，为 3.09，都大大高于中国的水平。

表 6　1990～1995 年中国和发展中地区的总和生育率对比

| 地区 | 50～55 | 55～60 | 60～65 | 65～70 | 70～75 | 75～80 | 80～85 | 85～90 | 90～95 |
|---|---|---|---|---|---|---|---|---|---|
| 中国 | 6.11 | 5.48 | 5.61 | 5.94 | 4.76 | 3.26 | 2.50 | 2.41 | 1.95 |
| 东南亚 | 6.03 | 6.08 | 5.90 | 5.81 | 5.32 | 4.82 | 4.21 | 3.67 | 3.29 |
| 中南亚 | 6.08 | 6.06 | 6.01 | 5.91 | 5.72 | 5.24 | 4.95 | 4.50 | 4.12 |
| 西亚 | 6.37 | 6.25 | 6.17 | 5.90 | 5.57 | 5.18 | 4.95 | 4.72 | 4.41 |
| 拉丁美洲 | 5.87 | 5.90 | 5.96 | 5.51 | 4.98 | 4.38 | 3.84 | 3.40 | 3.09 |
| 非洲 | 6.64 | 6.70 | 6.75 | 6.67 | 6.55 | 6.46 | 6.32 | 6.08 | 5.80 |

资料来源：United Nations（1995），World Population Prospects：The 1994 Revision Sales，No. E. 95 ⅩⅢ. 16. 转引自陈卫、孟向京：《中国生育率下降与计划生育政策效果评估》，《人口学刊》1999 年第 3 期。

随着我国人口出生率、自然增长率和总和生育率的大幅度下降，我国每年净增加的人口数量也大幅度的下降，表现为每增加 1 亿人口所用的时间更长（见表 7）。在 1960 年代，我国增长 1 亿人口所用的时间为 5 年，1990 年代以后，增长 1 亿人口所用的时间要 10 年。

表 7　新中国成立后人口每增加 1 亿所用的时间

| 年份 | 人口数量（亿） | 所用时间（年） |
|---|---|---|
| 1954 | 6 | —— |
| 1964 | 7 | 10 |
| 1969 | 8 | 5 |
| 1974 | 9 | 5 |
| 1981 | 10 | 7 |
| 1988 | 11 | 7 |
| 1995 | 12 | 7 |
| 2005 | 13 | 10 |

我国计划生育人口政策的实施不仅使人口出生率、自然增长率和总和生育率得到了大幅度下降，而且还在短短的二十年时间内就基本上实现了人口再生产模式的转变。人口再生产模式是指某一特定时期，由人口的出

生率、死亡率所构成的人口自然增长率的稳定状况。从历史的角度来看，人口再生产有原始传统型、过渡型和现代型三种模式，这三种人口再生产模式与人类社会的发展类型相适应。原始传统型人口再生产模式表现为人口出生率高，死亡率也高，两者相抵形成了稳定的较低的人口自然增长率；过渡型人口再生产模式表现为人口出生率高，人口死亡率下降而导致的较高的人口自然增长率；现代型人口再生产模式表现为低出生率、低死亡率和低的自然增长率，人口出现零增长甚至负增长，人口平均寿命延长。人口理论在分析三种类型的人口再生产模式的变化规律时，产生了人口转变这一概念，它是对人口再生产模式的历史、现状与未来的描述。按照人口转变理论，人口再生产必将经历由高出生率、高死亡率和低自然增长率类型转变为高出生率、低死亡率和高自然增长率类型，再转变为低出生率、低死亡率、低自然增长率类型。由"高、高、低"类型过渡到"低、低、低"类型，意味着进入进步类型的人口再生产模式的全部转变过程。这是物质资料再生产由简单型转变为扩大型，扩大再生产又由外延变为内涵型这一客观趋势所决定的。我国人口在 1950 年代以前基本上属于"高、高、低"类型。1949 年后，我国人口再生产模式发生了巨大的变化，我国人口自然增长率的变化经历了从自然增殖到自觉控制生育的过程。1949 年后，我国死亡率明显下降，实现了第一阶段的人口转变。1970 年代中后期，我国开始采取自觉控制生育的人口政策，人口出生率迅速下降，推动了人口向第二阶段的转变。我国人口经过 19 五六十年代的"高、低、高"类型，从 1970 年代后期开始进入"低、低、低"类型，至 1990 年代中期完成。虽然在这期间曾出现过人口出生率的回升，但是人口发展仍然表现出了在反复中生育水平不断下降的趋势。1990 年第四次全国人口普查资料显示，1989 年人口总和生育率已经降至 2.31，比 1970 年的 5.81 下降了 3.5，已接近 2.1 的更替水平；出生率由 1979 年的 33.43‰下降到 1989 年的 16.50‰，下降了 16.93 个千分点；自然增长率由 1970 年的 25.8‰下降到 1989 年的 10.96‰，下降了 14.84 个千分点。1990 年代以后，计划生育人口政策和生育水平都进入了完善、稳定和稳中有降的阶段。至 1999 年底，人口总量为 12.59 亿，比 1990 年第四次人口普查时的 11.43 亿增加了 1.15 亿，人口出生率为 15.23‰，自然增长率为 8.77‰，人口增长速度已经大大减缓，从而成功地实现了人口再生产类型由"高出生、低死亡、高增长"向"低出生、低死亡、低增长"的历史性转变。

我国实行的计划生育人口政策成功地使人口出生率、自然增长率和总和生育率发生了转变，从而促进了人口数量的下降。2000 年 12 月 19 日，我国政府颁布的《中国 21 世纪人口与发展》白皮书指出："实行计划生育以来，全国累计少出生 3 亿多人，为国家和社会节约了大量的抚养成本，缓解了人口过多对资源和环境的压力，促进了经济发展和人民生活水平提高"。梁秋生、李哲夫还通过类比分析的方法对我国实行计划生育人口政策以来在人口数量控制的成效方面进行了具体的推算。他们的结论为：从 1955～2000 年的 46 年中，我国由于实行计划生育政策一共控制少生了 58 802 万人；从 1955～1970 年，由于倡导一般性的家庭计划生育政策一共控制少生了 6 166 万人；从 1971～2000 年，由于实行中国特有的计划生育政策一共控制少生了 52 636 万人，其中，由于实行国家计划生育政策控制少生了 26 185 万人，而一般性的家庭计划生育政策控制少生了 26 451 万人。这说明中国的计划生育政策，特别是从 1970 年代初开始实行的中国特有计划生育政策在人口控制方面取得了显著的成效。中国的人口控制成效，从动态趋势看更为可观。根据我国政府颁布的《中国 21 世纪人口与发展》白皮书估计，到 21 世纪中叶，我国人口总量在达到峰值 16 亿左右后方能缓慢下降。这意味着在推行我国特有的计划生育政策条件下，用 80 年左右的时间，人口翻一番后才停止增长。否则，即便从 2000 年起强制实施国家计划生育政策，我国人口也会从 2000 年的 15 319 万人，增长到 2080 年的 30 亿左右方能停止增长。[①] 这实在是一个令人难以想像的后果。

─────────────

① 梁秋生、李哲夫：《中国人口出生控制成效的比较分析》，《人口研究》2003 年第 1 期。

人口学理论认为，人口转变基本原因有两个方面：（1）社会经济因素对人口增加趋势的制约；（2）人口政策因素对人口控制的影响。依斯特林和凯德威尔在 1970 年代末和 1980 年代初指出，社会经济的发展在解释生育率下降上依然是有用的，同时个人生育决策的最优成本模式也能解释生育率的下降，即社会经济文化和政治因素共同构成了生育率的下降。[①] 现代人口经济学家普遍认为，人口发展与社会经济的发展紧密相联，人口运动的根本制约力量在于社会经济的发展。但另一方面，人口生育政策以及为贯彻执行生育政策而建立的行政机构和一系列的措施构成了影响和决定人口发展变动的重要力量。人口生育政策的形成与发展离不开一定的社会经济条件和人口环境，但是其一旦形成之后，它的执行对人口转变便产生了非常重要的作用。关于我国人口生育率的下降以及业已实现的人口转变，顾宝昌等人认为有两个方面的原因：一是我国的社会经济发展水平；二是我国计划生育的工作状况。我国的社会经济发展状况影响着我国计划生育工作的力度和水平，从而又间接地影响着我国的人口出生率。[②]

随着我国人口生育政策在控制人口数量方面取得的显著成绩，我国人口质量也得到了显著的提高。这主要表现为通过避孕、节育等措施减少了生育，提高了妇女的健康水平，尤其是减少了高胎次生育带来的孕产妇死亡率；拉长生育间隔降低了婴儿死亡率。少生优育工作的开展提高了新一代的教育水平和身体素质。衡量人口身体质量有两个重要指标，一是婴儿死亡率，二是出生时人口平均预期寿命。婴儿死亡率的高低受到社会发展水平、经济状况和卫生条件等影响，尤其与妇幼保健工作的质量有关。因此，它不仅是反映居民健康水平的重要指标，也是衡量一个国家和地区人口质量的重要依据。我国婴儿死亡率50多年来下降速度很快，从 1940 年

---

① Richard A. Easterlin, "*The Economics and Sociology of fertility：A synthesis*". In C. Tilly （ed），*Historical Studies of Changing Fertility*，pp. 57～113. Princeton University Press，1978. Jon C. Caldwell，Theory of Fertility decline. London：Academic Press，1982.

② 顾宝昌：《论社会经济发展和计划生育在我国生育率下降中的作用》，《中国人口科学》1987 年第 4 期。

代的 200‰左右，下降到 2000 年的 32‰左右，下降了 80％以上。新中国成立以前，我国婴儿死亡率高达 200～250‰，其中大城市 120‰左右，农村及边远地区高达 300‰以上。新中国成立以后，政府非常重视妇幼保健工作，1954 年对全国 14 省市 5 万多人的调查数据显示，婴儿死亡率为 138.5‰；1958 年 19 省市调查婴儿死亡率为 80.8‰，其中农村为 89.1‰，城市为 50.8‰。1973～1975 年全国 29 个省市自治区的婴儿死亡率下降至 47.048‰。从 1950 年至 1980 年，我国婴儿死亡率的年平均下降速度在 5.0％以上，它既快于同期发展中国家 2.5％的平均下降速度，也快于发达国家 4.6％的平均下降速度。1985、1989 年，我国城市和农村的婴儿死亡率分别为 14.0‰、25.1‰和 13.8‰、21.7‰。1990 年代以来，我国的婴儿死亡率、5 岁以下儿童死亡率的年平均下降速度分别为 6.50‰和 5.85‰。2000 年，我国婴儿死亡率下降到 32.30‰，其中城市下降到 11.80‰，农村下降到 37.00‰。[①] 人口平均预期寿命是反映一个国家或地区人口健康状况和生命素质的重要综合指标。随着社会生产力的发展、医疗卫生事业的进步，我国人口平均预期寿命伴随着死亡率的下降和人口身体素质的提高而延长。1940 年代我国人口平均预期寿命不足 40 岁，1980 年上升到 64.9 岁，2000 年更是上升为 71.9 岁。新中国成立后五十年来我国成为世界上人口平均预期寿命提高最快的国家之一。这表明了经济社会发展的巨大作用，正是经济发展、社会进步才使医疗卫生条件不断改善，人民生活水平和健康水平不断提高。

人口文化素质又是衡量人口质量的另一个重要指标。这里仅以人口平均受教育年限、每 10 万人中的各类文化程度人口数和文盲率三个指标为例做分析。1982、1990 和 2000 年，我国人口受教育年限分别为 5.15、6.04 和 7.23 年（见表 8）；1999 年我国 6 岁以上人口的平均受教育年限超过了 6 年，与 1990 第四次全国人口普查时的 4.5 年提高了 1.5 年。与

---

① 高尔生：《人口身体健康素质》，路遇主编：《新中国人口五十年》，中国人口出版社 2004 年版，第 245～246 页。

1990 年相比，在每 10 万人拥有的各种文化程度人口中，大学以上文化程度人口由 1 422 人增加到 1999 年的 2 867 人，增长了一倍；高中增长了23.58％，初中增长了 36.48％，小学文化程度人口则减少了 3.61％。1990 年文盲人口总数为 18 156 万人，人口粗文盲率为 15.88％，1999 年则相应减少到 14 510 万人、11.55％，其中青壮年文盲率由 1990 年的10.38％下降到 1999 年的 4.83％，[①] 下降幅度达 5.55 个百分点，从而实现了"九五"规划提出的到 2000 年将青壮年文盲率降到 5％左右的目标。2010 年第六次人口普查数据显示，我国人口的文化素质有较大程度的提高。我国每 10 万人中具有大学文化程度的由 3611 人上升为 8930 人；具有高中文化程度的由 11146 人上升为 14032 人；具有初中文化程度的由33961 人上升为 38788 人；具有小学文化程度的由 35701 人下降为 26779人。与此同时，文盲人口（15 岁及以上不识字的人）为 54656573 人，同2000 年第五次全国人口普查相比，文盲人口减少 30413094 人，文盲率由6.72％下降为 4.08％，下降 2.64 个百分点。

**表 8　我国人口平均受教育年限**

| 年份 | 1982 | 1990 | 2000 |
|------|------|------|------|
| 总人口 | 5.15 | 6.04 | 7.23 |
| 男性 | 5.87 | 6.70 | 7.71 |
| 女性 | 4.32 | 5.35 | 6.65 |

资料来源：根据全国 1982、1990、2000 年第三、四、五次人口普查资料计算得出。

　　我国计划生育人口政策在控制人口数量、提高人口素质方面所取得的成绩，有效地遏制了人口快速增长对社会经济发展的制约作用，从而使我国社会经济发展取得了巨大的成绩。查瑞传等研究了人均国民生产总值和生育率之间的关系，发现总和生育率和人均国民收入的变动表现出相反的走势，即生育率随着经济的增长而呈下降的趋势。研究还发现，从 1970年代开始，生育率下降的幅度和人均国民收入上升的幅度，前者呈急剧下

---

　　① 秦大河、张坤民、牛文元主编：《中国人口资源环境与可持续发展》，新华出版社 2002年版，第 8 页。

降之势，而后者增长的势头不可阻挡。在对中国城市化水平与总和生育率之间的变动趋势关系研究中，也可以发现社会经济因素对人口发展的制约。城市化水平，即城市人口在总人口中的比例，是反映社会经济发展的一项综合性指标。中国 1990 年的城市化水平为 26.41％，与 1950 年的 11.18％相比提高了不少，这主要是由于 1980 年代的改革开放、经济增长的原因。总体来说，我国城市化水平及其变化反映了我国社会经济的发展变化。将人口总和生育率与同期的人口城市化水平相比较，可以发现，我国育龄妇女的生育水平与人口城市化水平有高度的负相关关系，即随着城市化程度的提高，生育率呈下降趋势。在现代社会中，经济增长促进生育率下降和巩固生育率的作用越来越明显。经济的发展使人们，尤其是妇女，将更多的时间和精力投入到经济活动中去，加上消费水平的上升，抚养孩子的机会成本和实际成本的大幅度上升，使许多人不得不放弃多生多育的打算。计划生育的宣传、教育和服务，促使人们很快地表现出新的生育意愿和新的生育行为，因此，经济的发展为我国计划生育提供了新的机遇，社会经济的全面发展有利于巩固人口控制的成果。可以预计，随着经济的进一步发展，它对人口控制的作用也会越来越明显。

除了社会经济因素以外，在我国社会经济尚不发达的情况下，目前主要是依靠生育政策和行政制约的力量使生育率得到明显下降。生育政策是中国人口控制和计划生育在生育控制方面的政策依据。中国生育政策以控制人口数量为其主要内容，并具体地规定了一对夫妇在各种情况下的最高生育数量。中国人口政策通过对育龄妇女生育孩子数量的控制达到控制人口的目的。从 1980 年到 1983 年，国家大力提倡"一对夫妇只生育一个孩子"，在此期间出生的人口，一孩所占的比例上升显著，平均每年增长三个以上的百分点，而二孩率相对于 1970 年代执行"晚稀少"人口政策时期几乎没有多大变化，而三孩率以及多孩率持续下降，但多孩率下降幅度比前期明显缩小，这主要是已经降到了相对较低的水平，进一步下降的难度加大。生育政策最显著的作用是使多孩生育大幅度下降，即从 1970 年的 57.3％下降到 1990 年的 16.3％，从而使中国新增人口大幅度减少，达到了控制人口的目的。

由于人口增长速度的减缓，人口增长的势头也被进一步削弱。根据联合国预测，如果中国人口保持目前的生育水平基本不变，2000～2005 年年平均增加 960 万人，2005～2010 年年平均增加 920 万人，人口出生率和自然增长率都会降至 6.9‰和 5.8‰，这将会为中国在本世纪 30 年代实现人口零增长创造有利的条件（见表 9）。

表 9 中国人口达到零增长的估算表

| 地区 | 2000 年总人口（万人） | 2030 年总人口（万人） | 净增人（万人） |
|---|---|---|---|
| 全国 | 129 533 | 160 000 | 30 467 |
| 北京市 | 1 382 | 1 272 | −110 |
| 天津市 | 1 001 | 987 | −14 |
| 河北省 | 6 744 | 7 654 | 910 |
| 山西省 | 3 297 | 4 053 | 756 |
| 内蒙古自治区 | 2 376 | 2 940 | 564 |
| 辽宁省 | 4 238 | 4 650 | 412 |
| 吉林省 | 2 728 | 3 044 | 316 |
| 黑龙江省 | 3 689 | 4 408 | 719 |
| 上海市 | 1 674 | 1 252 | −422 |
| 江苏省 | 7 438 | 7 914 | 476 |
| 浙江省 | 4 677 | 4 834 | 157 |
| 安徽省 | 5 986 | 7 700 | 1 714 |
| 福建省 | 3 471 | 3 846 | 375 |
| 江西省 | 4 140 | 5 358 | 1 210 |
| 山东省 | 9 079 | 9 208 | 129 |
| 河南省 | 9 256 | 11 020 | 1 764 |
| 湖北省 | 6 028 | 7 305 | 1 277 |
| 湖南省 | 6 440 | 7 179 | 739 |
| 广东省 | 8 642 | 9 554 | 912 |
| 广西壮族自治区 | 4 489 | 5 919 | 1 430 |
| 海南省 | 787 | 1 085 | 298 |
| 四川省 | 8 329 | 1 4421 | 6 092 |
| 重庆市 | 3 090 | —— | —— |

| 地区 | 2000 年总人口（万人） | 2030 年总人口（万人） | 净增人（万人） |
|---|---|---|---|
| 贵州省 | 3 525 | 5 289 | 1 764 |
| 云南省 | 4 288 | 5 734 | 1 446 |
| 西藏自治区 | 262 | 384 | 122 |
| 陕西省 | 3 605 | 4 348 | 743 |
| 甘肃省 | 2 562 | 3 372 | 810 |
| 青海省 | 518 | 733 | 215 |
| 宁夏回族自治区 | 562 | 758 | 196 |
| 新疆维吾尔族自治区 | 1 925 | 2 380 | 455 |
| 香港特别行政区 | 678 | —— | —— |
| 澳门特别行政区 | 44 | —— | —— |
| 台湾省和福建省金门马祖等岛屿 | 2 228 | —— | —— |
| 中国人民解放军现役军人 | 250 | —— | —— |

资料来源：2000 年总人口据第五次全国人口普查公布的数据；2030 年总人口据秦大河主编《中国人口资源环境与可持续发展》（新华出版社 2002 年版第 873－874 页）。

资料说明：（1）祖国大陆 31 个省、自治区、直辖市的人口，是普查登记的 2000 年 11 月 1 日 0 时的数据（包括外来人口，不包括外出人口）。（2）各省、自治区、直辖市和中国人民解放军现役军人的人口合计与祖国大陆总人口之差，为常住地待定的人口。（3）香港特别行政区的人口数为香港特别行政区政府提供的 2000 年 6 月 30 日的数据。（4）澳门特别行政区的人口数为澳门特别行政区政府提供的 2000 年 9 月 30 日的数据。（5）台湾省和福建省的金门、马祖等岛屿的人口数是由台湾当局公布的 2000 年 12 月的数据。

　　人口效益带来经济效益，新增人口的减少意味着个人、家庭和国家节省了大量的生育、抚养和教育费用，减轻了国家在生产和生活领域中的重负，有利于资源利用的资源保护。我国计划生育人口政策在人口数量控制和人口质量提高方面所取得的巨大成绩，对我国近三十年来的经济发展和社会进步起到了巨大的推动作用。以人均国内生产总值为例，根据世界银行统计，2000 年中国的人均 GDP 指标约为 840 美元。假定中国不实行任何形式的人口控制政策，即便保持同样的经济增长速度，这一指标只有 574 美元左右，如果只提倡计划生育而不实行国家计划生育政策，这一指标也仅为 696 美元左右。实际上，如果我国不实行计划生育，社会和家庭就需要投入巨额资金抚养其多生的人口，而经济发展则会因为积累和投资的大量减少而减慢速度，中国的人均 GDP 水平会更低。不仅如此，中国的人口控制也为中国的社会发展、环境保护等一切与人口有关的方面做出了巨大的贡献。[①] 从人口总量与经济总量的关系来看，人口数量对经济发展有促进或延缓的作用。国家计生委《中国未来人口发展与生育政策研究》课题组运用人口——经济运行动态模型，对 1978～1997 年期间我国不同人口增长条件下的经济增长进行模拟和比较，从定量的角度模拟出我国生育率下降对经济增长所作的贡献：(1) 如果我国的生育率没有迅速下降，那么国内生产总值的增长速度可能会比实际速度慢 1.3～2.0 个百分点，生育率迅速下降对我国 GDP 增长的贡献份额在 13％以上；(2) 生育率下降对我国人均 GDP 提高的影响更大，估计人均 GDP 增长中有 26～34％是由于生育率迅速下降作出的贡献，在生育率没有迅速下降的条件下，人均 GDP 的年平均增长速度要比实际速度低 1.5～3.0 个百分点；(3) 生育率的迅速下降为我国的资本积累创造了有利条件，生育率迅速下降对实际固定资产存量的贡献达到 15～22％；(4) 在我国劳动生产率增长中有 13～24％是生育率下降作出的贡献，如果人口不加控制，劳动生产率的年平均增长速度将比实际速度低 0.76～1.5 个百分点；(5) 如果生育率依旧维持在高水平的话，人均总消费水平的年平均增长速度将比实际增长速度低 1.65～3.0 个百分点，在实际居民生活水平的提高中至少有 25～40％是生育率迅速下降的贡献，这个比例甚至可能高达 50。由于模拟的期限还不到 20 年，在这样的时间长度中，生育率下降的经济后果还不可能充分显现出来。同时，模拟中的一些前提条件是按实际情况设置的，模拟的结果和所作出的结论只是确定我国生育率下降对经济增长影响的下限。换言之，我国生育率迅速下降对经济增长的影响很可能比我们所估计的程度更大、更深远。国家计生委《中国计划生育效益与投入》课题组研究成果显示，自 1971 年至 1998 年的近二十年间，我国累计减少出生人口 3.38 亿，节省社会抚育费 7.4 万亿元，这相当于 1997 年我国全年的

---

[①]　梁秋生、李哲夫：《中国人口出生控制成效的比较分析》，《人口研究》2003 年第 1 期。

国内生产总值。其中家庭节省的少年儿童抚养费为 6.4 万亿元，国家节省的儿童抚养费为 1.0 万亿元。研究结果还显示，实行计划生育下的经济发展明显快于不实行计划生育的经济发展。1971～1998 年，我国国内生产总值、人均国内生产总值按当年价计算，分别增长了 32.4 倍和 21.8 倍；如果不实行计划生育，则只能增长 10.6 倍和 5.3 倍。[①] 由蒋正华、徐匡迪和宋健等任组长的国家人口发展战略研究课题组（课题组包括十多位两院院士在内的 300 多位专家学者，在 2004 年 2 月至 2006 年 4 月间，对科学发展观、人口发展态势、人口与经济社会资源环境重大关系等 3 个分课题及其 42 个子课题，进行了广泛、深入地调研和专题研究论证）发布的《国家人口发展战略研究报告》认为，我国自 1973 年全面推行计划生育以来，生育率迅速下降，取得了举世瞩目的成就，表现在以下几个方面：一是实现了人口再生产类型的历史性转变。在不到 30 年的时间内，人口再生产类型由"高出生、低死亡、高增长"转向"低出生、低死亡、低增长"。总和生育率从 20 世纪 70 年代初的 5.8 下降到目前的 1.8，低于更替水平，比其他发展中的人口大国提前半个多世纪跨入低生育水平国家行列，少生了 4 亿多人，拆除了"人口爆炸"的引信，使世界 60 亿人口日推迟 4 年；二是有效缓解了人口增长对经济社会资源环境的压力；三是人口素质状况明显改善。我国 15 岁以上国民人均受教育水平从 20 世纪 80 年代初的 4.5 年已提高到目前的 8.5 年左右；总人口中，小学以下文化程度的比例显著下降，初中以上文化程度的比例明显上升，大学以上毕业生由 1982 年的 610 万跃升到 2005 年的 7000 万人左右。贫困人口大幅度减少，妇女地位显著提高；四是生育率下降导致人口抚养比下降 1/3，为经济增长创造了 40 年左右的"人口红利"期（见表 10）。

---

[①]　国家计生委课题组：《中国未来人口发展与生育政策研究》，《人口研究》2000 年第 3 期。

表 10　1971－1998 年我国在实行或不实行计划生育条件下的经济发展水平比较

| 年份 | 国内生产总值（亿元） | | 人均国内生产总值（元） | | 居民消费水平（元） | |
|---|---|---|---|---|---|---|
| | 实行 | 未实行 | 实行 | 未实行 | 实行 | 未实行 |
| 1971 | 2426.4 | 2368.4 | 284.7 | 277.8 | 142.0 | 141.6 |
| 1972 | 2518.1 | 2429.4 | 288.8 | 277.8 | 147.0 | 146.2 |
| 1973 | 2720.9 | 2581.3 | 305.3 | 287.0 | 155.0 | 153.5 |
| 1974 | 2789.9 | 2587.5 | 307.1 | 280.8 | 155.0 | 152.8 |
| 1975 | 2997.3 | 2707.4 | 324.3 | 286.3 | 158.0 | 154.8 |
| 1976 | 2943.7 | 2564.9 | 314.1 | 265.0 | 161.0 | 156.8 |
| 1977 | 3201.9 | 2716.4 | 337.1 | 273.8 | 165.0 | 159.6 |
| 1978 | 3605.6 | 3008.5 | 374.6 | 296.0 | 184.0 | 176.7 |
| 1979 | 4073.9 | 3432.7 | 417.7 | 330.3 | 227.0 | 201.1 |
| 1980 | 4551.3 | 3665.1 | 461.1 | 344.2 | 249.0 | 212.1 |
| 1981 | 4901.4 | 3740.6 | 489.8 | 343.2 | 266.0 | 218.5 |
| 1982 | 5489.2 | 3994.7 | 540.0 | 358.4 | 288.9 | 228.2 |
| 1983 | 6076.3 | 4237.0 | 589.9 | 371.3 | 327.0 | 248.5 |
| 1984 | 7164.4 | 4860.6 | 686.5 | 476.2 | 403.0 | 297.3 |
| 1985 | 8792.1 | 5755.4 | 830.6 | 480.4 | 437.0 | 319.1 |
| 1986 | 10132.8 | 6228.4 | 942.5 | 508.2 | 485.0 | 335.2 |
| 1987 | 11784.0 | 6893.7 | 1078.1 | 550.8 | 550.0 | 360.2 |
| 1988 | 14704.0 | 8178.4 | 1324.4 | 640.8 | 693.0 | 432.3 |
| 1989 | 16466.0 | 8190.5 | 1461.0 | 629.2 | 762.0 | 429.4 |
| 1990 | 18319.5 | 8015.7 | 1602.3 | 603.7 | 803.0 | 418.4 |
| 1991 | 21280.4 | 8708.2 | 1837.3 | 642.0 | 896.0 | 450.1 |
| 1992 | 25863.6 | 10630.6 | 2207.3 | 767.7 | 1070.0 | 539.3 |
| 1993 | 34500.6 | 14152.8 | 2911.0 | 1001.3 | 1331.0 | 646.3 |
| 1994 | 47110.9 | 19140.2 | 3930.5 | 1327.0 | 1781.0 | 816.0 |
| 1995 | 59404.9 | 23291.7 | 4904.6 | 1583.6 | 2311.0 | 1021.4 |
| 1996 | 69366.0 | 25988.0 | 5667.7 | 1731.8 | 2726.0 | 1164.0 |
| 1997 | 76077.2 | 26966.3 | 6153.8 | 1762.7 | 2936.0 | 1121.6 |
| 1998 | 79395.7 | 27466.5 | 6490.1 | 1757.2 | 3094.0 | 1131.3 |

资料来源：杨魁孚、陈胜利等：《中国计划生育效益与投入》，人民出版社 2000 年版。
资料说明：本表为当年价。

## 三、我国人口生育政策的负面影响

由于我国人口政策过程是一个复杂的过程，政策人员的素质、政策资源、政策制定和执行中新问题的产生等因素，可能使原有的政策目标无法达到，甚至产生副作用，引起不良的恶性循环，导致问题趋于严重和复杂化。这就要求我们人口政策在执行过程中的各个环节进行分析总结，认识发现问题的症状，为人口政策的调整和修订做准备。

我国计划生育人口政策在控制人口数量、提高人口质量方面取得了显著成效，为我国社会经济的发展作出了积极贡献，但目前我国仍面临着人口过多的压力以及由此带来的诸多问题和困难，主要表现在以下几个方面：我国的人口问题正在由过去的以数量为主向数量、质量、结构、迁移、分布相互交织转变，使我国人口问题的解决更具有复杂性和挑战性；由于人口基数大，我国人口低增长率与高增长量并存的局面将长期存在，今后一段时间每年净增人口仍将在1 000万左右，人口数量过多仍然是制约社会经济发展的首要问题；人口总体素质不高的状况在短时期内难以根本解决；人口结构性矛盾突出，人口老龄化开始加速，出现人口性别比升高的势头；流动人口规模庞大，城乡二元经济结构还没有改变，地区差距扩大的趋势尚未扭转，全国贫困人口脱产难度增大；人口对就业、再就业以及社会保障的压力增大，与生态环境、自然环境和经济社会发展的矛盾日益突出；人口健康状况前景令人担忧，艾滋病等传染性疾病呈增长之势。目前我国人口发展面临的这些诸多问题，是多种综合因素共同作用的结果。《国家人口发展战略研究报告》对此作了具体的阐述：第一，我国人口总量持续增长影响全面建设小康社会目标的实现。中国人口（不含香港、澳门特别行政区和台湾省，下同）在未来30年还将净增2亿人左右，总人口将于2010年、2020年分别达到13.6亿人和14.5亿人，2033年前后达到峰值15亿人左右。15～64岁的劳动年龄人口2016年将达到高峰10.1亿人。第二，是人口素质难以适应日趋激烈的综合国力竞争。中国每年先天残疾儿童总数高达80～120万，约占每年出生人口总数的4～6%；地方病患者达6000万人左右，智力残疾人达544万人，艾滋病等有蔓延之势。农村劳动年龄人口小学及以下文化程度的比例高达47.6%。部分人群失去信仰、理想支撑，道德失范，诚信缺失，社会责任感缺乏。第三，是人口结构性矛盾对社会稳定与和谐的影响日益显现。老龄化进程加速，到 2020 年，60 岁以上老年人口将达到 2.34 亿人，比重增长到 16.0％，本世纪 40 年代后期形成老龄人口高峰平台，60 岁以上老年人口达 4.3 亿人，比重达 30％。出生人口性别比持续升高，到 2020 年，20～45 岁男性将比女性多 3000 万人左右。人口在地区间、产业间分布不尽合理。第四，是人口调控和管理难度不断加大，低生育水平面临反弹风险。目前农村剩余劳动力仍有 1.5～1.7 亿人，今后 20 年将有 3 亿农村人口陆续转化为城镇人口。地区之间人口态势差异明显。现阶段的低生育水平很不稳定。

计划生育人口政策作为影响我国人口运行的一个重要因素，它在发挥积极作用的同时，必然会产生一定的负面影响。本节只就我国人口生育政策对我国出生人口性别比失衡和人口老龄化问题作些探讨。

（一）人口生育政策与出生性别比失衡问题。从生物学的性别划分来说，人类有男女性别之分。它是人口最基本自然属性之一，其测量方法主要有两个：一是性别比；二是出生性别比。人口研究特别关注出生性别比，因为它决定着未来分年龄、分性别比以及总人口性别比。出生性别比是指一定时期内（通常为一年）出生的男婴总数与女婴总数的比值，用每百名出生女婴数与相对应的出生男婴数表示。根据长期观察的结果，不同时期、不同地区和国家的出生性别比相对稳定，并十分近似地在 102～107 之间。[①] 如果出生性别比在较长时期内偏离正常范围，就应该分析其背后的人口和社会原因，并采取相应的措施进行综合治理；否则，由出生性别比失衡导致的一系列人口问题，如婚姻挤压问题、人口性别结构失衡

---

① 1662 年，格兰特在出版的《关于死亡证书的自然的和政治的观察》一书中，首先从统计资料角度开始研究人口问题，从人口变量同其他社会变量的矛盾关系中寻找研究领域，提出了出生人口性别比正常值为 107.69 这个数值。1955 年 10 月，联合国在其出版的《用于总体估计的基本数据质量鉴定方法》（手册Ⅱ）中，明确认定了出生性别比的通常值域为 102～107 之间。但也有学者有不同的观点。1967 年美国出版的《优生季刊》第 14 卷第 2 期，刊登了印度孟买大学经济系普拉文·维萨里亚的"登记相对完整的国家及地区出生性别比"一文。在该文给出的 80 个国家及地区出生性别比中，有 50 个置于 104.0～107.0，低于 104.0，而置于 90.2～103.9 的有 23 个，高于 107.0 而置于 107.2～117.0 的有 7 个。但由于出生性别比值域在 102～107 之间，涵盖了全球多数人口的出生性别比囊括了绝大多数国家和地区，因而便成为对调查与登记数据进行质量评估的重要参考以及出生性别比是否"正常"的判别标准。

问题等等，会给一个国家和社会带来严重的负面影响。

出生性别比主要由生物因素决定。由于生理的原因，男性胎儿怀孕的概率略大于女性。受孕性别比大约在 120～130 之间。但男性胎儿早产、流产概率远大于女性，因而到出生时婴儿性别比下降到 110 以下。

相对于生物因素来说，人口、社会经济因素通过生物因素对出生性别比产生间接影响。一般来说，由于受传统文化以及现实条件等方面的影响，社会经济发展水平对出生性别比会有一定的影响。社会经济发展水平较低，人们普遍存在男孩偏好；社会经济发展水平较高，妇女地位比较高，重男轻女观念比较少，生育中的性别偏好趋于下降，不会人为干预出生性别。因而，生活水平的提高和工作环境的改善有助于降低自然流产的比例，社会经济地位与出生性别比呈正相关。关于生育率下降和出生性别比之间的关系，有研究认为，当生育率下降时，死产胎儿的性别比也下降，从而出生性别比上升；但这些因素对出生性别比的影响是非常有限的，不会引起出生性别比长时间、大范围内的异常。以日本、瑞典为例，日本从 1872 年到 1950 年代中期，出生婴儿性别比的波动幅度不大，期间出生婴儿性别比的平均值为 105.7；瑞典从 1751～1760 年出生婴儿性别比平均值 104.4 增加到 1971～1980 年平均值 106.0，二百多年间只升高了 1.6 个百分点，仍在正常值域内（Johansson S. and Naygren O，1991）。也就是说，在传统社会，由于生物因素的自我调节作用，出生性别比在一个正常的范围内波动，不会出现长时期、大范围内偏高或偏低的异常情况。

在现代社会里，随着现代科学技术的发展以及医疗卫生条件的改善，影响出生性别比的因素发生了变化。近年来，确定胎儿性别的现代医学诊断技术有了长足发展，染色体检查及 B 型超声波诊断仪，分别适用于妇女早、中、晚期的胎儿性别鉴定，特别是用 B 超鉴定性别简便易行。研究表明，只要人工流产中有 10% 的人是做了具有 60% 效率的性别鉴定，就可以解释性别比达到 110 的情形。[1] 目前调查数据显示的引产中女孩子的比例与孩次正相关及与是否有男孩儿负相关的现象表明生育行为中存在着明显的性别选

---

　　① 李涌平：《胎儿性别鉴定的流引产对出生婴儿性别比的影响》，《人口研究》1993 年第 5 期。

择。[①] 如果目前我国产院的出生婴儿性别比已达到 109 的水平，则选择性流引产可以解释的出生性别比高于 107 的 2 个百分点，相应年减少 21 万女婴。[②]

我国在人口生育率下降的过程中，出现了较为严重的出生性别比偏离正常值域的现象。20 世纪六十、七十年代我国出生性别比平均值分别为 107.1、107.8，1980～1984 年，分别为 107.38、107.13、107.17、107.89、108.46，除个别年份偏高外，基本上属于正常水平。从 1985 开始，我国出生性别比骤然上升，当年为 111.42；1980～1989、1990～1999 年平均值分别为 109.21、113.50。2000 年"五普"数据显示出生性别比为 116.9，超出正常值约 10 个百分点；各省级单位除西藏和新疆外，都高于正常范围，其中广东省、海南省分别达到了 130.3 和 135.6；同时，出生性别比的孩次差异也非常明显，1989 年和 1990 年上半年 1～5 孩及以上的出生性别比分别为 105.4、121.4、125.0、132.2、129.4；2000 年一孩出生性别比为 107.1，二孩出生性别比为 151.9，三孩及以上出生性别比为 159.4。从数据可以看出，一孩出生性别比比较正常，从二孩开始骤然升高，三孩及以上的出生性别比更高。"五普"数据还表明，0～9 岁男性比女性人口多 1277 万，约占同龄男性人口的 15%。[③] 影响我国出生人口性别比失衡现象的因素是复杂的，它是多种因素综合作用的结果，有人口过程的因素，也有社会经济、文化和政治因素。出生人口性别比与这些因素形成互动关系，相互影响相互作用。关于我国出生人口性别比失衡问题的直接原因，许多研究依据尽可能详实地统计论证提出了各自的推测和结论。[④] 综合起来，有

① 顾宝昌、徐毅：《中国婴儿出生性别比综论》，《中国人口科学》1994 年第 3 期。

② 查瑞传、曾毅、郭志刚：《中国第四次全国人口普查资料分析（上）》，高等教育出版社 1996 版。

③ 张维庆：《关注人口安全，促进协调发展》，《市场与人口分析》2003 年第 5 期。

④ 李涌平：《胎儿性别鉴定的流引产对出生婴儿性别比的影响》，《人口研究》1993 第 5 期；顾宝昌、徐毅：《中国婴儿出生性别比综论》，《中国人口科学》1994 年第 3 期；解振明：《引起中国出生性别比偏高的三要素》，《人口研究》2002 年第 5 期；乔晓春：《性别偏好、性别选择和出生性别比》，《中国人口科学》2004 年第 1 期；王燕、黄玫：《中国出生人口性别比异常的特征分析》，《人口研究》2004 年第 6 期；汤兆云：《治理出生人口性别比失衡问题为何成效甚微》，《人口研究》2006 年第 1 期；汤兆云：《我国出生人口性别比的地区差异及其政策选择》，《河北大学学报》2006 年第 2 期。

如下几方面：（1）生育妇女的文化程度、居住地、民族、原有子女性别等因素以及出生统计中的瞒、漏、错报是我国出生人口性别比严重失调的主要原因。我国的户籍登记制度要求任何新出生人口都要登记，以此作为统计的基础。但在现实生活中，存在着选择性申报户口的现象，有一些人有意漏报女婴。有资料显示，1989 年男婴漏报率为 2.07％，女婴漏报率为 4.33％；（2）非法运用 B 超进行胎儿性别鉴定而引起的性别选择性流产是其中的重要原因。研究表明，只要人工流产中有 10％的人是做了具有 60％效率的性别鉴定，就可以解释性别比达到 110 的情形。目前调查数据显示的引产中女孩子的比例与孩次正相关及与是否有男孩儿负相关的现象表明生育行为中存在着明显的性别选择。如果目前我国出生婴儿性别比已达到 109 的水平，则选择性流引产可以解释高于 107 的 2 个百分点，相应年减少 21 万女婴；（3）溺、弃女婴和较高水平的女婴死亡率是其另一个重要原因。

　　但另一方面，由于我国计划生育人口政策对生育子女数量的限制，在中国传统男性生育文化的影响下，构成了对目前我国出生人口性别比偏高不下的另一个重要因素。有学者认为，我国计划生育人口政策促成了我国低生育水平的早日到来，加速人口转变的实现，间接地影响了出生人口性别比的偏高。[①] 由于生育政策对生育子女数量的规定，多生和早生受到了限制。因此，在我国传统生育意愿的作用下，它强化了个体生育者的性别选择意识，其行为结果表现为出生人口性别比的失衡；同时，由于农村和城镇在经济医疗条件上的差别，使得两者在计划生育管理和服务上也出现了差异。这些差异对出生子女性别比的影响通过其地区差异、孩次差异、城乡差异表现出来。[②] 这是因为：我国计划生育人口生育政策进一步强化了生育个体行动者的性别选择意愿。生育意愿是人们关于生育行为的态度和看法，它包括三个方面：一是人们的生育目的，即为什么要生育子女；

　①　原新、石海龙：《中国出生性别比偏高与计划生育政策》，《人口研究》2005 年第 3 期。
　②　汤兆云：《出生人口性别比失衡的社会因素分析》，《人口学刊》2006 年第 1 期。

二是生育数量的看法，即生育几个子女为理想子女数；三是有关子女性别的看法，即希望什么性别的子女。生育意愿直接支配人们的生育行为，宏观上，生育意愿反映了社会的生育文化；微观上，生育意愿体现着个体行动者的理性选择。同时，个体生育行动者的生育意愿还受到社会经济和政治因素的影响。我国计划生育人口政策的制定和实施就体现了社会政治因素对个体生育者生育意愿的作用。

　　社会性别是指社会对两性及两性关系的期待、要求和评价，它通过社会制度和个人社会化过程得到传递和巩固，个体的性别身份认同贯彻于人的整个生命历程。它强调影响两性发展的非生物因素，即社会和文化因素的重要性。性别的社会差异是指两性的生物差别经由社会制度力量的作用表现出的一系列行为规范和社会角色以及性别分层和性别不平等，表现为社会存在着普遍的等级性别关系秩序。性别关系秩序是以性别分层为标准的，表现为两性因为生理差异出现的不平等的社会性别分工和分层。① 我国两千多年封建社会占统治地位、影响深远广泛的儒家思想所提倡的性别差异观念形成了男尊女卑的社会性别差异。"天尊地卑，乾坤定矣；卑高以陈，贵贱位矣。""乾道成男，坤道成女；乾知大始，坤作成物。"在大自然阳尊阴卑性别观念的基础上，《周易》定阳为天道、君道、夫道，居于上位而起支配作用；定阴为地道、臣道、妻道，处在下位要被动地服从。于是，男尊女卑成为我国几千年封建文化积淀而成的家庭伦理观，体现了男女两性不平等的社会地位。它是男女两性社会性别差异的集中体现。一定的家庭伦理观必然会对人们的生育价值观产生影响。"生殖作用在人类社会中已成为一种文化体系。种族的需要绵续并不是靠单纯的生理行动及生理作用而满足的，而是一套传统的规则和一套相关的物质文化的设备活动的结果。"② 男尊女卑这一社会性别不平等观念反映在人们生育观念上可以表现为以下几个层次：生育目的和意义："多子多福"，"妇凭

---

① 佟新：《人口社会学》，北京大学出版社 2000 年版，第 248 页。
② 马林诺夫斯基：《文化论》，商务印书馆 1987 版，第 25 页。

夫贵，母凭子贵"，"养儿防老"，"不孝有三，无后为大"等等；性别价值取向："无子不成家"，"三千之责，莫大无后"等等；生育子女数期望："多子多孙"，"多子多福"，"香烟兴旺"等等；对子女未来的希望："望子成龙"，"早生贵子"，"养儿防老"，等等。于是，这种传统的社会性别差异使人们、家庭形成了以男孩为核心的生育意愿，表现在子女性别方面就是追求生育男孩意愿的最大化和最优化。同时，由于较低的现实生产力发展水平，社会性别不平等在现实生活中又以各种方式表现出来：在物质资源的分配和占有上，男性优于女性，男性有更多的机会，而女性受到更多的限制；在权力关系上，男性支配女性，女性处于从属与服从状态；在社会生活领域中，男性处于社会公共领域，女性更多地处在私人领域，更多地集中于家庭活动中。社会性别是每天每人的生活实践。它充满着生活的各个层面，是一种最基本的、最持久的社会制度。[①] 这些都刺激着人们产生"男孩偏好"情结，从而使我国出生人口性别比出现持续偏高的趋势。2006 年 12 月，国家人口计生委办公厅在印发的《中共中央国务院关于全面加强人口和计划生育工作统筹解决人口问题的决定学习宣传提纲的通知》中指出：传统文化中养儿防老、男尊女卑、只有男孩才能传宗接代等传统生育观念的影响根深蒂固，一直延续并影响着人们的生育行为；社会性别不平等的种种现象在现实社会中刺激人们产生"男孩偏好"情结。传统上，早生多生是家庭满足期望的孩子性别结构的唯一自然方法和途径。当个体行动者生育意愿在"早"、"多"这两个方面无法再继续体现出来，唯一可以做得到的是在"男"字上做文章。有研究显示，如果出生性别比为 106 的话，一个家庭要想保证至少有一个男孩，则需要生育 1.82～1.94 个孩子。[②] 显然，在我国目前绝大多数省、市实行的第一胎是女孩可以生育第二胎的 1.5 孩生育政策，其生育子女数没有达到这个比例。在目前我国人口数量控制仍然严格的前提下，性别选择成为人们退而求其次的

① 佟新：《人口社会学》，北京大学出版社 2000 年版，第 249 页。

② Sheps, Mindel C, 1963. *Effects on family size and sex ratio of preferences regarding the sex of children*, Population Studies, Vol. 17：66—72.

选择，其行为结果表现为出生人口性别比的偏高。因此，我们可以说，我国现行生育政策进一步强化了生育个体行动者的性别选择意识，使出生人口性别比失衡。

从历史的角度看我国出生人口性别比，也可以得到这个结论。1950和1960年代的出生人口性别比，不仅正常，而且十分稳定，它基本上在正常范围内变化。这说明中国出生人口性别比原本就是正常的，而不存在生理上的偏高。但自1980年代以来，特别是1980年代中期以来，随着以控制出生子女数量为主要内容的生育政策在全国范围内实施后，我国出生人口性别比明显升高。1985年以来除个别年份以外，出生人口性别比都在110以上，出现了明显偏离正常值的异常升高且逐年上升的趋势。表11列出了1960～2000年主要年份我国出生人口性别比的数据。从中可以发现，我国出生人口性别比是在逐年升高的，1964年人口普查时只有106.6，是正常的，而到了2000年人口普查时，就上升到116.9。出生人口性别比偏高的现象非常明显。关于这一现象，乔晓春认为，1980年代以前我国出生人口性别比正常并不表示中国人没有男孩偏好的倾向，只是这种倾向在没有人口政策的制约下，不是通过直接选择性别来实现的，而是通过多生孩子来实现的。因此，它没有导致出生人口性别比的升高。生育政策实施以后，多生和早生受到了限制，就只好在追求出生婴儿性别上想办法，从而使出生人口性别比升高。[①]

**表 11　1960～2000 年主要年份我国出生人口性别比**

| 年份 | 1960 | 1965 | 1970 | 1975 | 1980 | 1984 | 1985 | 1989 | 1995 | 2000 |
| --- | --- | --- | --- | --- | --- | --- | --- | --- | --- | --- |
| 性别比 | 110.3 | 106.2 | 105.9 | 106.4 | 107.7 | 108.5 | 114.1 | 111.3 | 115.6 | 116.9 |

资料来源：1960～1985 年出生人口性别比来自《全国生育节育抽样调查分析数据卷》（三）；1989～2000 年出生人口性别比来自国家统计局人口和社会科技统计司编的《中国人口统计年鉴》相关年份数据。

同时，我们从生育政策的差异性与出生人口性别比的差异性这一方面也可以发现计划生育人口政策对出生人口性别比的影响。（1）人口性别比

---

① 乔晓春：《性别偏好、性别选择和出生性别比》，《中国人口科学》2004 年第 1 期。

的地区差异。我国计划生育政策规定，不同地区的生育数量是不同的。大体上来说，东部沿海经济较为发达的省市，由于人口密度较大，其生育条例一般规定包括农村家庭在内一对夫妇只能生育一个孩子。随着人口密度由东部、中部到西部降低，生育条例也相应放宽。在中部和西部的许多省市中，生育条例规定，符合规定条件的夫妇在间隔几年后可以生育第二个孩子。少数民族自治区除人口比较多的壮族，其它民族可以生育的子女数更加多，比如，对西藏藏族农牧民就没有生育数量的限制。

　　不同地区生育政策对子女生育数量的不同规定，在生育制度综合力的作用下，表现为个体生育者对出生子女性别比的选择。在生育政策规定一对夫妇只能生一个孩子的地区，由于传统男孩生育意愿的影响，他们会在出生婴儿的性别上做文章，通过性别鉴定来进行出生婴儿的性别选择，其行为结果通过出生婴儿性别比升高表现出来。在生育政策允许一对夫妇可以生育 1.5 个及以上孩子的地区，可以满足他们对生育子女数量和性别的意愿，因此他们对出生的子女性别没有比前种情况更强烈的要求，出生子女的性别（特别是第一胎）是自然力作用的产物，其行为结果表现为出生婴儿性别比较前种情况低。

　　表 12 是我国主要年份各省市自治区出生人口性别比的统计数据。从表中可以看出，1999 年出生人口性别比基本正常的有 11 个，而其它 19 个省份的出生人口性别比均高于 109，最高的是经济较为发达的东部省份浙江省，为 117.1。计划生育条例明文规定一对夫妇只能生育一个孩子的 6 省市，除上海市外，其它的都超过了 106。2000 年出生人口性别比基本正常的只有 6 个，而其它 25 个省份的出生人口性别比均高于 109，出生人口性别比超过 120 的有 7 个省份，海南省高达 135.6，广东省为 130.3。计划生育条例明文规定只能一对夫妇只能生育一个孩子的 6 省市都超过了110。相应的，西部省区，如新疆维吾尔自治区、宁夏回族自治区、西藏自治区、内蒙古自治区、青海省、贵州省等都比较正常。如果将 1989 年和 2000 年出生人口性别比作比较，我们发现，2000 年全国出生人口性别比（119.9）较 1989 上升了 8.5 个百分点，比正常值高出近 14 个百分点。

全国只有内蒙古、黑龙江、贵州、西藏、宁夏、青海、新疆 7 个省、自治区出生人口性别比在 110 以下，而这些省、自治区的人口只占全国总人口的 10%；占全国人口 90% 的其他 24 个省、自治区、直辖市，出生人口性别比都在 110 以上。这一点又佐证了生育政策在全国范围内发生作用的普遍性效力。

表 12　1989、2000 年我国各地出生人口性别比

| 地区 | 1985 | 1990 | 1995 | 2000 | 2005 | 2010 |
|------|------|------|------|------|------|------|
| 全国 | 108.6 | 111.5 | 113.9 | 116.8 | 120.4 | 118.1 |
| 北京 | 107.9 | 107.4 | 110.6 | 115.6 | 117.9 | 119.1 |
| 天津 | 107.4 | 110.7 | 111.9 | 113.4 | 119.5 | 118.9 |
| 河北 | 108.7 | 117.5 | 118.2 | 118.8 | 119.5 | 118.4 |
| 山西 | 109.7 | 109.8 | 110.3 | 112.8 | 116.7 | 115.3 |
| 内蒙古 | 106.4 | 108.9 | 109.3 | 108.9 | 117.8 | 115.2 |
| 吉林 | 107.9 | 108.2 | 108.9 | 109.4 | 109.8 | 108.4 |
| 辽宁 | 107.4 | 108.6 | 110.7 | 112.5 | 109.5 | 108.8 |
| 黑龙江 | 106.4 | 107.8 | 108.5 | 109.8 | 110.8 | 109.6 |
| 上海 | 105.2 | 104.2 | 109.7 | 115.9 | 120.8 | 119.7 |
| 江苏 | 107.4 | 114.8 | 116.3 | 120.6 | 126.8 | 125.7 |
| 浙江 | 108.5 | 117.5 | 116.2 | 113.5 | 113.5 | 114.1 |
| 安徽 | 113.5 | 111.5 | 119.5 | 130.7 | 135.7 | 131.7 |
| 福建 | 109.5 | 109.5 | 111.5 | 120.7 | 125.9 | 123.6 |
| 江西 | 107.8 | 114.5 | 117.6 | 138.4 | 137.9 | 136.8 |
| 山东 | 109.9 | 115.4 | 116.9 | 113.5 | 127.5 | 126.5 |
| 河南 | 110.8 | 116.5 | 122.7 | 134.5 | 125.9 | 124.1 |
| 湖北 | 107.6 | 109.5 | 115.3 | 128.5 | 127.5 | 125.2 |
| 湖南 | 107.6 | 110.5 | 116.2 | 126.8 | 128.6 | 124.3 |
| 广东 | 115.7 | 111.7 | 114.5 | 137.8 | 119.9 | 116.9 |
| 广西 | 110.9 | 116.6 | 125.0 | 128.5 | 119.9 | 117.1 |
| 海南 | 109.4 | 114.5 | 117.1 | 135.4 | 122.9 | 120.2 |
| 重庆 | 107.8 | 110.7 | 113.4 | 115.8 | 111.8 | 110.7 |
| 四川 | 107.9 | 112.5 | 114.7 | 116.8 | 116.8 | 113.2 |
| 贵州 | 106.8 | 103.5 | 103.7 | 105.6 | 127.9 | 126.2 |

| 地区 | 1985 | 1990 | 1995 | 2000 | 2005 | 2010 |
|---|---|---|---|---|---|---|
| 云南 | 106.4 | 107.9 | 109.4 | 110.7 | 115.6 | 113.3 |
| 西藏 | 102.3 | 103.7 | 97.9 | 95.5 | 108.5 | 104.2 |
| 陕西 | 109.4 | 110.9 | 112.6 | 125.7 | 132.4 | 127.9 |
| 甘肃 | 106.5 | 109.9 | 115.1 | 119.5 | 119.5 | 117.9 |
| 青海 | 106.8 | 104.5 | 104.7 | 105.4 | 116.9 | 106.6 |
| 宁夏 | 106.5 | 108.5 | 107.1 | 108.4 | 111.5 | 110.1 |
| 新疆 | 106.5 | 104.2 | 106.6 | 107.5 | 109.8 | 107.3 |

资料来源：国家统计局人口和社会科技统计司编的《中国人口统计年鉴》相关年份统计数据。

表13列出了我国不同地区出生人口性别比与平均政策生育率的关系。从总体来说，平均政策生育率高的地区，其出生人口性别比趋于正常；平均政策生育率低的地区，其出生人口性别比趋于不正常。出生人口性别比在103～107之间的地区，只有西藏、新疆自治区，其原因是西藏藏族农牧民没有限制生育数量的要求，新疆维吾尔族自治区的平均政策生育率较高，为2.366。出生人口性别比超过120的地区，除海南省以外，其平均政策生育率都在1.5左右。

**表13　不同地区出生人口性别比与平均政策生育率关系**

| 出生人口性别比 | 地区名称 | 平均政策生育率 |
|---|---|---|
| 103以下 | 西藏 | —— |
| 103～107 | 新疆 | 2.366 |
| 107～110 | 贵州、内蒙古、云南、宁夏、黑龙江 | 1.667、1.602、2.006、2.116、1.392 |
| 110～116 | 青海、北京、上海、吉林、山东、天津、山西、辽宁、河北、浙江、江西、甘肃、重庆 | 2.104、1.086、1.060、1.450、1.453、1.167、1.487、1.383、1.592、1.467、1.464、1.559、1.273 |
| 116～120 | 四川、江苏、福建、河南、 | 1.188、1.060、1.481、1.505、 |
| 120以上 | 陕西、广西、湖南、安徽、湖北、广东、海南 | 1.514、1.527、1.479、1.480、1.466、1.413、2.137 |

资料来源：平均政策生育率引自郭志刚，张二力、顾宝昌、王丰：《从政策生育率看中国生育政策的多样性》，《人口研究》2003年第4期。

出生人口性别比的孩次差异从另一方面也可以说明这一问题。根据人口普查和生育调查的数据，自 1980 年代中期以来，我国一孩出生性别比基本正常，二孩开始陡然增高，并且孩次越高出生性别比就越不正常。表 14 列出了 1981～2000 年主要年份全国分孩次出生人口性别比。从表中我们可以看出，1981 年五孩及以上出生人口性别比比一孩性别比高了 9 个百分点，1989 年这个数值扩大为 14；而 2000 年三孩出生人口性别比比一孩高出的百分比超过了 52。

**表 14　1981～2000 年主要年份全国分孩次出生人口性别比**

| 年份 | 1 孩 | 2 孩 | 3 孩 | 4 孩 | 5 孩及以上 | 总计 |
|------|------|------|------|------|-----------|------|
| 1981 | 105.1 | 106.7 | 113.3 | 106.5 | 114.1 | 107.1 |
| 1982 | 106.6 | 105.2 | 109.4 | 112.9 | 109.9 | 107.2 |
| 1983 | 107.8 | 107.2 | 109.5 | 104.7 | 112.1 | 107.9 |
| 1984 | 102.5 | 113.3 | 113.0 | 115.3 | 127.3 | 108.5 |
| 1985 | 106.6 | 115.9 | 114.1 | 126.9 | 117.3 | 111.4 |
| 1986 | 105.4 | 116.9 | 123.1 | 125.3 | 123.5 | 112.3 |
| 1987 | 106.8 | 112.8 | 118.9 | 118.6 | 124.6 | 111.0 |
| 1988 | 101.5 | 114.5 | 117.1 | 123.1 | 108.7 | 108.1 |
| 1989 | 105.2 | 121.0 | 124.3 | 131.7 | 129.8 | 113.9 |
| 1994 | 106.4 | 143.1 | 154.3 | —— | —— | 115.6 |
| 2000 | 107.1 | 151.9 | 159.4 | —— | —— | 116.9 |

资料来源：1981～1988 年数据来自顾宝昌、徐毅：《中国婴儿出生性别比综论》，《中国人口科学》1994 第 3 期；1989～2000 年数据来自国家统计局人口和社会科技统计司编的《中国人口统计年鉴》相关年份统计数据。

出生性别比平衡是人口性别结构平衡的前提条件，也是人口再生产与人类社会赖以存在和发展的最基本、最重要的因素。我国出生性别比长时间、大范围的异常已经并将继续给人中和社会的发展带来严重的负面影响。这主要表现在以下几个方面：

第一，国家统计局 2004 年人口变动情况抽样调查结果显示，零岁组女婴对男婴的死亡性别比为 116.7。因此，出生性别比偏高反映的是女婴出生权和生命权被剥夺的严峻事实。早在 1982 年第三次人口普查数据公布不久，一些外国学者即对我国出生性别比高出国际上认可的正常值的原因进行了分析。利用 1987 年 1‰人口调查数据分析，Terence，H. Hull 就我国出生性别比偏高提出的三个假定性解释中，其中就是溺杀、遗弃女婴；他认为溺弃女婴是中国渊源已久的一个传统，中国一些报刊关于溺弃女婴的报道证实这一传统的存在。[①] Johansson S. and Naygren O 根据我国 1988 年 2‰生育节育调查数据，认为我国出生女童的医疗、营养等保护性措施比男婴差而导致较高的死亡率，可能也是出生性别比偏高的一个因素。[②] 另一些西方学者虽未明确支持"溺弃女婴"说，但他们认为中国出生性别比偏高的统计事实、较高的女婴死亡率及文化传统相关联有关。[③] 曾毅等中国人口学者利用 1990 年人口普查数据和 1988 年 2‰生育节育调查数据，对我国 1980 年代以来出生性别比不断上升的原因进行了深入的探讨。他们认为，造成我国 1980 年代以来出生性别比不断上升的原因主要有三个：女婴的漏报、妊娠期间的非法性别鉴定和有选择的人工流产、溺弃女婴。在这三个原因中，起主要作用的是女婴的漏报，但溺弃女婴现象不能忽视。[④] 1992 年，在浙南 12 个县市出生性别比回顾性调查中，有的县认为女婴出生后下落不明是出生性别比增高的主要原因，这类地区多为偏僻的山区。这些出生后下落不明的女婴可能就是被溺弃。[⑤] 1997 年，西安交大人口研究所先后在西部地区一个近 50 万人口的县针对 1994～1996 年全部 0～4 岁死亡的婴幼儿进行了入户调查，同期，还进行了深访调查、社区医院跟踪调查。该县三年共有 815 名 5 岁以下儿童死亡，其中男 388 名、女 427 名。根据这个县三年的出生人数，可以估计 1994～1996 年男婴死亡率为 31.82‰、女婴死亡率为 46.06‰，女婴比男

①　Terence，H. Hull，(1990). "Recent Trends in Sex Ratios at Birth in China." United Nations，Economic and Social Commission for Asia and Pacific.

②　Johansson S. and Naygren O，"The Missing Girls of China：A New Demographic Account." Population and Development Review ，1991，Vol. 17 (1) .

③　Banister，Judith (1992). "China：Recent mortality levels and trends." Paper presented at the annual meeting of the Population Association of America，May. Denver.

④　曾毅、顾宝昌、涂平、徐毅、李伯华、李涌平：《我国近年来出生性别比升高原因及其后果分析》，《人口与经济》1993 年第 1 期。

⑤　顾宝昌、徐毅：《中国婴儿出生性别比综论》，《中国人口科学》1994 年第 3 期。

婴的死亡风险高出 44.8%，远远偏离了正常的儿童死亡性别模式，存在着偏高的女孩死亡水平。[①] 众多女婴的出生权和生存权被剥夺，是对女性生命的亵渎，是与以人为本的原则相悖的。

另一方面，出生性别比偏高还会损害女孩的发展权。在生活照顾、接受教育、医疗保健等各个方面都女孩将面临相对男孩不利的生存环境和生活条件。在很多情况下，她们不仅要在经济上和生活上辅助性地对家庭提供帮助，承担着其力所能及甚至力所不能及的责任，而且在家庭消费中排在男孩之后，发展的机会对她们而言经常是可望而不可即，成为家庭经济状况低下的牺牲品。这使得众多女孩与同龄的男孩相比，整体综合素质和发展能力都表现得相对低下。在这样的背景下，可能出现的后果就是社会中存在一个数量庞大的文化和职业均是低层次的女性群体。这样，女性在起跑线上就输给了男性，在以后发展的过程中，她们在职业进入、工作性质、工资收入和工作评价等方面更是处处被动。联合国的调查数据表明，有相当多的国家女性劳动者的平均收入大约只有男性劳动者的 3/4，地位低和薪水低的双低工作成为女性工作的特点。在美国男女即使从事同样的职业，女性平均收入不到男子收入的 3/5。[②]

第二，出生性别比长时间、大范围的持续偏高直接人口后果和人口问题就是女性数量相对于男性不足，由此产生女性被物化和商品化现象，妇女和女童的合法权益受到侵犯。出生性别比的持续升高首先会对男性过剩的婚姻市场形成挤压，影响婚姻家庭关系的稳定。"五普"数据显示，在 0~9 岁 10 个年龄组中，男性人口比女性多出 1 277 万人。据预测，从 2005 年开始，1985 年出生的青年人群中将出现婚姻挤压现象，并将愈演愈烈；到 2020 年左右，20~29 岁婚育旺盛期的男性青年比女性多约 3 000 万。[③] 因此，如果目前过高的出生性别比得不到有效的纠正，二三十年以后，我国将有数千万大龄男青年找不到配偶，形成一个特殊的单身男

---

① 朱楚珠、李树茁：《关爱女孩，保护女孩》，《人口研究》2003 年第 5 期。
② 刘爽：《男多女少无助于妇女地位的提高》，《人口研究》2003 年第 5 期。
③ 张维庆：《关注人口安全，促进协调发展》，《市场与人口分析》2003 年第 5 期。

性社会群体。当社会中有一大批适婚人口游离于正常婚姻家庭生活之外时，婚外恋、婚外性关系、非婚生育、第三者等等封建丑恶婚姻现象将陈渣泛起，首当其冲受到伤害的是女性。女性数量不足还将导致离婚现象增多，直接影响婚姻质量和家庭关系的稳定性。同时，由于女性短缺，拐卖妇女、卖淫嫖娼、地下色情业和性犯罪将难以消除，艾滋病和性病的传播和扩散将使一部分女性将成为直接的受害者。由于女性数量的相对不足所引起的人口学后果还包括夫妇年龄差、初婚年龄、"异质性"婚姻和终身结婚水平的变化，并由此会引起许多社会问题，诸如单身未婚者的生理与心理健康问题、婚姻稳定性和社会风气问题、非婚生育和私生子问题、独身者的养老问题、社会稳定问题，等等。

女孩的生存权、生命权和发展权被剥夺，女孩和妇女的合法权益受到侵犯，这不仅是一个维护女童和妇女权利和利益的问题，而是涉及人口安全、国家和社会安全的大问题。基于这一现实情况，2006 年 12 月 17 日党中央、国务院在发布的《关于全面加强人口和计划生育工作统筹解决人口问题的决定》中强调：出生人口性别比过高、持续时间过长，必然影响社会稳定，关系到广大人民群众的切身利益；要以消除性别歧视为重点，广泛宣传男女平等、少生优生等文明婚育观念，普及保护妇女儿童权益的法律法规知识；要运用法律手段，严厉打击非法实施胎儿性别鉴定和选择性别人工终止妊娠的行为，依法严惩溺、弃、残害女婴和拐卖、绑架妇女儿童的犯罪活动及歧视、虐待生育女婴的妇女等违法行为，保障妇女儿童合法权益。

（二）老龄化及我国人口问题。人口老龄化是伴随社会经济迅速发展和人们生活逐步提高过程中必然出现的一种人口年龄结构老化现象。1956年联合国在《人口老龄化及其经济社会含义》中对人口老龄化作了明确量化：如果一个国家 60 岁以上老年人口达到总人口数的 10％ 或者 65 岁以上老年人口占人口总数的 7％以上、14 岁以下儿童人口占总人口的 30％以下、老少人口比例在 30％以上、年龄中位数在 30 岁以上，那么这个国家就已经属于人口老龄化国家。我国第五次人口普查表明，2000 年我国

65 岁以上老年人口已达到 8 811 万人，占人口总数的 6.96%，我们已经接近老龄化国家；2005 年底全国 1% 人口抽样显示，我国总人口数达到 130 756 万人，其中 65 岁以上人口达到 10 055 万人，占总人口数的 7.7%。从数据可以推断，我国已经真正成为人口老龄化国家。按照人口学家 2006 年的预测，如果现行的人口与计划生育政策保持不变，到 2010 年我国人口总数为 13.39 亿，2020 年为 14 亿，2030 年为 14.15 亿，2040 年将达到顶峰 14.91 亿后开始下降；与此同时，65 岁以上老年人口分别为 1.12 亿、1.66 亿、2.32 亿、3.12 亿并继续上升。尽管如此，在 2040 年也就是"人口红利"结束以前我国 15～64 岁的劳动人口绝对数量仍然达到 9 亿以上，即使到了 2100 年，劳动人口总数仍然超过 8 亿。

在中国，由于严格的计划生育政策的实行，生育率在较短的时间内迅猛下降，加速了人口老龄化的进程。我国城镇地区总和生育率从 20 世纪 70 年代初开始下降，到 1974 年总和生育率低于更替水平，之后一直维持在 1.5 左右。从 1963 年人口年龄结构由年轻型转到 2000 年的老年型，仅用了 40 多年的时间。[①] 目前，我国 60 岁以上老年人口已达 1.43 亿，占总人口的 11%。到 2020 年，60 岁以上老年人口将达到 2.34 亿人，比重从 2000 年的 9.9% 增长到 16.0%；65 岁以上老年人口将达到 1.64 亿人，比重从 2000 年的 6.7% 增长到 11.2%。预计本世纪 40 年代后期形成老龄人口高峰平台，60 岁以上老年人口达 4.3 亿人，比重达 30%；65 岁以上老年人口达 3.2 亿多人，比重达 22%；届时每 3～4 人中就有 1 名老年人。随着生育率持续的下降，人口老龄化进程将进取一步加快。据李建新的预测：2000 年中国 65 岁以上老年人口是 7.0%，2025 年将达到 14% 以上。[②] 中国进入老年型社会以后，人口老龄化是伴随的养老保险问题便不可回避。特别是在中国这样一个经济相对落后的发展中国家，人口老龄化导致老年人口抚养比例的快速提高，使国家和社会经济负担加重的同时，又影

---

① 卢元：《关于养老保险可持续发展的若干思考》，《市场与人口分析》1998 年第 6 期。
② 李建新：《论生育政策与中国人口老龄化》，《人口研究》2000 年第 2 期。

响老龄人口生活质量的提高。

养老保险是现代经济活动中社会保障体系的内容和核心，它直接左右着整个社会保障总体水平的高低。目前，我国城镇职工实行"社会统筹"和"个人账户"相结合的养老保险基本制度。该制度规定养老金的缴费由企业和个人共同负担，其中，企业缴纳部分的比例不超过企业工资总额的20％，个人缴纳部分的比例为本人缴费工资的8％，按照个人缴费工资的11％为职工建立基本养老保险个人账户，个人缴费全部计入个人账户，其他部分从企业缴费中划入。

养老保险基金的成本是由享受养老金的离、退休、退职人数和人均养老金给付水平决定。从人均养老金水平来看，1986年为1001元，到1998年上升为5972元，平均每年增长16.0％；同期职工平均工资从1329元上升到7479元，平均每年增加15.5％，人均养老金水平增长速度高于在职职工平均工资增长速度0.5个百分点。从人均养老金占职工平均工资的比例即工资替代率来看，1986年为75.3％，1998年上升为79.9％，1992年为84.8％。1990年代以来，随着工资货币化程度的提高，仍保持80％左右的基本养老保险的工资替代率。[①] 1990年到1999年，我国离退休职工数由3201万人增长到3727万人，年均增长5.5％；与此同时，养老金支出由396亿元增加到2421亿元，年均增长22％，占全部职工工资总额的比例由1990年的13.4％上升到1999年的24.5％。2004年全国参加基本养老保险人数为1.64亿人，占总人口数的12.57％，2005年为1.74亿人，占总人口数的13.38％。随着我国人口老龄化程度的不断加快，被负担老年人口的系数也将迅速上升。1978年，我国退休职工数与在职职工数的比例为1∶30.3，1999年上升到1∶3.7；预计到2030年将达到1∶2.4，2050年达到1∶1.8左右。根据世界银行的预测，在现行的养老保险体制下，中国的基本养老基金将在2032年左右开始出现收不抵支。[②]

---

① 卢元：《关于养老保险可持续发展的若干思考》，《市场与人口分析》1998年第6期。
② 张本波：《我国人口老龄化的经济社会后果分析及政策选择》，《宏观经济研究》2002年第3期。

随着人口老龄化和老年人口的增加，老年人口的绝对人数增多；相应的，社会养老保险金支出的数额增大，使现行养老保险金制度不堪重负。新中国成立后，我国制定了在国营和集体企业中实行职工退休养老制度，以后逐步扩大到机关和事业单位。近几年来，根据市场经济发展的要求，又适时制定了"社会统筹＋个人账户"形式新的养老金制度。它把长期以来实行的现收现付养老保险金制改变为部分积累制。由于长期以来我国一直推行现收现付的养老保障模式，职工在职时无须缴纳任何保障金，即可在退休后领到一笔相当于在职时工资一定比例的生活保障金，而这笔保障金实际上是由目前的在职职工代为支付的，因而部分积累制实际上是一种完全的代际支付模式，即后一代人用自己未来的养老金来养活前一代人。然而，随着老年人口比重的不断上升，需要养活的老年人越来越多，由于养老金具有较强的刚性，这要求现今的在职人员必须多支付养老保险金，这势必减少在职职工的现期收入。[①] 据统计，1982 年我国平均 12.6 个劳动人口负担一个老年人；2000 年比例下降到 9.4；2025 年继续下降到5.4；到 2050 年将降到 3.4。[②] 从离退休、退职的绝对人数来看，1986 年为 1721 万人，1998 年增加到 3472.2 万人，是 1986 年的 2.02 倍。而在职职工人数 1986 年为 12583.5 万人，1998 年增加到 13502.5 万人，仅是1986 年的 1.07 倍。1986 年离退休，退职人数与在职职工人数比例为 1：7.3，到 1998 年上升到 1：3.9，平均每年增长 5.4％。仅 2000 年，企业离退休人员增加了 200 万左右，总量达到了 3100 多万人，养老金全年支出预计达 2000 多亿元。由于老年人口抚养系数的提高，要求劳动年龄人口除了为自身生存进行生产劳动的同时，还要负担更多的老年人口和生存和发展的费用。这种费用，随着未来社会的发展将进一步提高。据统计，从 1985 年到 1995 年 10 年时间里，老年人口离休、退休、退职保险福利费用总额从 149.8 亿元上升到 1541.8 亿元，其中退休费增加了 10.2 倍，

① 孙炳耀：《人口老龄结构与老年社会保障筹资模式》，《中国人口科学》1993 年第 3 期。
② 洪国栋：《中国的人口老龄化问题及对策思考》，《人口研究》1997 年第 4 期。

保障福利费增加了 7.2 倍。同时，老年人中"年老"的比例也在上升，如 65 岁以上的从 2010 年的 7.7％到 2030 年上升到 14.6％，增加了近一倍。可以看出，老龄人口对退休金的需求数额是巨大的。当前，退休人员还不到在职职工的 20％，企业缴费率就已达到 32％，尽管如此，统筹部分也只占到实际退休金的 40％左右。由于养老保险金社会统筹部分是由企业缴纳，在目前一部分企业经济效益不佳的情况下，就存在着收缴困难的情况。据有关数据显示，1993、1994、1995 和 1996 年全国范围内的养老保险金收缴率分别为 93.3％，92.4％、93.3％和 92.5％，1996 年养老保险金收缴率低于 80％的省区多达 13 个，收缴率最低的海南省仅为 70.2％。[1] 1999 年上半年产生的新的欠费为 70 多亿元，企业累计欠费 383 亿元。[2] 2000 年我国养老金"空账"还仅仅为 360 多亿元，到了 2005 年底，"空账"已经达到 8000 亿元。

另一方面，老年人是一个容易患病的特殊群体，随着人口老龄化的加剧，他们对医疗保险的需求将会急剧增加。2000 年全国参加基本医疗保险的离退休人员为 924 万人，2001 年为 1815 万人，2004 年增加到 3359 万人，当年医疗保险基金支出达到 862 亿元，比 2003 年上涨 31.6％。由于我国目前离退休人员医疗费用实行国家与单位共同负担，因此，在离退休人员高速增长的情况下，人口老龄化对整个医疗费用的承受能力提出了严峻挑战。

---

① 赵秋成：《中国现行的养老保险体系：问题与解决办法》，《东北财经大学学报》2000 第 2 期。

② 张永清：《养老基金缺口如狮，填平补齐会当有期》，《经济学消息报》1999 年 12 月 7 日。

# 第五章　我国人口变动趋势预测

人口发展趋势主要指未来人口的变动趋势，它包括人口的规模、结构和分布的变动趋势。一个国家或地区未来人口的变动趋势对其今后的经济、社会和人口政策以至整个发展进程都会产生重要的影响和作用。人口学上非常重视对人口发展趋势进行预测。所谓对人口变动趋势的预测，就是一个国家或地区根据对其未来人口生育、死亡和迁移趋势的认识和假设，应用一定的专门方法，对其今后的人口规模、结构和分布做出的测算。人口变动趋势预测主要是测算未来某地区在某一时刻上的人口总数、性别年龄构成、孩次构成，或是其某一时期内的出生人数、死亡人数、迁移人数，以及由此派生的其它人口指标，其中最重要的是预测出生数、孩次数和人口总数。预测不同的指标，可选用不同的方法和公式。要使人口预测的结果更接近于未来的实际，关键在于准确、全面地认识和掌握那些可以影响未来人口变动的各种经济、社会和人口因素，据此提出有关人口变动各要素的变化水平和趋势的假设，并按照一定的数学模型进行相应的测算。

我国未来一段时间人口预测采用王广州博士开发的人口预测模型，利用第五次全国人口普查有关数据，以 2000 年为预测基年对 2005～2050 年我国人口发展趋势进行预测。预测的目的是模拟在死亡水平固定为一种动态模式的情况下，本世纪前半叶，在不同生育水平下我国人口的发展趋势和变动范围（包括人口规模、年龄结构、老年人口与老龄化、劳动力、育龄妇女等），并以此作为判断未来人口生育政策的依据。

## 一、预测基础数据

人口预测基础数据准备是人口预测研究的重要组成部分，其过程是对人口预测所需要的原始数据进行整理、录入和存储。本文首先从第五次人口普查的原始数据中分别提取分年龄、分性别的人口数量、死亡率以及育龄妇女分年龄总生育率等数据进行整理，然后将整理过的数据录入人口数据表作为人口基础数据。考虑到"五普"数据的特殊性，本文根据相关资料，对预测的基础数据进行了修正。

### （一）分年龄、分性别人口数

我国第五次人口普查标准时间为 2000 年 11 月 1 日零时，普查登记的对象为具有中华人民共和国国籍并在中国境内的大陆常住人口。普查公报显示，中国大陆 31 个省、自治区、直辖市（不包括福建省的金门、马祖等岛屿，下同）和现役军人的人口数共 126 583 万人，[①] 其中男性为 65 355 万人，女性为 61 228 万人。大陆人口中，0～14 岁的人口为 28 979 万人，15～64 岁的人口为 88 793 万人，65 岁及以上的人口为 8 811 万人。普查登记工作结束后，按照国家的统一部署，各地认真进行了用计算机随机抽样和普查员异地调查相结合的质量抽样调查。全国共抽取 602 个调查小区，约 16 万人。抽样结果显示，直接登记的总人口漏登率为 1.81%。国际上一般认为，人口普查登记的误差值低于 2% 是质量比较高的。因此，这次人口普查的结果是在允许的范围之内。同时，从人口的年龄、性别结构来看，用不同的方法计算的各种校验指数也表明，调查数据的质量是可靠的，不存在年龄堆积和回避现象。性别比异常主要表现在低龄组，这与近几年来出生人口性别比失调有关。同时，"五普"的零点是 11 月 1 日 0 时，与本预测起点有两个月的差距。考虑本预测是长期预测，总人口

---

① 2000 年 11 月 1 日零时全国总人口为 129 533 万人，其中：香港特别行政区人口数是 2000 年 6 月 30 日的数据，为 678 万人；澳门特别行政区人口数是 2000 年 9 月 30 日的数据，为 44 万人。我国台湾省和福建省的金门、马祖等岛屿人口数为 2000 年 12 月的数据，为 2 228 万人。

的少许偏差（两个月时间差对总人口的影响只有 0.15%）也是在允许的范围之内的。

特别要注意的是，本文的人口预测基础数据从第五次人口普查的原始数据中提取的分年龄、分性别的总人口数量为 1 242 612 226 人（其中男性为 640 275 969 人，女性为 602 336 257 人），比国家统计局根据快速汇总发布的总人口数 126 583 万人（含 250 万现役军人）少了 2322 万人，误差率为 1.81%。因此，本文低中高预测方案得到的总人口数应该考虑到基础数据中的这一误差。

**（二）分年龄、分性别死亡率**

死亡率是指一定地区在特定时间时期（一般为一年内）每 1000 人口中的死亡数。死亡率反映了该地区人口的总体死亡水平，是反映实际人口死亡水平的重要指标。根据国家统计局公布的资料来看，1991～2000 年全国人口粗死亡率在 6～7‰左右徘徊，且略有下降的趋势。1990 年死亡率为 6.67‰，2000 年下降为 6.45‰，下降了 0.2 个千分点。扣除年龄结构的影响，用 1990 年的人口年龄结构将 1990 年以来的人口死亡率标准化，标准化的死亡率呈明显的下降趋势，由 1990 年的 6.67‰下降到 2000 年的 5.21‰，下降了 1.46 个千分点。"五普"实际登记的人口粗死亡率为 5.92‰，与 1990 年代以来的人口粗死亡率比较，略为偏低，主要是由于死亡人口登记漏报造成的。但由于缺乏更多有力的数据，难以对其进行有效且令人信服的修正；且从人口预测模型来看，由于分年龄、分性别死亡率确定的死亡模式相对于以平均预期寿命为代表的死亡水平，对预测结果的影响要小得多，因此，分年龄、分性别死亡率也直接使用"五普"数据。

**（三）育龄妇女分年龄总和生育率**

总和生育率是指一年内每 1000 名育龄妇女（15～49 岁）所生育的孩子数，反映了育龄妇女的综合生育水平。2000 年，全世界平均总和生育率为 2.80，发达国家为 1.60，发展中国家为 3.20，亚洲为 2.70。

关于我国 1990 年代的总和生育率，目前学术界和计划生育工作部门的分歧是比较大的。统计数据显示，我国早在 1980 年代初期就开始接近更替水平。经过大约 10 年的徘徊，自 1990 年后开始持续稳定地保持在更替水平以下。根据人口变动抽样调查结果显示，1995～1999 年我国妇女总生育率分别为 1.78、1.78、1.82、1.80、1.80。根据人口发展自身的规律，2000 年的人口总和生育率应该为 1.80 左右，但"五普"公布的 1999 年 11 月 1 日至 2000 年 10 月 31 日期间全国妇女总和生育率只有 1.22，不仅远低于世界平均水平，而且还低于 1.50 的政策生育率。这个数据公布出来以后，有许多的相关研究机构和学者对此提出了质疑。于学军、王广州、张为民、崔红艳、郭志刚、王金营、张广宇、R·D·雷瑟福等人分别采用"普查留存法"、"胎次递进比法"、"亲生子女法"、"生育史重构法"和"多来源数据相互校验法"对 2000 年我国人口总和生育率进行考证，他们得出的数据显示，该年总和生育率在 1.50～1.80 之间。[①]同时，国家统计局人口和社会统计科技司、国家计划生育委员会、中国人口信息研究中心、美国人口咨询局、亚太经社会等机构也都估计我国人口总和生育率为 1.8 左右。[②] 翟振武等以历年全国小学生在学人数数据为基础，利用队列分析和时期分析法、存活倒推法和非线性回构法，重构了 2000 年人口普查 0～9 岁年龄性别结构；在此基础上，利用教育统计数据对人口普查 0～9 岁人口进行调整，并以此推算出了 1991～2000 年历年的出生人数；同时，利用 2000 年人口普查的生育年龄模式和 15～58 岁妇女人数，推算出 1991～2000 年历年育龄妇女分年龄人数和分年龄出生人数，

　　① 张为民、崔红艳：《对 2000 年中国人口普查完整性的估计》，《人口研究》2003 年第 4 期；崔红艳、张为民：《对 2000 年人口普查人口总数的初步评价》，《人口研究》2002 年第 4 期；于学军：《对第五次全国人口普查数据中总量和结构的估计》，《人口研究》2003 年第 3 期；郭志刚：《对中国 1990 年代生育水平的研究与讨论》，《人口研究》2004 年第 2 期；王金营：《从生育水平估计到未来人口预测》，《中国人口科学》2003 年第 1 期。

　　② 国家统计局人口和社会统计科技司：《2001 年的中国人口》，中国统计出版社 2002 年版；国家计划生育委员会：《2001 年全国计划生育/生殖健康调查公报》，国家计划生育委员会 2002 年；中国人口信息研究中心课题组：《中国九十年代以来生育水平研究》，中国人口信息研究中心 2003 年。美国人口咨询局、亚太经社会等机构估计我国人口总和生育率为 1.8，分别国家统计局人口和社会科技统计司：《中国人口统计年鉴》（2003 年），中国统计出版社 2003 年版，《World Population Data Sheet》，PRB，1971－2001 和《ESCAP Population Data Sheet》，ESCAP，1991－2001。

进而估算出历年分年龄生育率和总和生育率。他们认为，1990 年代末期我国总和生育率水平介于 1.63～1.71 之间。考虑到模型估算的风险以及对全国小学入学率参数可靠性的把握度，他们认为 1990 年代末我国妇女总和生育率水平的估计值为 1.70 左右。[①]

因此，结合相关年份妇女总和生育率的统计数据，并根据不同机构和学者的研究，我们可以推测 2000 年第五次人口普查公布的我国妇女总和生育率为 1.22 这个数据不甚准确。将"五普"公布的 1999 年 11 月 1 日至 2000 年 10 月 31 日期间全国妇女总和生育率修正为 1.80，并以此水平下的分年龄生育率作为生育模式。

## 二、预测方案及参数值的设定

本文采用多方案预测。按高、中、低三种参数值的设定进行三种人口变动趋势预测，通过对比，选择实现可能性最大的方案。此次人口预测参数主要包括总和生育率、出生人口平均预期寿命、出生人口性别比、城镇化水平和净迁入人口规模。

### （一）总和生育率低、中、高方案的设定

人口总和生育率是指在一定时期内（通常为一年）年龄别生育率之和，是指一名妇女如果像统计年那样度过她的生育期，其一年中可能生育的子女数。这是个假定的指标，它可以比较准确地反映现有的生育水平，避免了育龄妇女年龄构成的影响；并可直接用于比较研究，是最方便的测量生育率的指标。在社会相对稳定的情况下，总和生育率可反映妇女生育率变化的趋势。

1. 低方案总和生育率设定

低方案总和生育率的设定，以 2000 年"五普"修正值 1.80 为基数，2001～2010 年按线性递减到 1.70，2011～2020 年按线性递减到 1.60，2021～2030 年按线性递减到 1.50，2031～2050 年保持 1.50 不变（见表

---

① 翟振武：《中国总和生育率水平究竟有多高》，《市场与人口分析》2005 年第 6 期。

15）。由于这一生育水平比较低，其预测结果对于全国未来人口发展的规模与结构能够起到参照作用。

2. 中方案总和生育率设定

中方案总和生育率的设定，以 2000 年"五普"修正值 1.80 为基数，2001～2010 年按线性递增到 1.90，2011～2020 年按线性递减到 1.80，2021～2030 年按线性递减到 1.70，2031～2050 年按线性递减到 1.60。从人口发展的长远来看，低方案的妇女总和生育率不符合人口发展的规律（见表 15）。考虑到未来随着独生子女夫妇越来越多，符合生育二孩的育龄妇女将会增加，因此，无论城镇还是农村，总和生育率将会提高。但是，提高的幅度有多大，主要由两个因素决定：一是人口自身的发展规律因素；二是政府将来的人口政策因素。在考虑这两个因素的基础上，本文认为未来十年全国的总和生育率恢复到 1.9 的水平是可能的。

3. 高方案总和生育率设定

高方案总和生育率的设定，以 2000 年"五普"修正值 1.80 为基数，2001～2010 年按线性递增到 1.90，2011～2020 年按线性递增到 2.00，2021～2030 年按线性递减到 1.90，2031～2050 年按线性递减到 1.80（见表 15）。高方案的总和生育率主要考虑到了全国目前人口平均政策生育率以及未来人口发展态势。设立总和生育率较高的参数，其目的就是对全国未来人口发展起到警示作用。

1990 年在制订全国及各地区"八五"人口计划时，为了确定各地人口预测的主要参数——总和生育率，引入了一个量化的参数来描述各地的生育政策规定的生育水平：即一个地区如果完全按照政策的规定生育，该地区平均每个妇女终身生育的孩子数，简称为该地区的"政策生育率"。目前，关于全国性的政策生育率，不同的学者有不同的看法。林富德、路磊认为，全国按政策要求的终身生育率为 1.62；[1] 郭志刚、张二力、顾宝

---

① 林富德、路磊：《低生育率下的人口发展前景》，林富德、翟振武主编：《走向二十一世纪的中国人口、环境与发展》，高等教育出版社 1996 版，第 11 页。

昌、王丰等认为，全国性的政策生育率为 1.47。[1] 从不同的学者所设定的全国政策生育率来看，本文低方案所设定的总和生育率实现的难度比较大；考虑到人口发展自身的内在规律，中方案所设定的总和生育率也要经过努力才能实现；和全国性的政策生育率相比，高方案所设定的人口总和生育率有一定的弹性。

**（二）人口平均预期寿命的设定**

人口平均预期寿命表示同批人出生后平均每人一生可存活的年数。由于人口平均预期寿命指标排除了年龄结构的影响，因此它是比较不同时期、不同地区死亡率差异的理想指标。第四次人口普查资料显示，1990年我国人口的平均预期寿命为 70.06 岁，其中男性为 68.35 岁，女性为 71.91 岁。根据第五次人口普查资料的计算，2000 年我国人口的平均预期寿命为 72.43 岁，其中男性为 70.65 岁，女性为 74.33 岁。根据联合国不同水平的出生平均预期寿命的平均年增长步长的经验值[2]，设计各年全国分性别的出生人口平均预期寿命：2001～2020 年每年以 0.1 岁的步长增长，2021～2050 年以 0.05 岁的步长增长。

出生人口预期寿命设计低、中、高三方案相同（见表 15）。

**（三）出生人口性别比的设定**

出生人口性别比是指在人口统计学上有足够量出生婴儿条件下，每出生百名女婴相对出生的男婴数。经验数据表明，出生人口性别比的正常范围一般在 103～107 之间。在人口性别结构中，出生性别比变动是最初的，也是最基本的性别结构变动。因为历年出生性别比及其随后变动，基本上决定了一个人口生命周期内未来相应分年龄性别比及其人口性别比的变动。第四次人口普查资料显示，1990 年我国出生人口性别比为 111.75；第五次人口普查资料显示，2000 年我国出生人口性别比为 117.79。

---

① 郭志刚、张二力、顾宝昌、王丰：《从政策生育率看中国生育政策的多样性》，《人口研究》2003 年第 5 期。

② Department of Economics and Social Affairs, Population Division (1999)，World Population Prospects：*The 1998 Revision*，*Vol. 1*：*Comprehensive Tables*，New Work：*United Nations*.

根据我国目前出生人口性别比的数值和出生人口性别比的正常范围的经验值，出生人口生性别比参数的设定以 2000 年"五普"出生人口性别比 117.79 为基数，2001～2010 年按线形插值递减降到 112.0，2011～2020 年按线形插值递减降至 108.0，2021～2050 年按线形插值递减降 106.0。目前，全国出生人口性别比比较高，本文认为随着全国经济社会的发展和城市化水平程度的提高，我国未来的人口出生性别比是可以回落到基本正常的水平范围之内的。

出生人口性别比参数设定低、中、高三方案相同（见表 15）。

**（四）城镇化水平的设定**

城镇化水平是和我国经济发展相适应的，其规模对我国人口生育水平和人口发展有着重大的影响。2000 年"五普"数据显示，我国城市化水平为 36.09%。与第四次人口普查相比，1990 年代我国城市化水平上升了 9.86 个百分点，平均每年将近上升一个百分点；而 1980 年代人口城市化水平每年上升 0.7 个百分点。这说明 1990 年代我国的城市化水平在加速增长。[①] 根据国家有关权威机构研究表明，我国城镇化发展的长期目标从实际国情出发，应大致界定为 70% 左右。本文以 2000 年"五普"时全国城镇化水平 36.09% 为基础数据，按照我国国民经济和社会发展的规划，全国城镇化水平线性递增到 2030 年的 62%；在此基础上，再线性递增到 2050 年的 70%。

城镇化水平参数设定低、中、高三方案相同（见表 15）。

**（五）国际人口迁移的设定**

改革开放以来，我国人口国际迁移主要有出国留学、家庭团聚、劳务输出、婚姻及技术移民等形式或途径。根据 1982、1990 和 2000 年的三次人口普查对"原住本县、市，现在国外工作或学习，暂无户口"的人所进行的调查数据显示，1982 年（调查时点）中国大陆此类人员有 5.69 万

---

① 黄扬飞、丁金宏等：《1990 年代我国人口城市化的区域差异模式研究》，《人口研究》2002 年第 4 期。

人，约占当时总人口的 0.006％；1990 年为 23.70 万人，占总人口的 0.02％；2000 年为 75.67 万人，占总人口的 0.06％。自 1980 年代末期特别是 1990 年代以来，不少出国留学人员已学成归国。1978 年至 2002 年，我国出国留学人员已经有 15 万人学成回国，在 2002 年一年就有 1.8 万留学人员回国，比前一年增长 47％。[①] 这样，包括留学出国在内的我国国际迁移人员，从人口规模来说，其对我国庞大的人口总量影响极小。因此，为了预测的方便，在预测周期内，忽略我国国际迁移人口（见表 15）。

**表 15    2005～2050 年我国常住人口变动趋势预测参数**

| 方　案 | 总和生育率 | 人口预期寿命 | 人口性别比 |
|---|---|---|---|
| 低方案 | 以 2000 年"五普"修正值 1.80 为基数，2001～2010 年按线性递减到 1.70；2011～2020 年按线性递减到 1.60；2021～2030 年按线性递减到 1.50；2031～2050 年保持 1.50 不变。 | 男性预期寿命：以 2000 年"五普"70.65 岁为基数，2001～2020 年每年以 0.1 岁的步长增长，到 2020 年为 72.65；2021～2050 年以 0.05 岁的步长增长，2050 年为 74.15 岁。 女性预期寿命：以 2000 年"五普"74.33 岁为基数，2001～2020 年每年以 0.1 岁的步长增长，到 2020 年为 76.33 岁；2020～2050 年以 0.05 岁的步长增长。2050 年为 77.83 岁。 | 以 2000 年"五普"出生人口性别比 117.79 为基数，2001～2010 年按线形插值递减降到 112.0； 2011～2020 年按线形插值递减降至 108.0； 2021～2050 年按线形插值递减降 106.0。 |
| 中方案 | 以 2000 年"五普"修正值 1.80 为基数，2001～2010 年按线性递增到 1.90；2011～2020 年按线性递减到 1.80；2021～2030 年按线性递减到 1.70；2031～2050 年按线性递减到 1.60。 | | |
| 高方案 | 以 2000 年"五普"修正值 1.80 为基数，2001～2010 年按线性递增到 1.90；2011～2020 年按线性递增到 2.00；2021～2030 年按线性递减到 1.90；2031～2050 年按线性递减到 1.80。 | | |

## 三、2005～2050 年全国人口发展趋势预测结果及分析

未来人口的发展规模，主要取决于各年份的总和生育率和迁移人口的数量。总和生育率的高低决定人口变动的速度和规模，人口政策对总和生育率的变化也起着重要作用。如果保持目前 1.8 的人口总和生育率，而不

① 王桂新：《人口迁移与流动》，路遇主编：《新中国人口五十年》，中国人口出版 2004 年版，第 571—572 页。

加入未来迁入人口增长的因素，则我国总人口到 2021 年会达到最大值的
1 390 932 708 人，然后逐年下降，在 2045 年左右降到 2005 年的水平，到
2050 年时我国人口为 1 237 746 042 人。由于这一预测结果没有考虑到影
响全国人口变动的其它因素，未来全国的人口沿着这一轨迹发展的可能性
不是很大。

下面分别以表 5－1 所设定的低、中、高三种方案，通过该人口预测
模型，对 2005～2050 年我国人口的发展趋势进行预测。

**（一）人口总量发展趋势**

表 16 列出了 2005～2050 年低中高预测方案我国总人口数及男女人口
数。从表中我们可以看出，三种预测方案人口规模的变化是先增，再后
减。按照三种预测方案，我国总人口还将以低增长率持续增长 15 至 25
年，分别在 2020、2022、2029 年左右经过零人口增长点，达到人口规模
最大值后，人口开始负增长，人口总量开始减少。

表 16　2005～2050 年低中高预测方案的人口总量发展趋势

| 年份 | 低方案 | | | 中方案 | | | 高方案 | | |
|---|---|---|---|---|---|---|---|---|---|
| | 总人口 | 男 | 女 | 总人口 | 男 | 女 | 总人口 | 男 | 女 |
| 2005 | 128993 | 66487 | 62506 | 129210 | 66604 | 62606 | 129210 | 66604 | 62606 |
| 2006 | 129825 | 66910 | 62915 | 130150 | 67084 | 63065 | 130150 | 69708 | 63065 |
| 2008 | 131453 | 67727 | 63725 | 132064 | 68055 | 64008 | 132064 | 68055 | 64008 |
| 2010 | 133078 | 68534 | 64544 | 134077 | 69067 | 65009 | 134077 | 69067 | 65009 |
| 2015 | 136605 | 70234 | 66371 | 138631 | 71309 | 67322 | 138938 | 71471 | 67467 |
| 2020 | 137892 | 70718 | 67174 | 140769 | 72238 | 68530 | 141752 | 72754 | 68998 |
| 2022 | 137764 | 70569 | 67194 | 140933 | 72242 | 68691 | 142208 | 72909 | 69298 |
| 2025 | 137191 | 70144 | 67047 | 140805 | 72048 | 68757 | 142508 | 72938 | 69570 |
| 2029 | 135987 | 69345 | 66641 | 140318 | 71621 | 68697 | 142622 | 72823 | 69798 |
| 2030 | 135606 | 69104 | 66502 | 140149 | 71490 | 68659 | 142610 | 72774 | 69836 |
| 2035 | 133272 | 67689 | 65583 | 139025 | 70701 | 68323 | 142354 | 72436 | 69918 |
| 2040 | 129934 | 65791 | 64142 | 136948 | 69455 | 67492 | 141354 | 71747 | 69607 |
| 2045 | 125118 | 63184 | 61934 | 133193 | 67394 | 65798 | 138800 | 70306 | 68493 |
| 2050 | 119114 | 60029 | 59084 | 128075 | 64694 | 63381 | 134884 | 68225 | 66658 |

低方案预测结果显示，全国人口总规模 2005 年为 1 289 939 656 人，
2010 年为 1 330 788 193 人，到 2020 年达到人口增长峰值的 1 378 922 245

人，然后呈现快速下降趋势，2041 年人口数为 1 290 969 570 人，与 2005 年基本持平；2050 年人口总量将为 1 191 144 438 人。这一方案显示了 2005～2050 年全国人口总量变动处于一个低稳的发展过程。

中方案预测结果显示，全国人口总规模 2005 年为 1 292 106 186 人，2010 年为 1 340 774 245 人，在 2022 年达到人口增长峰值，峰值年比低方案推迟了 2 年，峰值人口为 1 409 331 947 人；之后呈逐渐下降趋势，2049 年人口数为 1 291 612 467 人，与 2005 年基本持平，2050 年人口数为 1 280 755 921 人。这一方案显示了 2005～2050 年全国常住人口总量变动处于一个平稳的发展过程。

高方案预测结果显示，全国人口总规模 2005 年为 1 292 106 186 人，2010 年为 1 340 774 245 人，总人口规模的峰值出现在 2029 年，峰值人口将会达到 1 426 223 567 人，比中方案又推后 7 年；此后呈逐年下降趋势，2050 年人口总量为 1 348 845 275 人。这一方案显示了 2005～2050 年全国常住人口总量变动处于一个较高的发展过程。

如果以总人口年均增长率来分析，我国总人口的发展经历了以下几个阶段：一是 20 世纪 50～60 年代，我国总人口年均增长率高于 2%；20 世纪 70 年代，我国总人口年均增长率开始下降，但由于人口增长的惯性作用，仍维持在一个较高的水平，为 2% 左右；20 世纪 80～90 年代，由于全国性计划生育人口政策的执行，总人口年均增长率有了明显的下降，保持在 1%～2% 的次高水平；按照本文的预测，本世纪前半叶，总人口年均增长率继续下降。

目前对我国人口的预测主要分为两类：一类认为我国人口在 21 世纪仍将持续增长，21 世纪上半叶不会出现零人口增长，如蒋正华等；另一类则认为我国人口在 21 世纪前半期达到零增长点，然后，人口经过一段时期的负增长，最终在 21 世纪末实现相对静止。[①] 本文预测结果显示，我国人口在本世纪前半期达到零增长点（中方案预测我国人口增长峰值年

---

① 李建民、原新、王金营：《持续的挑战——21 世纪中国人口形势、问题和对策》，科学出版社 2000 年版，第 52 页。

份是 2022 年），经过一段时期的负增长后，在本个世纪中叶实现相对静止。

表 17 是几种主要的我国人口预测数据。从中我们可以发现，2005～2050 年我国人口发展规模有一个共同的特点：先增长，后下降。

表 17　几种主要的我国人口预测结果比较

| 年份 | 国家统计局（1995） | 国家计生委（1998） | 蒋正华（1995） | 林富德等（1996） | 李建新等（2000） | 联合国（1998） | 本文预测（2006） |
|---|---|---|---|---|---|---|---|
| 2005 | 132830 | 133401 | 134174 | 134228 | 132651 | 132157 | 129210 |
| 2010 | 137280 | 138619 | 139156 | 138710 | 137146 | 136495 | 134077 |
| 2015 | 141870 | 143781 | 144233 | —— | 141221 | 140913 | 138631 |
| 2020 | 146030 | 148255 | 149110 | 146950 | 144899 | 144882 | 140769 |
| 2025 | 148800 | —— | 153194 | | 148271 | 148043 | 140805 |
| 2030 | 150010 | 154450 | 155989 | 151547 | 150912 | 149978 | 140149 |
| 2035 | 150290 | —— | 157935 | | 152690 | 151068 | 139025 |
| 2040 | 149960 | 157150 | 159354 | 151165 | 153375 | 151817 | 136948 |
| 2045 | 148910 | —— | 160419 | —— | 153446 | 152080 | 133193 |
| 2050 | 146880 | 156933 | 160713 | | 153017 | 151666 | 128075 |

资料来源：孙兢新主编：《跨世纪的中国人口》（综合卷），中国统计出版社 1996 年版；国家统计局人口与就业统计司：《1990 年人口普查数据专题分析论文集》（上卷），中国统计出版社 1995 年版；蒋正华主编：《全国和分地区人口预测》，中国人口出版社 1998 年版；张羚广、蒋正华：《中国人口发展前景分析》，《中国人口科学》1995 年第 3 期；林富德、翟振武主编：《走向 21 世纪的中国人口、环境与发展》，高等教育出版社 1996 年版；李建民、原新、王金营：《持续的挑战——21 世纪中国人口形势、问题和对策》，科学出版社 2000 年版；Department of Economics and Social Affairs, and Population Division of United Nations, 1999, *World Population Prospects*: *The 1998 Revision*, New York: United Nations。

### （二）出生人口发展趋势

低中高预测方案结果显示，2005～2050 年我国出生人口总体上呈下降趋势，但出生人口总量仍然比较大。低中高方案 2005 年出生人口分别为 17 521 506、18 408 670 人。低方案出生人口低于 1 千万的时间分别是 2044 年，中高方案出生人口低于 1 千万的时间要持续到 2050 年以后。

由于 2005～2050 年我国出生人口仍在高位上运行，因此稳定低生育水平，控制人口数量是人口发展必须长期坚持的基本方针，计划生育作为基本国策的地位不能动摇。

### （三）死亡人口发展趋势

与出生人口的起伏变化不同，2005～2050 年我国的死亡人口始终呈上升趋势。以中方案为例，死亡人数从 2005 年的 8 963 323 人，以年平均递增将近 7.4 多万人的速度，在 2010 年突破 1 千万，达到 10 069 609 人；并继续以年平均递增约 29.3 多万人的速度，于 2044 年突破 2 千万，达到 20 041 089 人；2050 年死亡人数为 21 033 344 人。

### （四）自然增长人口发展趋势

从总体上来说，2005～2050 年我国自然增长的人口数呈下降趋势。以中方案为例，2005～2013 年自然增长人口数在 900 万左右徘徊，2014 年突破 900 万，为 8 554 798 人；然后以年平均递减超过 100 万人的速度，在 2022 年突破 1 千万规模，下降到 454 142 人；从 2023 年开始，我国人口开始负增长，2050 年自然增长人口为−10 856 551 人（见表 18）。

表 18　2005～2050 年我国自然增长人口数

| 年份 | 低方案 | 中方案 | 高方案 |
|------|--------|--------|--------|
| 2005 | 8583126 | 9445347 | 9445347 |
| 2010 | 8141787 | 10214399 | 10214399 |
| 2015 | 5600668 | 7557264 | 8541232 |
| 2020 | 601482 | 2139267 | 3685506 |
| 2025 | −2248209 | −712008 | 727606 |
| 2030 | −3805805 | −1689378 | −119320 |
| 2035 | −5291159 | −2721304 | −830835 |
| 2040 | −7718769 | −5309448 | −3003462 |
| 2045 | −10827970 | −8895431 | −6476594 |
| 2050 | −12578062 | −10856551 | −8450417 |

### （五）人口年龄结构变动趋势

从表 19 低中高预测方案 2005～2050 年少年、劳动年龄和老年人口数及其比重可以看出，2005～2050 年 0～14 岁少年人口总体上呈下降趋势，15～64 岁劳动年龄人口总体上呈下降趋势，65 岁及以上老年人口总体上呈上升趋势。

表 19  2005～2050 年我国少年、劳动年龄和老年人口数

| 年份 | 低方案 | | | 中方案 | | | 高方案 | | |
|------|------|------|------|------|------|------|------|------|------|
| | 0～14 | 15～64 | ≥65 | 0～14 | 15～64 | ≥65 | 0～14 | 15～64 | ≥65 |
| 2005 | 24581 | 94160 | 10251 | 24798 | 94160 | 10251 | 24798 | 94160 | 10251 |
| 2006 | 24261 | 95059 | 10505 | 24585 | 95059 | 10505 | 24585 | 95059 | 10505 |
| 2007 | 24080 | 95831 | 10730 | 24536 | 95831 | 10730 | 24536 | 95831 | 10730 |
| 2008 | 24000 | 96524 | 10928 | 24610 | 96524 | 10928 | 24610 | 96524 | 10928 |
| 2009 | 24087 | 96993 | 11183 | 24878 | 96993 | 11183 | 24878 | 96993 | 11183 |
| 2010 | 24153 | 97477 | 11448 | 25151 | 97477 | 11448 | 25151 | 97477 | 11448 |
| 2011 | 24406 | 97717 | 11761 | 25615 | 97717 | 11761 | 25636 | 97717 | 11761 |
| 2012 | 24732 | 97802 | 12131 | 26151 | 97802 | 12131 | 26215 | 97802 | 12131 |
| 2013 | 25073 | 97811 | 12508 | 26700 | 97811 | 12508 | 26826 | 97811 | 12508 |
| 2014 | 25613 | 97409 | 13022 | 27443 | 97409 | 13022 | 27651 | 97409 | 13022 |
| 2015 | 25864 | 97160 | 13580 | 27890 | 97160 | 13580 | 28196 | 97160 | 13580 |
| 2016 | 25602 | 97374 | 14088 | 27815 | 97374 | 14088 | 28235 | 97374 | 14088 |
| 2017 | 25305 | 97302 | 14814 | 27675 | 97324 | 14814 | 28220 | 97324 | 14814 |
| 2018 | 24959 | 97247 | 15470 | 27456 | 97312 | 15470 | 28138 | 97312 | 15470 |
| 2019 | 24557 | 97024 | 16250 | 27151 | 97153 | 16250 | 27980 | 97153 | 16250 |
| 2020 | 24097 | 96784 | 17009 | 26760 | 96999 | 17009 | 27743 | 96999 | 17009 |
| 2021 | 23584 | 96650 | 17628 | 26287 | 96971 | 17628 | 27418 | 96971 | 17628 |
| 2022 | 23025 | 96382 | 18356 | 25742 | 96834 | 18356 | 27018 | 96834 | 18356 |
| 2023 | 22427 | 96291 | 18891 | 25135 | 96896 | 18891 | 26552 | 96896 | 18891 |
| 2024 | 21799 | 96567 | 19050 | 24475 | 97351 | 19050 | 26034 | 97351 | 19050 |
| 2025 | 21149 | 96720 | 19321 | 23773 | 97710 | 19321 | 25476 | 97710 | 19321 |
| 2026 | 20488 | 97159 | 19288 | 23066 | 98358 | 19288 | 24895 | 98379 | 19288 |
| 2027 | 19837 | 96775 | 20040 | 22379 | 98182 | 20040 | 24315 | 98245 | 20040 |
| 2028 | 19219 | 95772 | 21346 | 21739 | 97386 | 21346 | 23763 | 97511 | 21346 |
| 2029 | 18654 | 95042 | 22291 | 21170 | 96857 | 22291 | 23267 | 97063 | 22291 |
| 2030 | 18159 | 94193 | 23253 | 20692 | 96202 | 23253 | 22850 | 96506 | 23253 |
| 2031 | 17753 | 93270 | 24171 | 20323 | 95465 | 24171 | 22529 | 95881 | 24171 |
| 2032 | 17437 | 92536 | 24787 | 20064 | 94908 | 24787 | 22311 | 95449 | 24787 |
| 2033 | 17210 | 91220 | 25867 | 19912 | 93761 | 25867 | 22196 | 94437 | 25867 |
| 2034 | 17066 | 90066 | 26668 | 19861 | 92767 | 26668 | 22179 | 93589 | 26668 |

| 年份 | 低方案 | | | 中方案 | | | 高方案 | | |
|------|--------|--------|------|--------|--------|------|--------|--------|------|
|      | 0~14 | 15~64 | ≥65 | 0~14 | 15~64 | ≥65 | 0~14 | 15~64 | ≥65 |
| 2035 | 16996 | 88596 | 27680 | 19895 | 91449 | 27680 | 22250 | 92424 | 27680 |
| 2036 | 16980 | 87319 | 28402 | 19993 | 90318 | 28402 | 22399 | 91441 | 28402 |
| 2037 | 16995 | 86041 | 29051 | 20123 | 89183 | 29051 | 22593 | 90448 | 29051 |
| 2038 | 17015 | 84847 | 29562 | 20256 | 88131 | 29562 | 22801 | 89537 | 29562 |
| 2039 | 17020 | 83715 | 29970 | 20364 | 87144 | 29970 | 22993 | 88691 | 29970 |
| 2040 | 16995 | 82737 | 30201 | 20428 | 86317 | 30201 | 23145 | 88007 | 30201 |
| 2041 | 16932 | 81822 | 30342 | 20437 | 85562 | 30342 | 23244 | 87398 | 30342 |
| 2042 | 16830 | 81130 | 30233 | 20387 | 85041 | 30233 | 23286 | 87024 | 30233 |
| 2043 | 16689 | 80364 | 30173 | 20276 | 84457 | 30173 | 23267 | 86589 | 30173 |
| 2044 | 16513 | 79592 | 30095 | 20107 | 83879 | 30095 | 23187 | 86164 | 30095 |
| 2045 | 16302 | 78868 | 29948 | 19881 | 83363 | 29948 | 23048 | 85804 | 29948 |
| 2046 | 16052 | 78092 | 29842 | 19597 | 82808 | 29842 | 22846 | 85407 | 29842 |
| 2047 | 15767 | 76993 | 30054 | 19261 | 81939 | 30054 | 22586 | 84703 | 30054 |
| 2048 | 15452 | 76165 | 29987 | 18881 | 81352 | 29987 | 22275 | 84286 | 29987 |
| 2049 | 15115 | 75326 | 29930 | 18469 | 80761 | 29930 | 21925 | 83874 | 29930 |
| 2050 | 14765 | 74482 | 29867 | 18038 | 80170 | 29867 | 21547 | 83470 | 29867 |

表 19 数据还同时显示，2005~2050 年我国 0~14 岁少年人口、15~64 岁劳动年龄人口和 65 岁及以上老年人口比重之间的关系和下降上升的情况。2005~2050 年，0~14 岁少年人口、15~64 岁劳动年龄人口呈现较为平缓的回落趋势，但其在总人口中所占的比重却出现了较为缓慢的下降趋势；65 岁及以上老年人口则呈现较为缓慢的上升趋势。这一趋势使 2050 年我国总人口呈现为严重的倒金字塔结构。

（1）0~14 岁少年人口发展趋势。从总体上来说，2005~2050 年 0~14 岁少年人口呈下降趋势，只是由于受生育峰谷的周期影响，其人口数会有所波动，这种波动会随着生育峰谷的削平而趋于平缓。以中方案为例，2005~2050 年，0~14 岁少年人口数的极大值出现在 2015 年，为 27 890 万人；在预测周期内，极小值出现在 2050 年，为 18 038 万人，从极大值年份到极小值年份，年平均减幅约为 350 万人。

（2）15～64岁劳动年龄人口发展趋势。关于劳动年龄人口，国际上一般有三种划分标准：一是指15～64岁年龄男女人口数之和；二是指15～59岁年龄段男女人口总和；三是按法定的可以进入劳动力市场的最低年龄，以及退出劳动力市场的退休年龄为标准划分，在我国是指年龄介于16～59岁男性人口和16～54岁的女性人口的总和。本文将15～64岁年龄的男女人口作为我国劳动年龄人口，即以第一种标准来划分。虽然我国人口的生育率已经得到了严格有效的控制，但由于20世纪后半期我国人口的快速增长，总人口规模随之扩大并在高位上静止，因此，我国积累了大量的劳动力资源。低中高预测方案显示，2005年至本世纪30年代前期，我国15～64岁劳动年龄人口在9千万高位上运行；后逐渐回落，但总量仍长期保持在8千万以上，劳动年龄人口占总人口的比例高于60％以上。劳动力供给比较充足。

但是，伴随着人口老龄化进程的加速，老年人口系数（指老年人口在总人口中所占的比例）随之提高；相应的，劳动年龄人口随之减少。以中方案为例，2005年我国65岁及以上、15～64岁人口分别为10 251、94160万人，2010年则分别为11 448、97 477万人；这五年间，65岁及以上人口增长了1 197万人，增长率为11.68％，15～64岁人口增长了3317万人，增长率只有3.5％。随着时间的推后，老年人口的增长率还会增加，劳动年龄人口的增长率相应会减小。因此，我国劳动力老化是不可避免的。

（3）65岁及以上老年人口发展趋势。从总体上来说，2005～2050年我国65岁及以上老年人口呈上升趋势，先快速增长，后缓慢回落。预测结果显示，2005年至本世纪40年代前期，65岁及以上老年人口以年增幅超过570万人的速度，从1千万人口迅速增长至3千万；后缓慢回落，至2050年为2.9千万人。

国际上，通常是根据一个国家或地区的老年人口系数、儿童少年人口系数以及老少比的状况来判断一个社会的人口年龄结构类型，依照各种指标，人口年龄结构类型可分为年轻型人口、成年型人口和年老型人口三种

（见表 20）。人口年轻化和人口老龄化是指人口年龄结构类型的变化趋势，它从动态的角度说明了人口年龄结构是向年轻型还是向年老型变化的趋势。因此，静态人口类型可以同动态人口类型对应起来。年轻型对应增长型，表明年轻人口多，表现为人口性别年龄金字塔是上尖下宽的形状；成年型对应稳定型，除高年龄组外，一般来说各年龄组人口数差别不大，人口年龄金字塔形较低直；老年型对应减少型，中年以上人口比重较大，表现在人口年龄金字塔塔形上是下窄上宽。[①]

表 20　划分人口年龄结构类型的标准数值

| 年龄结构类型 | 65 岁以上人口 | 0～14 岁人口 | 老少比 |
|---|---|---|---|
| 年轻型 | 4％以下 | 40％以上 | 15％以下 |
| 成年型 | 4％～7％ | 30％～40％ | 15％～30％ |
| 年老型 | 7％以上 | 30％以下 | 30％以上 |

资料来源：查瑞传主编：《人口普查资料分析技术》，中国人口出版社 1991 年版，第 152 页。

从表 18、表 19 我们可以看出，2005 年我国人口老少比超过了 40％，人口结构类型已处于老年型。以中方案预测为例，2005 年我国人口老少比为 41.3％，2030 年达到 112.4％，2050 年为 165.6％。促进这一进程的，既有人口平均预期寿命延长的因素，也有出生人口规模缩小的因素。出生人口减少，使得低龄组人口比重下降，高龄组人口比重相应上升，由此形成的是人口结构的老龄化。而人口平均预期寿命延长所带来的不仅仅是老年人口比例提高，它还使老年人口的规模不断地扩大，由此形成人口数量的老龄化。

表 21、表 22、表 23 分别是本文中方案和国家人口和计划生育委员会 2003 年人口预测的 60 岁以上人口数以及人口老龄化程度的有关数据。从表中数据可以发现，2005～2050 年我国 60 岁及以上老年人口程逐年增长的趋势，并且随着时间的推后，这种趋势又逐步加快。

---

① 查瑞传主编：《人口普查资料分析技术》，中国人口出版社 1991 年版，第 152 页。

表 21 2005～2050 年我国少年、劳动年龄和老年人口比重

| 年份 | 低方案 | | | 中方案 | | | 高方案 | | |
|---|---|---|---|---|---|---|---|---|---|
| | 0～14 | 15～64 | ≥65 | 0～14 | 15～64 | ≥65 | 0～14 | 15～64 | ≥65 |
| 2005 | 0.190 | 0.729 | 0.079 | 0.191 | 0.728 | 0.079 | 0.191 | 0.728 | 0.079 |
| 2010 | 0.181 | 0.732 | 0.086 | 0.187 | 0.727 | 0.085 | 0.187 | 0.727 | 0.085 |
| 2015 | 0.189 | 0.711 | 0.099 | 0.201 | 0.700 | 0.097 | 0.202 | 0.699 | 0.097 |
| 2020 | 0.174 | 0.701 | 0.123 | 0.190 | 0.689 | 0.120 | 0.195 | 0.684 | 0.119 |
| 2025 | 0.154 | 0.705 | 0.140 | 0.168 | 0.693 | 0.137 | 0.178 | 0.685 | 0.135 |
| 2030 | 0.133 | 0.694 | 0.171 | 0.147 | 0.686 | 0.165 | 0.160 | 0.676 | 0.163 |
| 2035 | 0.127 | 0.664 | 0.207 | 0.143 | 0.657 | 0.199 | 0.156 | 0.649 | 0.194 |
| 2040 | 0.130 | 0.636 | 0.232 | 0.149 | 0.630 | 0.220 | 0.163 | 0.622 | 0.213 |
| 2045 | 0.130 | 0.630 | 0.239 | 0.149 | 0.625 | 0.224 | 0.166 | 0.618 | 0.215 |
| 2050 | 0.123 | 0.625 | 0.250 | 0.140 | 0.625 | 0.233 | 0.159 | 0.618 | 0.221 |

表 22 中方案 2005～2050 年老年人口预测

| 年份 | 60 岁及以上人口 | | 65 岁及以上人口 | | 80 岁及以上人口 | |
|---|---|---|---|---|---|---|
| | 人数 | 比重 | 人数 | 比重 | 人数 | 比重 |
| 2005 | 14626 | 0.115 | 10251 | 0.079 | 1564 | 0.012 |
| 2010 | 17235 | 0.136 | 11448 | 0.085 | 1972 | 0.015 |
| 2015 | 21256 | 0.167 | 13580 | 0.097 | 2368 | 0.018 |
| 2020 | 24210 | 0.191 | 17009 | 0.119 | 2700 | 0.021 |
| 2025 | 28993 | 0.229 | 19321 | 0.135 | 2975 | 0.023 |
| 2030 | 34473 | 0.272 | 23253 | 0.163 | 3739 | 0.029 |
| 2035 | 38004 | 0.300 | 27680 | 0.194 | 4962 | 0.039 |
| 2040 | 38500 | 0.304 | 30201 | 0.213 | 5324 | 0.042 |
| 2045 | 38986 | 0.307 | 29948 | 0.215 | 6649 | 0.052 |
| 2050 | 40881 | 0.322 | 29867 | 0.221 | 8029 | 0.063 |

表 23 2003 年国家计生委 2001～2050 年老年人口和老龄化程度预测

| 年份 | 60 岁以上人口数（亿人） | | 人口老龄化程度（%） | |
|---|---|---|---|---|
| | TFR=1.7 | TFR=1.8 | TFR=1.7 | TFR=1.8 |
| 2005 | 1.45 | 1.45 | 10.98 | 10.94 |
| 2010 | 1.71 | 1.71 | 12.57 | 12.48 |
| 2015 | 2.13 | 2.13 | 15.17 | 15.00 |

| 年份 | 60 岁以上人口数（亿人） | | 人口老龄化程度（%） | |
|------|------------|------------|------------|------------|
| | TFR=1.7 | TFR=1.8 | TFR=1.7 | TFR=1.8 |
| 2020 | 2.43 | 2.43 | 16.96 | 16.72 |
| 2025 | 2.96 | 2.96 | 20.42 | 20.07 |
| 2030 | 3.55 | 3.55 | 24.46 | 23.93 |
| 2035 | 3.97 | 3.97 | 27.45 | 26.71 |
| 2040 | 4.11 | 4.11 | 28.63 | 27.70 |
| 2045 | 4.25 | 4.25 | 30.07 | 28.92 |
| 2050 | 4.50 | 4.50 | 32.73 | 31.27 |

资料来源：根据国家人口和计划生育委员会 2003 年人口预测的有关数据整理。

　　人口年龄结构类型与社会经济发展之间是一种互动的关系，这种关系主要通过抚养系数表现出来。所谓抚养系数就是用百分数表示的非劳动适龄人口数（消费人口数）与劳动适龄人口数之间的关系。当抚养系数较低时，人口年龄结构有利于经济发展和积累，相对于其它人口年龄结构就构成了一个国家经济发展的"黄金时代"。1970 年前后，日本的总人口抚养系数为 45%，是世界上人口抚养最低的国家，它对资本形成和劳动力供给起到了积极的作用，因此这一时期成为日本经济高速增长的全盛时期。[①] 从表 24 中可以看出，本世纪前三十年，虽然我国老年人口抚养系数缓慢升高，但少年儿童人口抚养系数却在相应地降低，总人口抚养比维持在一个较为理想的阶段，因此，这一时期也是我国社会经济发展的"黄金时代"，即所说的"人口红利"时期。低方案显示，从 2005 年至 2030 年间，我国 65 岁及以上人口抚养比上升了 13.8 个百分点，但相应的，0～14 岁人口抚养比却下降了 6.83 个百分点，总人口抚养比介于 36.99%～43.96% 之间。中方案显示，从 2005 年至 2030 年间，我国 65 岁及以上人口抚养比上升了 13.29 个百分点，但相应的，0～14 岁人口抚养比却下降了 4.83 个百分点，总人口抚养比介于 37.22%～45.67% 之间。高方案显示，从 2005 年至 2030 年间，我国 65 岁及以上人口抚养比上升了

----

① （日）大渊宽、森刚仁：《经济人口学》，北京经济学院出版社 1989 年版，第 229 页。

13.21个百分点，但相应的，0～14岁人口抚养比却下降了2.66个百分点，总人口抚养比介于37.22％～47.77％之间。

按照经济学理论，养老与养小的社会负担是不同的。老年人度过了自己为社会创造财富的年龄段，他们的养老方式有多种可以选择的方式，如社会、家庭和个人等；但少年儿童则是纯粹的消费者。但是，由于人们平均寿命的延长，根据发达国家的经验，抚养一个老年人的社会支出要比抚养一个少年儿童的社会支出高出2～3倍。[①] 因此，在被抚养规模一定的前提条件下，被抚养对象从少年儿童转向老年人，将会大大增加社会和家庭的养老负担。表5－10显示，我国社会和家庭抚养对象在本世纪20～30年代之间发生了质的变化，即由以抚养少年儿童人口为主转变为以抚养老年人口为主。低中高方案显示，以2025～2030年为时间界限，在此之前，我国少年儿童人口抚养系数大于老年人口抚养系数；之后，我国少年儿童人口抚养系数小于老年人口抚养系数。

表24 2005～2050年我国人口抚养比

| 年份 | 低方案 | | | 中方案 | | | 高方案 | | |
|------|------|------|------|------|------|------|------|------|------|
| | 0～14 | ≥65 | 总抚养比 | 0～14 | ≥65 | 总抚养比 | 0～14 | ≥65 | 总抚养比 |
| 2005 | 0.2610 | 0.1088 | 0.3699 | 0.2633 | 0.1088 | 0.3722 | 0.2633 | 0.1088 | 0.3722 |
| 2010 | 0.2477 | 0.1174 | 0.3652 | 0.2580 | 0.1174 | 0.3754 | 0.2580 | 0.1174 | 0.3754 |
| 2015 | 0.2662 | 0.1397 | 0.4059 | 0.2870 | 0.1397 | 0.4268 | 0.2902 | 0.1397 | 0.4299 |
| 2020 | 0.2489 | 0.1757 | 0.4247 | 0.2758 | 0.1753 | 0.4512 | 0.2860 | 0.1753 | 0.4613 |
| 2025 | 0.2186 | 0.1997 | 0.4184 | 0.2433 | 0.1977 | 0.4410 | 0.2607 | 0.1977 | 0.4584 |
| 2030 | 0.1927 | 0.2468 | 0.4396 | 0.2150 | 0.2417 | 0.4567 | 0.2367 | 0.2409 | 0.4777 |
| 2035 | 0.1918 | 0.3124 | 0.5042 | 0.2175 | 0.3026 | 0.5202 | 0.2407 | 0.2994 | 0.5402 |
| 2040 | 0.2054 | 0.3650 | 0.5704 | 0.2366 | 0.3498 | 0.5865 | 0.2629 | 0.3431 | 0.6061 |
| 2045 | 0.2067 | 0.3797 | 0.5864 | 0.2384 | 0.3592 | 0.5977 | 0.2686 | 0.3490 | 0.6176 |
| 2050 | 0.1982 | 0.4009 | 0.5992 | 0.2249 | 0.3725 | 0.5975 | 0.2581 | 0.3578 | 0.6159 |

---

[①] 李建民、原新、王金营：《持续的挑战——21世纪中国人口形势、问题和对策》，科学出版社2000年版，第70页。

4. 育龄妇女人口发展趋势

人口再生产过程是一个世代更替、周而复始的过程，某一代的人口特征往往会影响并表现在随后几代的人口特征上。开始于 20 世纪 70 年代初期的计划生育所引起的人口增长急刹车效应已经并将继续对 21 世纪人口发展产生重大而深远的影响。由于受 20 世纪 60～70 年代第二次生育高峰出生人口（目前尚未完全退出育龄期）和 20 世纪 50 年代第一次生育高峰与第二次生育高峰前期出生的第二代的叠加影响，本世纪前期将形成育龄妇女人口数的峰值。按照本文中方案预测，我国育龄妇女人数将在 2006 年达到峰值 36 698 万人，然后逐渐回落，到 2010、2020、2030、2040、2050 年分别为 36 762、32 349、30 840、26 671、25 870 万人（见表 25）。

表 25　2005～2050 年全国育龄、旺龄妇女人数

| 年份 | 低方案 | | 中方案 | | 高方案 | |
|---|---|---|---|---|---|---|
| | 15～49 | 20～29 | 15～49 | 20～29 | 15～49 | 20～29 |
| 2005 | 36632 | 9644 | 36632 | 9644 | 36632 | 9644 |
| 2010 | 36762 | 10956 | 36762 | 10956 | 36762 | 10956 |
| 2015 | 34484 | 10112 | 34484 | 10112 | 34484 | 10112 |
| 2020 | 32250 | 7241 | 32349 | 7241 | 32349 | 7241 |
| 2025 | 30518 | 7053 | 30980 | 7152 | 30980 | 7152 |
| 2030 | 29896 | 7936 | 30840 | 8396 | 30983 | 8396 |
| 2035 | 28200 | 7999 | 29547 | 8843 | 30012 | 8986 |
| 2040 | 24973 | 7300 | 26671 | 8186 | 27479 | 8649 |
| 2045 | 23504 | 5962 | 25644 | 6720 | 26813 | 7383 |
| 2050 | 23153 | 5349 | 25870 | 6149 | 27454 | 6854 |

育龄妇女中处于生育活跃期的 20～29 岁妇女，是生育行为的高发人群，属于生育旺盛期年龄段。中方案显示，2005 年我国 20－29 岁妇女人数为 9 644 万人，在经过一个上升阶段以后逐步下降，2010、2020、2030、2040、2050 年 20～29 岁妇女人数分别为 10 956、7 241、8 396、8 186、6 149 万人。由此可见，我国育龄妇女人数在本世纪前半叶始终保持在高位上运行，其年龄结构也比较稳定，尤其是每年进入育龄期的低龄妇女相当稳定，没有明显减少的趋势。

# 第六章　我国人口政策的调整

政策过程中，由于政策问题的变迁、政策制定者和政策执行中的偏差等各方面因素的影响，使政策出现了与预期不一致的情况，这时需要对政策进行调整，使其适应新形势的需求。政策调整是政策过程中不可缺少的环节。它是指政策的制定者根据新形势的需要，对政策的内容和形式进行不断的修正、补充和发展，对政策的局部修正、调整和完善，以便达到预期政策效果的政策行为。政策调整是政策方案的重新制定和执行的过程，实质上是政策制定过程的延续。通过对政策进行相应的调整，及时纠正政策制定和执行过程中的偏差，使政策更好地符合客观实际的需要，更好地实现公共政策的目的，以便有效的解决公共政策问题。公共政策的实施是对公共政策的最好的检验，在公共政策的实施阶段，对公共政策的实施进行评估，将对政策实施所产生的实际结果与预期目标进行比较，发现两者之间的偏差，从而对公共政策进行调整使其符合客观实际的需要。

## 一、坚持抑或妥协：国家政策与民众意愿的冲突

西方的社会冲突理论是现当代西方社会学中以社会冲突为研究对象的重要社会思潮。它将冲突视为社会互动的一种基本形式，强调人们因有限的资源、权力和声望而发生的斗争是永恒的社会现象，也是社会变迁的主要源泉。该理论认为：社会的各部分远不是作为整体一部分而平衡运行

的，实际上，他们是互相冲突的。① 科塞作为二十世纪五六十年代形成的社会冲突学派的代表人物，他的冲突功能主义理论更是具有十分深远的影响。本文试图用社会冲突理论诠释 1980 年代中国生育政策在运行的过程中，国家政策与民众意愿在面临"坚持抑或妥协"时选择，从一个侧面印证社会学冲突理论在当今社会的理论和实践意义。

1980 年代中国生育政策的运行之所以成为一个非常重要的社会学议题，一方面是它关涉到国家为了达到既定的经济和人口目标（"到 20 世纪末实现四个现代化"；"到二十世纪末人口数量不超过 12 亿，人口增长为零"），对民众生育子女的数量实行了严格限制（一对夫妇只生育一个孩子）；另一方面，在传统"早多男"生育文化、和当时比较落后社会经济以及较欠缺的社会保障背景的多重作用下，民众对生育子女数量的意愿和要求超出了国家所制定的生育子女数量的限制。于是，就产生了冲突。这从一个方面印证了科塞关于冲突原因的命题：不平等系统中的统治者对现存稀缺资源分配的合法性提出质疑时，更有可能发生冲突。由于这场冲突关涉到双方的现实利益（对国家来说：在较短时间内控制人口数量；对民众来说：提高人均国民生产总值），他们更有可能寻求在实现利益上的妥协。因此，这场冲突的双方在共同利益面前，逐渐妥协，从而实现了国家政策与民众意愿的两者利益的最大化。这样，科塞关于冲突功能的命题在这里又得到印证，即：社会冲突是否有利于内部适应，取决于是在什么样的问题上发生冲突，以及冲突发生的社会结构。②

### （一）冲突的缘起：国家政策与民众意愿的冲突

对社会冲突的定义有多种方式。科塞认为，冲突是对有关价值、对稀有地位的要求、权力和资源的斗争。③ 在这个定义中，科塞把冲突的原因归结为权利、地位、资源的分配不均等物质性因素和价值观的不一致等非物质性因素。在科塞看来，二者中的任何一个在互动中均可构成冲突的根

---

① 戴维·波普诺：《社会学》，李强等译，中国人民大学出版社 1999 年版，第 18 页。
② 科塞：《社会冲突的功能》，孙立平等译，华夏出版社 1989 年版，第 135 页。
③ 科塞：《社会冲突的功能》，孙立平等译，华夏出版社 1989 年版，第 2 页。

源。如果对民众来说，生育子女的数量也是一种价值、稀有地位的要求、权力和资源的话，那么，1980 年代中国生育政策在运行过程中出现的冲突就是国家政策与民众意愿基于对这样的价值、稀有地位、权力和资源的要求和斗争。

1. 国家为了达到既定的经济和政治目标

1978 年 12 月召开的十一届三中全会提出了在 20 世纪末实现四个现代化的宏伟目标。为了使这一时期的人口增长和社会经济发展相适应，国家对人口控制提出了三个明确的目标：第一，到二十世纪末人口数量不超过 12 亿；第二，到二十世纪末人口增长为零；第三，1980 年人口自然增长率降到 1‰ 以下。

当时我国的人口形势是这样的：1978、1979 年末总人口分别为 96259、97542 万人，出生率分别为 18.25‰、17.82‰，自然增长率分别为 12.00‰、11.61‰，总和生育率为分别为 2.12、2.24。[①] 根据人口基本情况，设定不同人口增长的参数，会出现不同的情况：第一，1978 年末总人口是 96259 万人，如果按照新中国成立后到当时年均递增 2.0% 推算，到 20 世纪末是 14.8 亿。如果按 1966－1971 年间年均递增 2.6% 推算，到 20 世纪末近 17.0 亿。第二，如果按照当时计划生育工作开展水平，即：农村两胎以上的有 30.0%，城镇有 10.0%，则每年仍净增人口 1000 多万，到 20 世纪末接近 13 亿。第三，如果每对夫妇生育两个小孩，1980 年人口自然增长率能降到 1.0% 以下，到 20 世纪末人口可控制在 12 亿以内。要实现国家提出的三个人口控制目标，学术界的建议是：杜绝一对夫妇生育三个和三个以上孩子（当时农村家庭有 30.0%、城镇家庭有 10.0% 以上生育三胎），大力提倡一对夫妇生一个孩子；至 20 世纪末，逐步做到城市一半家庭生育一个孩子，农村 1/4 家庭生育一个孩子。按这个方案推算，从 1980 年代初至 20 世纪末期这段时期，人口增长率能稳定在 0.9%－1.0% 之间，到 20 世纪末增长率可以降到 0.47%，人口总数在

---

① 国家统计局编，《中国统计年年鉴》，北京：中国统计出版社 1993 年，第 81－82 页。

11.8 亿左右。[①] 其它学者也表达了相似的观点。[②]

具有官方背景的人民日报也对我国人口的形势及其发展趋势进行了测算：我国人口在 1963 年到 1970 年这一段时间增加得最快，现在 30 岁以下的人，约占全国人口总数的 65.0%，今后每年平均有两千多万人进入结婚生育期。如果不从现在起用三四十年特别是最近二三十年的时间普遍提倡一对夫妇只生育一个孩子，控制人口的增长，按目前一对夫妇平均生 2.2 个孩子计算，我国人口总数在 20 年后，将达到 13 亿，在 40 年后将超过 15 亿。而解决这一问题的最有效的办法，就是实现国务院的号召，每对夫妇只生育一个孩子。[③]

在这样的背景下，1980 年 9 月 25 日，中共中央、国务院在发表的《关于控制我国人口增长问题致全体共产党员、共青团员的公开信》中提出，"为了争取在本世纪末把我国人口总数控制在 12 亿以内，国务院已经向全国人民发出号召，提倡一对夫妇只生育一个孩子。"并认为这是一项关系到四个现代化建设的速度和前途，关系到子孙后代的健康和幸福，符合全国人民长远利益和当前利益的重大措施。值得注意的是，国家政策虽然只是"提倡一对夫妇只生育一个孩子"，但是面对当时困难的人口形势，实际工作部门却把它作为一个具有到法律作用的中央文件，并以此作为在全国不分城乡地推行"一对夫妇只生育一个孩子"生育政策的"尚方宝剑"。

### 2. 民众的生育意愿

那么当时的主客观情况能否满足在全国不分城乡地推行"一对夫妇只生育一个孩子"生育政策呢？这里我们先来分析这一时期的民众生育

---

① 刘铮等，《对控制我国人口增长的五点建议》，《人口研究》1980 年第 3 期。

② 其它学者也对这一时期的人口形势作了预测：1980－1984 年间，一对育龄夫妇平均生育子女数为 3 个、2.3 个、2 个、1.5 个，且总和生育率有显著降低；从 1985 年开始，全部生育一个孩子，到 2000 年我国人口总数将分别达到 14.14、12.82、12.17、11.25 亿；也就是说，到 20 世纪末，若要人口不超过 12 亿，一对夫妇生育孩子数只能在 1.5 个以内，最好是一对夫妇只生育一个孩子（宋健等：《关于我国人口发展目标问题》，《光明日报》1980 年 2 月 13 日）。

③ 人民日报：《党中央号召党团员带头只生一个孩子》，《人民日报》1980 年 9 月 26 日。

意愿。

生育意愿是指人们在生育子女方面的愿望和要求，体现在对生育孩子的数量、时间、性别、素质等方面的期望。它主要包括四个方面的内容：一是人们的生育目的，即为什么要生育子女；二是生育数量的看法，即生育子女的理想数目；三是关于子女性别的看法，即希望生育什么样的子女；四是人们的生育时间，即什么年龄段生育最好。生育意愿直接支配人们的生育行为。宏观上，生育意愿反映了社会的生育文化；微观上，生育意愿体现着个体行动者的理性选择。

生育意愿是多因素作用的结果。生育文化是其中一个重要因素，"生殖作用在人类社会中已成为一种文化体系。种族的需要延续并不是靠单纯的生理行动及生理作用而满足的，而是一套传统的规则和一套相关的物质文化的设备活动的结果。"[①] 中国传统生育文化对子女数量、性别[②]以及目的的期盼是比较高的，并对不同时期的人口生育产生重要影响。

不同的调查数据显示，1980年代民众生育意愿在子女生育数量方面为二个左右（见表26）。1979年底，北京、四川农村青年意愿生育二孩的比例分别为66.5%、75.2%；1988年吉林和湖北的夫妇意愿生育二孩的比例分别仍然高达63.0%、76.6%；这一时期，城市地区居民意愿生育二孩的比例也在60%左右。1979年底北京城区居民意愿生育二孩的比例分为57.7%，1981年底上海城区居民意愿生育二孩的比例分为68.0%，1987年北京城区居民意愿生育二孩的比例分为76.6%，1988年湖北城区居民意愿生育二孩的比例分为76.6%。

---

① 马林诺夫斯基：《文化论》，商务印书馆1987年版，第25页。

② 中国传统生育文化对子女性别的期盼主要表现为男孩。到1980年代，这种现象在某些地区还存在着。据《人民日报》报道，安徽省怀远县某个生产大队，1980年和1981年共溺死女婴40多个；该县君王公社梅庄大队，1982年第一季度生了8个小孩，其中5个女婴有3个被溺死，2个被遗弃（《农村溺弃女婴现象仍然存在》，《人民日报》1983年4月7日）。

表 26  1980 年代不同地区民众的理想子女数

| 年份 | 地点 | 对象 | 理想子女数/% | | | | |
|------|------|------|------|------|------|------|------|
| | | | 0 个 | 1 个 | 2 个 | 3 个及以上 | 均数/个 |
| 1979 年底 | 北京农村 | 15—30 岁青年 | 2.4 | 26.7 | 66.5 | 4.5 | 1.78 |
| 1979 年底 | 北京城区 | 未婚青年 | 5.8 | 57.7 | 35.8 | 0.7 | 1.32 |
| 1979 年底 | 四川农村 | 未婚青年 | — | 20.6 | 75.2 | 4.2 | 1.79 |
| 1981 年底 | 上海市郊 | 农民 | — | — | — | — | 1.97 |
| 1981 年底 | 上海城区 | 未婚青年 | — | 31.0 | 68.0 | — | 1.70 |
| 1984 年 | 浙江 | 未婚青年 | — | 59.1 | 40.5 | — | 1.41 |
| 1984 年 | 湖北西部 | 富裕农民 | 0.1 | 2.7 | 62.5 | 33.8 | 2.45 |
| 1986 年 | 浙江 | 农民 | — | — | — | — | 2.34 |
| 1986 年 | 上海郊县 | 夫 | — | — | — | — | 1.82 |
| | | 妇 | — | — | — | — | 1.84 |
| 1986 年 | 山东文莱 | 富裕农民 | — | 15.3 | 78.6 | 6.1 | 1.91 |
| | 山东单县 | 贫困农民 | — | 4.8 | 65.4 | 29.8 | 2.25 |
| 1986 年 | 福建 | 农民 | — | — | — | — | 3.16 |
| 1987 年 | 甘肃 | 妇女 | — | 2.0 | 27.0 | 71.0 | 2.69 |
| 1987 年 | 吉林 | 妇女 | — | 13.6 | 62.3 | 24.1 | 2.21 |
| 1987 年 | 北京城区 | 已婚妇女 | — | 19.8 | 76.6 | 3.6 | 1.84 |
| 1988 年 | 吉林 | 已婚妇女 | — | 30.6 | 63.0 | 6.4 | 1.76 |
| 1988 年 | 湖北五城市 | 夫妇 | — | 19.8 | 76.6 | 3.6 | 1.84 |

资料来源：风笑天等：《二十年城乡居民生育意愿变迁研究》，《市场与人口分析》，2002 第 5 期。

西方人口经济学家莱宾斯坦指出：随着社会经济的发展，家庭收入的增加，人们越来越重视维持或提高家庭的社会经济地位，父母想生孩子的数量会逐渐减少。[①] 那么，处于 1980 年代的经济水平的居民意愿生育率是多少呢？这一时期，中国农村全家年平收入为 3300 元左右，其意愿生育率为 3.87 个孩次。[②] 这也可以从这一时期的人口总和生育率[③]水平上反

①  Harvey Leibenstein，1976，The relationship between economic development and fertility，Population Growth and Economic Development in the Third World，L. Tabah ed Vol. 2. p.490.

②  周连福等：《生育与相关社会经济因素关系的研究》，《人口学刊》1997 年版第 5 期。

③  总和生育率是指假设妇女按某一年的年龄别生育率度过育龄期，平均每个妇女在育龄期生育的孩子数。实际上，它就是假设一个妇女在整个育龄期都按照某一年的年龄别生育率生育，她所生育孩子的总数。一般认为，总和生育率在 2.1 左右称为生育率的更替水平，表明人口数量会维持现状；如果总和生育率<2.1，则人口数量经过一段时间后就会减少；如果总和生育率>2.1，则人口数量经过一段时间后就会增长。

映出来。1975、1978、1979、1980 年我国妇女总和生育率分别为 3.57、2.72、2.75、2.24；[①] 1975—1981 年间，农村地区妇女总和生育率分别为 3.951、3.582、3.116、2.968、3.045、2.480、2.910，均值为 3.15，[②] 都高于"一对夫妇只生育一个孩子"生育政策要求。

性别偏好是生育意愿的另一个重要指标，它对居民的理想子女数的多少也有较大的影响。各种调查数据显示，1980 年代生育一男一女是居民最为普遍和强烈的愿望（见表 27）。1979 年北京郊区、四川农村选择期望生育一男一女的分别达到了 54.6%、50.6%；到 1986 年四川泸州选择期望生育一男一女仍然为 67.2%。民众表现在子女生育数量和性别偏好方面的生育意愿从一个侧面说明该时期"一对夫妇只生育一个孩子"生育政策的不现实性。

表 27　1980 年代不同地区民众的理想子女性别

| 年份 | 地点 | 对象 | 理想子女性别/% | | | | | | | |
|------|------|------|------|------|------|------|------|------|------|------|
| | | | 1 男 | 1 女 | 随便 | 2 男 | 2 女 | 1 男 1 女 | 随便 | 其它 |
| 1979 年 | 北京郊区 | 男 | 8.7 | 1.5 | 17.9 | — | — | 54.6 | — | — |
| | | 女 | 7.3 | 1.5 | 16.9 | — | — | 50.6 | — | — |
| | 四川农村 | 未婚青年 | 4.3 | 1.8 | 14.6 | — | — | 65.9 | — | — |
| 1983 年 | 安徽滁县 | 育龄妇女 | 2.5 | 0.2 | — | 12.1 | 0.6 | 68.0 | — | 16.8 |
| 1984 年 | 江苏扬州 | 已婚男 | 6.0 | 1.0 | 36.0 | 2.0 | 1.5 | 47.0 | 6.5 | |
| | | 已婚女 | 4.1 | 4.6 | 35.0 | 1.0 | 2.6 | 43.3 | 7.2 | |
| 1984 年 | 浙江 | 未婚青年 | 10.2 | 2.5 | 52.4 | 2.3 | 0.5 | 27.4 | 1.4 | 3.4 |
| 1986 年 | 四川泸州 | 农民 | — | — | — | 0.6 | 0.3 | 67.2 | 31.9 | |

资料来源：风笑天等，2002，《二十年城乡居民生育意愿变迁研究》，《市场与人口分析》第 5 期。

科塞认为社会问题的产生来源于社会不同群体，不同组织间的持续不断的利益冲突和价值冲突。[③] 1980 年代，国家与民众关于生育政策的利

---

①　姚新武：《中国生育数据集》，北京：中国人口出版社 1995 年版，第 2 页。
②　中国人口信息研究中心：《中国 1‰人口生育抽样调查主要数字汇编》，北京：新世界出版社 1988 年版，第 25 页。
③　科塞：《社会冲突的功能》，孙立平等译，华夏出版社 1989 年版，第 135 页。

益、价值观念的不同，于是就产生了冲突。

**（二）冲突的转折：国家和民众关于生育政策方面坚持抑或妥协的选择**

国家为了实现既定的经济和政治目的所制定的关于一对夫妇只生育一个孩子的政策与广大群众特别是占 80％的农村民众群体的生育期望和实际生育的子女数有较大的差距，并与人民群众的生育期望值产生了严重冲突。特别地，由于此期农村地区相继开始了联产承包责任制，随着农村基层政权对农户约束力的减弱，联产承包责任制后民众生活较以前有了较大幅度的提高，他们的生育欲望有所扩张。同时，"大跃进"及三年困难时期后补偿性生育的人口也开始进入了育龄年龄阶段。因此，这一时期人口出生率、自然增长率、总和生育率都有所反弹。也就是说，这几年农村育龄妇女的生育水平超过或接近三个孩子，这更从反面说明了独生子女人口政策在农村地区不具备可操作性。

这里以 1982 年全国、城市及农村地区育龄妇女生育状况构成为例来作说明（见表 28）。1982 年农村地区一胎率只有 57.70％，独生子女领证率只有 59.02％，多胎率却有 16.69％；城市的一胎率为 83.76％，多胎率为 5.19％。[①] 也就是说，无论是从这一时期农村地区的总和生育率、还是从多胎率和独生子女领证率来看，远远还没有达到"一对夫妇只生育一个孩子"的政策要求。

**表 28　1982 年城乡育龄妇女生育状况构成**

|  | 全国/% | 城市/% | 乡村/% |
|---|---|---|---|
| 一胎率 | 61.21 | 83.76 | 57.70 |
| 多胎率 | 15.14 | 5.19 | 16.69 |
| 独生子女领证率 | 66.77 | 90.79 | 59.02 |
| 初婚年龄 | 22.66 | 24.93 | 22.07 |
| 女性晚婚率 | 64.89 | 80.48 | 60.98 |
| 节育率 | 89.60 | 94.70 | 88.70 |

---

① 中国人口情报资料中心：《中国人口资料手册》，中国人口情报资料中心 1984 出版，第 50 页。

虽然这一期间有国家有关部门也注意到了这个问题，提出有近 8 亿民众的计划生育工作要坚持"预防为主、避孕为主"的方针，[①] 并要求把目前"农村计划生育工作的重点放在杜绝多胎生育和按照政策有计划地安排第二胎上，逐步做到一对夫妇只生育一个孩子。"[②] 虽然，党中央在发出"公开信"之时，也考虑到了在实际工作中的难度，因而，强调计划生育工作要以思想教育为主，"坚决不干强迫命令违法乱纪的事，也劝说别人不干强迫违法乱纪的事，"但是，一些地方政府和实际工作部门为了完成人口计划任务，再加上有一些农村基层干部的工作作风和工作方法确有粗暴和不当之处，一时间，因计划生育工作，干群关系十分紧张，不少地方出现了比较严重的对立甚至冲突情绪。

　　这种对立、冲突情绪至少反映在两个层次上：第一，中国当时相对落后的社会经济发展水平[③]和薄弱的社会保障特别是养老保障体系[④]，是广大民众产生"多子多福"、"养儿防老"生育观念的深厚土壤。这种事实决定了广大民众不可能接受"一对夫妇只生育一个孩子"这样一个严厉的生育政策，并认为这已经损害了他们基本的经济利益和安全保障。

　　第二，中国人的生育观念有着中国文化的深厚烙印。中国人崇拜祖先，注重传宗接代，从这个意义上来讲，中国人对男性的偏好不再只是经济意义上的（如农业劳动力、养老等），而是一种深层次精神需要。这也就是为什么不少先富裕起来的民众即使是从经济学角度来说，无需男性劳

----

　　① 人民日报：《计划生育工作要常抓不懈》，《人民日报》1981 年 1 月 27 日。

　　② 人民日报：《认真研究计划生育的新形势》，《人民日报》1981 年 8 月 18 日。

　　③ 1978、1980、1985、1986、1987、1988、1989 年，我国农村居民家庭人均纯收入分别为 133.6、191.3、397.6、423.8、462.6、544.9、601.5 元；城镇居民家庭人均可支配收入分别为 343.4、477.6、739.1、899.6、1002.2、1181.4、1375.7 元（国家统计局：《中国统计摘要》，中国统计出版社 1999 年版，第 78 页）。

　　④ 社会保障包括多方面的内容，养老保险是其主要组成部分。这一时期，我国城镇职工实行的是退休养老保险制度，但水平非常低，同时随着养老人数的增长还面临着难以为继的境地；农村地区由于联产承包责任制实施后集体经济的弱化，对传统"五保"制度造成了很大冲击，其养老保险出现许多的空白。

动力和养老，但也要拼命实现拥有"男根"的强烈愿望①。"一对夫妇只生育一个孩子"生育政策的推行会使将近一半的民众满足不了这一生育愿望。所以，在1980年代，无论是在经济利益层面，还是在生育观念层面上，"最多两孩"的生育政策的要求都已经达到了民众生育意愿和生育行为所能承受的最大极值。从"两孩"到"一孩"政策，看起来是一孩之差，但却发生了质变，完全突破了民众群众最基本、最本质的生育愿望。这恐怕是"一孩"政策很难得以实施的根本原因。与此相反，另有一些地区深感推行只生一个孩子的政策太脱离群众，干脆撒手不管，放任自流，反而助长了多胎生育现象。

在生育意愿尚未完全转变的情况下，强硬的行政管理使得干部的工作难做，干群关系紧张，影响社会稳定。当时大多数育龄群众的生育意愿为二个孩子，在这二个孩子中，更多的夫妇倾向于至少有一个男孩。因而当时的生育政策，不论是一孩政策、一孩半政策还是二孩政策与多数人的意愿还有一定的差距。②

于是，学术界对不分城乡实行的"一对夫妇只准生一个孩子"生育政策开始反思，并提出了一些新的思路。唐元认为：实施"一对夫妇只生育一个孩子"生育政策，要考虑到我国城市和农村在经济发展和生活水平上的差异，有所区别：（1）城市和工矿企业，以及县城、集镇和农村凡有固定工资收入并能享受退休待遇者，一般每对育龄夫妇只生育一个孩子；（2）广大农村和城市郊区的农、牧、渔民和其他居民，因暂无年老退休制度，凡头胎是男孩的就只生一个；头胎是女孩的，可以再生一个；（3）符合政策规定生二胎者，可生两个。那么，实施"允许农村独女父母生二

---

① 据《农民日报》1988年8月18日报道：湖北省远安县一位年仅38岁的妇女已连生9胎，9个女儿中最大的22岁，最小的6岁。当问到她"你为什么要生这么多？"她回答说："一直想要个儿子。家里兄弟俩，另两个都有儿子，没有儿子被认为没有用。生了姑娘家里还不给饭吃。"另据《人民日报》1989年1月13日报道：江苏省铜山县汉王乡赵山村农妇梁氏，为了求得一个男孩，先后生了10个孩子。前面9个都是女孩，第10个是男孩。安徽省阜阳地区某中年妇女，带着6个子女，拉一辆平板车在外流浪；当行到河南省安阳县洪河屯乡时，又生下第7个孩子。

② 课题组：《中国未来人口发展与生育政策研究》，《人口研究》2000年第3期。

胎"生育政策，2000 年我国人口总数为 11.6517 亿，不超过 12 亿人。[①]

在这样的背景下，党中央和国务院采取了实事求是的态度，对生育政策进行了重新研究。1981 年 9 月，中央书记处听取并讨论了计生委关于计划生育工作的汇报。会议认为：今后在城市仍然应该毫不动摇地继续坚持提倡每对夫妇只生一胎；农村地区则提出了两种方案：第一，提倡每对夫妇只生一胎，允许生两胎，杜绝三胎；第二，一般提倡每对夫妇只生一胎，有实际困难的可以批准生两胎。[②] 后来，经过讨论，选择了第二种方案。

1982 年 10 月，中央办公厅、国务院办公厅在转发的《全国计划生育工作纪要》中列出了照顾某些有困难的农村群众生二个孩子的十种情况：(1) 第一个孩子有非遗传性残疾，不能成为正常劳动力的；(2) 重新组合的家庭，一方原只有一个孩子，另一方系初婚的；(3) 婚后多年不育，抱养一个孩子后又怀孕的；(4) 两代或三代单传的；(5) 几兄弟只有一个有生育能力的；(6) 男到独女家结婚落户的；(7) 独子独女结婚；(8) 残废军人；(9) 夫妇均系归国华侨的；(10) 边远山区和沿海渔区的特殊困难户。[③] 这些规定使农村阶层人口有了生育二孩的可能。但是，根据国家计生委的测算，全部按十种情况生育二孩，也只能占到需求的 5%，因而，这实际上并未能真正解决农村地区民众生育的实际困难。可以说，直到这时，国家政策和民众意愿关于生育政策上的冲突只是出现了转机，或者是说只得到了部分的解决。

**（三）冲突的解决：实现国家和民众利益最大化**

鉴于"一对夫妇只生育一个孩子"生育政策在农村地区陷入窘境，难以为继，并产生了许多政策决策者当初未能预料到的负面效应，为了缩小政策与生育意愿的差距，缓和干群关系，1984 年 4 月，党中央在批转的国家计生委党组《关于计划生育情况的汇报》中认为：要把计划生育政策

---

① 唐元：《关于贯彻中共中央公开信的一点建议》，《人口研究》1981 年第 2 期。

② 杨魁孚等：《中国人口与计划生育大事要览》，北京：中国人口出版社 2001 年版，第 90—91 页。

③ 彭珮云：《中国计划生育全书》，北京：中国人口出版社 1997 年版，第 21 页。

建立在合情合理、群众拥护、干部好做工作的基础上，因此，根据我国当前的实际情况，为在本世纪末把我国人口控制在 12 亿以内，要继续提倡一对夫妇只生育一个孩子；同时要进一步完善计划生育工作具体政策。当前要做的主要工作有：第一，对农村继续有控制地把口子开得稍大一些，按照规定的条件，经过批准，可以生二胎；第二，坚决制止大口子，即严禁生育超计划的二胎和多胎；第三，严禁徇私舞弊，对在生育问题上搞不正之风的干部要坚决予以处分。在指导思想上，要彻底纠正"强迫命令不可避免"的错误看法，严禁采取野蛮做法和违法乱纪的行为；要重申不搞强迫命令的有关规定，并严格遵照执行。① 这样就形成了所谓"开小口"、"堵大口"、"刹歪口"的人口生育政策。"口子"生育政策的实施，标志着对"一对夫妇只生育一个孩子"生育政策调整和完善工作的开始。

与此同时，理论界也在探讨适合农村地区实际情况的生育政策。1984年 2 月，梁中堂提出了在农村地区实行"晚婚加间隔"生育政策，即：允许一对夫妇生育二个孩子，但间隔必须延长到 8—10 年；继续提倡和鼓励一对夫妇只生一个孩子，并争取独生子女率达到 30%。如果实行这样的方案，在 20 世纪末可以把人口控制在 12 亿以内。② 马瀛通、张晓彤提出"允许农村地区育龄夫妇在 24 岁生育第一胎，间隔四五年再生一个"的方案。按照这样的方案，到 20 世纪末中国人口总数控制在 12 亿左右，而不是 12 亿以内。③ 这是理论界第一次提出"到 20 世纪末人口总数控制在 12 亿左右，而不是 12 亿以内"命题。这对以后国家人口政策的制定产生了重大影响。后来的实际情况也证明了这一命题的正确性。

然而，由于推行独生子女人口政策在人们心理上形成的不正常心态，调整后的"口子"政策在理论工作者和实际工作者中都产生了很大的震动和不同的认识，许多人把调整政策同严格控制人口增长对立起来，认为调整政策实际上是放松计划生育工作。另一方面，调整政策没有充分估计到

---

① 彭珮云：《中国计划生育全书》，北京：中国人口出版社 1997 年版，第 24—27 页。

② 彭珮云：《中国计划生育全书》，中国人口出版社 1997 年版，第 573—575 页。

③ 彭珮云：《中国计划生育全书》，中国人口出版社 1997 年版，第 575—576 页。

两种政策替代的困难，政策本身又缺乏可操作性；更由于有关文件旨在破除不顾实际情况、没有差异的"一刀切"标准，却忽略了"开口子"的标准，如何从"紧"政策过渡到"松"政策，都缺乏准备。[①]"开口子"调整的人口生育政策不仅没有达到预期的目标，反而引起了不少地区计划生育工作的波动和混乱。不少地区按照各自的理解去实施贯彻，不少地方竞相攀比"口子"的大小，诱发了"抢生"、"超生"、"偷生"现象[②]，致使这些地方人口控制出现波动，实际生育水平出现回升。还有一些地区竟然制定了违背计划生育政策"乡规民约"。[③] 因此，如果说，"一对夫妇只生育一个孩子"生育政策在于脱离了农村客观实际情况，脱离了对民众生育期望的研究，那么"开口子"调整政策在进一步认识了我国的客观现实之后，却又忽略了对政策本身所涉及的具体问题的研究，尤其是两种政策之间的衔接点和过渡性等实质性问题。因此，"一对夫妇只生育一个孩子"生育政策导致了一些地区出现了"少生就是一切"的极端；而"开口子"调整政策导致了一些地区计划生育工作的失控。我国计划生育人口政策的两次变迁给后来的生育政策带来了深刻的影响。

　　关于在农村如何做到开小口、堵大口、刹歪口，有效地控制住我国人口的过快增长，国家计生委在全国有计划地设置试点县，进行实验，以便分别不同情况，总结试点经验，分类指导和完善农村生育政策。国家计生委吸取了山东省开小口、堵大口的行之有效的经验，即在符合一定的条件

---

　　① 李建新：《七、八十年代中国生育政策的演变及其思考》，《人口学刊》1996 年第 1 期。

　　② 1984 年，有关部门提出"开小口、堵大口"办法，规定允许部分有实际困难的农户生育两个孩子，"将农村照顾二胎 5％以下的比例，扩大到 10％左右"；1985 年又把这个比例扩大到 20％；1986 年又提出照顾独女户，将上述比例又扩大到 50％。但"小口"好开，"大口"难堵。由于这一政策的失误，许多地方出现了"有钱的买着生，有权的明着生，胆大的抢着生，没钱没势的偷着生"等等现象，一些地区的多胎率高达 45％以上。据《中国农民报》1984 年 2 月 7 日报道：四川渠县清龙公社党委副书记朱某某违反计划生育政策，1980 年前他爱人生下两女后，不采取节育措施，1981 年 9 月又生下第三胎，1983 年 7 月又强行生下第四胎。这样的例子在全国其它地方出现了不少。

　　③ 据《中国农民报》1981 年 9 月 27 日报道：广东信宜县丁堡公社某些生产队的"乡规民约"中规定：一对夫妇可以生育第三胎；如还没生育男孩子的，还可以生育第四胎、第五胎，甚至可生育到有男孩为止。

下，允许农村独女户夫妇再生一个孩子的办法。党中央肯定了这一经验。1986 年 12 月中央明确指出：农村应该有个长期、稳定，得到多数民众支持的计划生育的人口政策，除过去规定的一些特殊情况可以生育两个孩子外，要求生育第二胎的独女户，间隔若干年后可允许生二胎。这反映在计划生育的实际工作中，各地区的计划生育工作掌握了主动权。于是，各地区在国家总的生育政策的指导下，根据其实际情况，对生育政策进行了调整，逐渐形成了符合当地实际情况的生育政策类型。具体地说，农村地区的生育政策大致有三类情况：第一类是一对夫妇只生一个孩子，同时严格按照规定条件照顾生两个孩子，照顾生二孩的比例不超过 10％，实行这一政策的是北京、上海、天津、江苏、四川等五个省、市；第二类是照顾独女户可生两个孩子，河北、山西、辽宁等 18 个省、自治区实行这一政策；第三类是基本允许生两个孩子，宁夏、云南、青海、广东、海南等省、自治区实行这一政策。由此可见，农村绝大多数地区是实行 1.5 个孩子左右的开放女儿户的政策，而不是"一对夫妇只生育一个孩子"生育政策。

在此基础上，为了使生育政策尽快地稳定下来，1988 年 3 月，中央政治局常委会专门会议讨论并原则同意国家计生委《计划生育工作汇报提纲》。会议认为：农村应该有个长期、稳定、得到多数民众支持的计划生育政策，除了过去规定的一些特殊情况可生两个孩子以外，要求生第二胎的独女户，间隔几年以后可允许生二胎，这一"间隔"非常重要。会议同时还规定了现行计划生育人口政策的具体内容，即："提倡晚婚晚育、少生优生，提倡一对夫妇只生一个孩子；国家干部和职工、城镇居民除特殊情况经过批准外，一对夫妇只生一个孩子；农村某些群众确有实际困难，包括独女户，要求生二胎的，经过批准可以间隔几年以后生第二胎；不论哪种情况都不能生三胎；少数民族地区也要提倡计划生育，具体要求和做法可由有关省、自治区根据当地实际情况制定。"[①]

---

① 杨魁孚等：《中国人口与计划生育大事要览》，北京：中国人口出版社 2001 年版，第 169－171 页。

这样，经过数次调整和完善，到 1980 年代末期，我国形成了将国家和民众两利的生育政策，从而实现了国家政策和民众意愿在生育政策方面的利益最大化。冲突由此解决。

通过以上的分析，得出几点结论：

首先，国家是各种社会、经济、政治政策的制定者和执行者，在制定、执行政策的过程中，要充分考虑不同阶层、不同群体的自身利益，并充分听取他们诉求；还要设立不同的利益表达机制。只有这样，才能保证在关乎冲突双方现实利益面前，冲突双方寻求在现实利益上的妥协。1980 年代国家为了满足民众适当的生育意愿对生育政策的调整和完善、最后制定出国家和民众都较满意的生育政策的这一过程，就充分地说明了这一点。

其次，科塞认为一种关系内部没有冲突不能成为其基础稳固的标志，因为关系双方害怕断绝这种关系，就努力避免表现出他们的敌对情绪，也就不会有任何冲突行动，但这种表面的和谐显然不能表示他们之间关系的稳固。如果关系双方认识到关系是牢固的，那么这种关系内经常的冲突也会不断，因为他们意识到这无害于彼此的关系，他们就会自由地表达自己的感情和行为。[①] 1980 年代中国生育政策在运行过程中出现的国家政策和生育意愿上的冲突，之所以能够在控制的范围之内，就是因为冲突双方并没有根本的利益冲突，并随着冲突的解决双方关系会更加牢固。

再次，对整个社会系统而言，冲突能够建立并保持一种平衡机制，促进社会结构的整合和完善。科塞认为，社会冲突有可能使矛盾激化，但也有可能使矛盾得到解决或缓解；一个富有弹性、允许社会冲突存在并将其制度化的社会结构，就会将冲突（对立分歧和敌意等情绪）分布到社会结构的各个方面这种冲突就会对社会结构产生积极的作用，即促进社会的整合和社会结构的完善。1980 年代初期，国家提出"一对夫妇只生育一个孩子"生育政策后，由于与民众生育意愿差距甚远，在实施生育政策的过

①　科塞：《社会冲突的功能》，孙立平等译，华夏出版社 1989 年版，第 158 页。

程中，出现了一些影响了党群关系、干群关系的社会冲突问题。但是，这些冲突是在可以控制的范围内；并随着这些冲突的解决，国家和民众的关系更加地整合和完善。这对该时期人口控制工作的顺利开展奠定了坚实的基础。

人口问题是社会主义初级阶段长期面临的重大问题，是制约我国经济和社会发展的关键因素。正确的生育政策对人口问题的解决具有重要意义。新中国成立 60 年来，我国在制定生育政策方面既有成绩，也有经验和教训。1980 年代国家适时考虑民众适当的生育意愿进对生育政策进行调整和完善，最后制定出国家和民众都较满意的生育政策，成功解决国家政策和民众意愿之间的冲突。这一点，我们以后在制定相关政策方面可以借鉴。

## 二、我国现行人口政策的完善

我国以"控制人口数量，提高人口质量"为主要内容的人口政策，经过了一个较长时期的形成过程。如果从 1973 年 12 月全国第一次计划生育汇报会提出的"晚稀少"计划生育人口政策算起，到 1988 年 3 月中共中央政治局常委会专门会议讨论并原则同意国家计生委的《计划生育工作汇报提纲》，规定了我国计划生育人口政策的主要内容，这期间有将近十五年的时间。为了适应实际情况的需要，党和政府审时度势对人口政策进行了完善，从而形成了适合我国国情的计划生育人口政策。进入 1990 年代以后，面对计划生育工作和人口问题出现的新情况、新问题，党和政府又多次强调，要稳定现行计划生育人口政策。

1970 年代我国实施的"晚稀少"人口政策在控制人口数量方面取得了明显的成效。1980 年我国人口总和生育率已降至 2.24，较 1970 年的 5.71 下降 60.77％；同期的人口自然增长率从 1970 年的 25.95‰降至 1980 年的 11.87‰，降幅也过半。这一时期的人口政策是一种"渐进决策"的模式，它一方面要求人们减少生育子女的数量，另一方面又顾及到了此期人们对生育子女数量的愿望。而正是这种政策模式，大大加快了我国人口转变的过程，缓解了人口对社会经济发展的巨大压力。1978 年党的十一届三中全会在确立我国经济建设的基本目标的同时，也提出了到 20 世纪末力争把我国人口控制在 12 亿以内，使全国人民的物质文化生活达到小康水平。为了实现这一目标，就必须确立与之相适应的人口控制的生育政策。1978、1979、1980 年，全国总人口分别为 96 259、97 542、98 705 万人，人口出生率分别为 18.25、17.82、18.21‰，人口自然增长率分别为 12.00‰、11.61‰、11.87‰，总和生育率为 2.72、2.75、2.24。因此，我国人口形势依然还很严峻：人口基数过于庞大，每年一千多万有净增加人口使人口总量仍将保持强劲的增长趋势。根据有关方面和专家的测算，要实现在 20 世纪末人口不超过 12 亿的目标，必须实行一对夫妇只生一个孩子的独生子女政策。1979 年 3 月，刘铮、邬沧萍、林富德在向中央提交的《对控制我国人口增长的五点建议》中说：千方百计杜绝一对夫妇生育三个和三个以上孩子，大力提倡一对夫妇只生育一个孩子。[1] 1980 年 2 月，宋健、田雪原、李广元、于景元对我国未来 100 年人口发展趋势做了测算，其结果显示：从 1980 年起按一对育龄夫妇生育子女数平均为 3、2.3、2、1.5 计算，从 1980 年起总和生育率有显著降低，1985 年起全部生一胎计算，到 2000 年我国人口总数将分别达到 14.14 亿、12.82 亿、12.17 亿、11.25 亿和 10.54 亿（2004 年）。因此，他们认为，前三种方案，即一对夫妇平均生育子女数为 3、2.3、2 都是不可取的。[2] 据此，1980 年 9 月，人民日报发表社论说：“如果不从现在起用三四十年特别是最近二三十年的时间普遍提倡一对夫妇只生育一个孩子，控制人口的增长，按目前一对夫妇平均生 2.2 个孩子计算，我国人口总数在 20 年后，将达到 13 亿，在四十年后将超过 15 亿。”“解决这一问题的最有效的

---

　　[1]　刘铮、邬沧萍、林富德：《对控制我国人口增长的五点建议》，《人口研究》1998 年第 3 期。

　　[2]　宋健、田雪原、李广元、于景元：《关于我国人口发展目标问题》，《光明日报》1980 年 2 月 13 日。

办法，就是实现国务院的号召，每对夫妇只生育一个孩子。"①即实行独生子女人口政策。特别地，以家庭联产承包责任制为主要形式展开的农村地区经济改革，使劳动力与土地经营使用权统一，劳动与报酬统一，丧失了20多年的家庭生产职能得以恢复和强化，从而提高了人口的劳动——经济效益、养老——保险效益，刺激了人们生育孩子尤其是生育男孩的欲望。城镇经济改革中个体经济、私营经济、外资经济的迅速发展也具有相同的性质，一些人的生育欲望被刺激起来，人口控制出现了新的困难。同时，随着改革开放、经济搞活，流动人口空前增加，尤其是育龄人群成为流动人口的主体。他们的就业、职业、居住、收入、经营、生活方式都处于动态之中，不稳定性增加；婚姻关系、婚姻形式、生育状况更为复杂多变，计划生育部门不易掌握他们的婚姻信息，使原来以行政机构为主的户籍管理和社会调控的能力削弱，人口管理遇到了相当的困难。另外，"大跃进"及三年困难时期后补偿性生育的人口也开始进入了育龄年龄阶段。因此，这一时期人口出生率、自然增长率、总和生育率都有所反弹。各种情况表明，面对严峻的人口形势，计划生育实际工作部门希望得到一个能起到法律作用的中央文件，以使他们有据可依，完成人口计划目标。在这样的背景下，催生了1980年代初期的我国独生子女人口政策。

在理论界酝酿和宣传"一对夫妇只生育一个孩子"的同时，独生子女人口政策已在计划生育实际工作中开展起来。1978年12月初，在党的十一届三中全会召开前夕，天津市革命委员会隆重召开了天津市计划生育先进单位和先进个人代表大会。在会上，天津医学院44位女教职工联名向天津市政府递交了《为革命只生一个孩子》的倡议书："为了中国经济的发展，必须控制人口，一对夫妇一个孩子好。我们这些职业已婚妇女只要一个孩子对工作也有利，即使我们之中的同志虽然只有一个女儿，也不希

---

① 人民日报社论：《党中央号召党党团员带头只生一个孩子》，《人民日报》1980年9月26日。

望生第二胎。"① 这个倡议得到天津市 30 岁左右职业育龄妇女的响应。会上，还对只生一个孩子的家庭颁发了"独生子女证"。当年底，天津召开全市大会，号召广大妇女响应倡议书，做到一对夫妇只生一个孩子。1979年 1 月 27 日，天津市革命委员会正式颁布了《关于提倡晚婚和计划生育若干问题的决定》，在全市实行对独生子女发放儿童保健费和给予各种优惠服务的政策，鼓励群众只生一个孩子："对多胎生育、不够间隙生育的夫妇和非婚生育的双方，征收子女抚育费。计征标准一律为：干部、职工每月扣除基本工资的 10％，社员扣除全年劳动工分的 10％。征收的这笔子女抚育费，纳入各该单位的福利费或公益费。"② 上海、北京等地也以街道、人民公社为单位，颁发了"独生子女证"，开始社会性的试点工作，并对生育第二胎和第三胎以上的，制定了相应的处罚规定，从经济上予以必要的限制。上海市明确提出了晚婚晚育、少生的计划生育要求，同时并规定对领取独生子女证的父母给予奖励，对晚婚晚育者延长婚、育假期。北京市提倡一对夫妇（包括一方或双方再婚夫妇）只生育一个子女，对终身只生育一个子女的夫妇，给予表扬和奖励；对生育三个或三个以上子女的夫妇，征收超计划生育子女社会抚育费。

以天津颁布的《独生子女倡议书》为契机，国家计生部门采取了相应的有利于独生子女生育政策的行动。1979 年 1 月，国务院计划生育领导小组会议讨论了全国的独生子女政策，基本确定了新政策的框架，即：为实现 1980 年人口增长率控制在 10‰以下，"要提倡每对夫妇生育子女数最好一个，最多两个，间隔三年以上；对于只生一胎，不再生第二胎的育龄夫妇，要给予表扬；对于生第二胎和第三胎以上的，应从经济上加以必

---

① 天津市计划生育委员会：《天津市计划生育工作概况》，彭珮云主编：《中国计划生育全书》，中国人口出版社 1997 年版，第 1266 页。

② 天津市计划生育委员会：《天津市计划生育暂行奖惩条例》，《中国青年报》1979 年 8 月 11 日。

要的限制。"① 为配合这次会议宣传，同年 1 月 27 日，《人民日报》发表了题为《必须高度重视计划生育工作》的社论。社论指出，对计划生育工作，不但计划生育部门要抓，全党要抓，特别是经济部门也要抓。目前，主要应做好以下几项工作：第一，要切实加强党的领导；第二，要利用各种宣传工具和各种机会大造舆论；第三，要有一套切实可行的经济政策和经济措施作保证；第四，要大力普及节育科学知识，抓紧避孕药具的研究和生产，提高技术指导的质量。② 为了使独生子女生育政策上升到国家政策的高度，1979 年 2 月，国务院在全国人大五届一次会议的政府工作报告指出："计划生育很重要。有计划地控制人口增长，有利于国民经济的有计划发展，有利于保护母亲和儿童的健康，有利于广大群众的生活、工作和学习，必须继续认真抓好，争取在三年内把我国人口自然增长率降到 10‰以下。"1980 年 1 月，党中央提出："计划生育要采取立法的、行政的、经济的措施，鼓励只生一胎，力争 1980 年把人口自然增长率降到 10‰以内"。③ 1980 年 9 月，国务院在五届全国人大三次会议报告中强调："国务院经过认真研究，认为在今后二三十年内，必须在人口问题上采取一个坚决的措施，就是除了在人口稀少的少数民族地区以外，要普遍提倡一对夫妇只生育一个孩子，以便把人口增长率尽快控制住，争取全国总人口在本世纪末不超过 12 亿。"并第一次明确地提出了"一对夫妇只生育一个孩子"的政策。

在这种背景下，1980 年 9 月 25 日，党中央发表了《关于控制我国人口增长问题致全体共产党员、共青团员的公开信》。《公开信》指出，"为了争取在本世纪末把我国人口总数控制在 12 亿以内，国务院已经向全国人民发出号召，提倡一对夫妇只生育一个孩子。中央要求所有共产党员、

---

① 《国务院副总理、国务院计划生育领导小组陈慕华在全国计划生育办公室主任会议上的讲话》（1979 年 1 月 17 日），彭珮云主编：《中国计划生育全书》，中国人口出版社 1997 年版，第 301 页。

② 人民日报社论：《必须高度重视计划生育工作》，《人民日报》1979 年 1 月 27 日。

③ 中共中央文件：《中共中央、国务院批转〈国家计委关于 1980 年国民经济计划安排情况的报告〉和李先念同志〈在全国计划会议上的讲话〉》，中发［1980］1 号（1980 年 1 月 4 日）。

共青团员特别是各级干部，用实际行动带头响应国务院的号召，并且积极负责地、耐心细致地向广大群众进行宣传教育。"《公开信》强调，为了控制人口增长，党和政府已经决定采取一系列具体政策：在入托、入学、就医、招工、招生、城市住房和农村住宅基地分配等方面，要照顾独生子女及其家庭；要大力开展生殖生理、优生和节育技术的科研工作。《公开信》同时还确认：某些确实有符合政策规定的实际困难的群众，可以同意他们生育两个孩子，但是不能生三个孩子；对于少数民族，按照政策规定，也可以放宽一些；节育措施要以避孕为主，方法由群众自愿选择。《公开信》的发表，标志着我国人口政策由1970年代"晚稀少"人口政策向独生子女人口生育政策的紧缩。

1970年代"晚稀少"人口生育政策"提倡一对夫妇子女数最好一个，最多两个，生育间隔三年以上"，而《公开信》所内含的人口政策转变为"除少数民族外，严格控制生育第二个孩子，城乡无一例外"。这在城市还具有一定的可行性。从1977年到1980年，在实行"晚稀少"生育政策时，城市总和生育率已从1.57下降到1.15。但是在广大农村地区，一对夫妇只生育一个孩子与其生育期望值和该时期实际生育水平存在着巨大差距。1979、1980年，农村地区在实行晚稀少生育政策时总和生育率分别为3.4、2.48，因此，在农村地区要真正做到生育一个孩子，其困难是可想而知的。虽然这期间有关部门注意到了这个问题，要求把农村计划生育工作的重点放在杜绝多胎生育和按照政策有计划地安排第二胎上，逐步做到一对夫妇只生育一个孩子，并立即着手研究适应生产责任制的计划生育措施，避免被动，避免简单粗暴和强迫命令。[①] 但效果并不明显，并出现了两种极端倾向：一种是有不少基层计划生育干部为完成计生指标，使党群、干群关系严重对立；另一种是他们深感在农村推行只生一个孩子的政策太脱离群众，干脆撒手不管，放任自流，反而助长了多胎生育现象。

在这样的背景下，党中央和国务院采取了实事求是的态度，对农村地

---

① 人民日报社论：《必须认真抓好计划生育工作》，《人民日报》1981年8月18日。

区计划生育政策进行了重新研究。1981 年 9 月，中央书记处召开专门会议，听取并讨论了计生委关于计划生育工作的汇报。会议认为，今后在城市仍然应该毫不动摇地继续坚持提倡每对夫妇只生一胎，在农村则要根据农村实行责任制后的新情况，制定一个为广大农民能够接受的比较坚定的长期的政策，使党的计划生育的方针政策和多数农民取得一致；至于农村计划生育政策放宽到什么程度，提出了两种方案：第一，提倡每对夫妇只生一胎，允许生两胎，杜绝三胎；第二，一般提倡每对夫妇只生一胎，有实际困难的可以批准生两胎；不管采取哪一个方案，都要切实做好工作；除了做好思想政治工作以外，还要有切实可行的奖惩措施。后来，经过讨论，选择了第二种方案。1982 年 2 月，中共中央、国务院在联合下发的《关于进一步做好计划生育工作的指示》中明确提出："计划生育工作要继续提倡晚婚、晚育、少生、优生。具体要求是：国家干部和职工、城镇居民，除特殊情况经过批准者外，一对夫妇只生育一个孩子。农村普遍提倡一对夫妇只生育一个孩子，某些群众确有实际困难要求生二胎的，经过审批可以有计划地安排。不论哪一种情况都不能生三胎。对于少数民族，也要提倡计划生育，在要求上，可适当放宽一些。计划生育工作要继续提倡晚婚、晚育、少生、优生。既要控制人口数量，又要提高人口素质。"同年 10 月，中央办公厅、国务院办公厅转发《全国计划生育工作纪要》时指出，实行计划生育是我们国家的一项基本国策，是一项长期的战略任务。至此，我国的限制人口增殖生育政策在内容上有所扩展和充实，在生育数量上又进一步抽紧。与前期相较，我们可以看到，由 1970 年代的"晚、稀、少"变成了 1980 年代初的"晚婚、晚育、少生、优生"。晚婚、晚育没有变化，少生从允许生二孩调整为基本只准生一孩。稀是就生育间隔而言的，只生一孩，就不存在间隔了，稀被取消了，增加了一个优生，即提高人口素质的内容，而且第一次把计划生育提高到基本国策高度来认识。这一调整在城镇采取一些必要措施还具有一定的可行性，但在农村却困难重重，计划生育成为天下第一难事，导致国家生育政策与家庭个人生育需求之间的重大反差。实践证明，生育政策还需要进一步加以调整和完善。同时，《全国计划生育工作纪要》中列出了照顾某些有困难的农村群众生二个孩子的十种情况：（1）第一个孩子有非遗传性残疾，不能成为正常劳动力的；（2）重新组合的家庭，一方原只有一个孩子，另一方系初婚的；（3）婚后多年不育，抱养一个孩子后又怀孕的；（4）两代或三代单传的；（5）几兄弟只有一个有生育能力的；（6）男到独女家结婚落户的；（7）独子独女结婚的；（8）残废军人；（8）夫妇均系归国华侨的；（10）边远山区和沿海渔区的特殊困难户。这些规定使农村阶层人口有了生育二孩的可能。但是，根据国家计生委的测算，全部按十种情况生育二孩，也只占到5％，因而，实际上并未能真正解决农村生育的实际困难。同一时期，我国农村的家庭联产承包责任制在推动农业生产发展的同时，也对农民的生育行为产生了重大的影响。我国较早开始实行家庭联产承包责任制的地区属于比较贫苦落后的地区。曾毅、舒尔茨利用国家统计局对北京、辽宁、山东、广东、贵州和甘肃等五省一市的分层整群随机抽样调查数据，发现这些在1982～1984年间生育政策严紧时期生育控制削弱，生育率下降幅度相对比较小；而这些地区在1979～1981年生育率本来就高。[①]这也就是说，《全国计划生育工作纪要》对人口生育的规定对这一时期的农村人口数量没有起到应有的调控作用。

　　哈威·莱宾斯坦运用经济理论分析了家庭抚养孩子的成本与收益，提出了孩子成本——效用理论。他认为，孩子的成本分为直接成本和间接成本。直接成本是指直接花费在孩子身上的直接货币支出，包括为孩子支付的衣、食、住、行费用，孩子受教育费用和各种文化娱乐活动费用等等；间接成本是指父母因为抚养孩子而失去的受教育或带来收入等等的机会成本。生育孩子能取得劳动经济、养老保险、消费享乐、承担家业兴衰风险、维系家庭地位和壮大家庭六大预期收益。莱宾斯坦的分析表明，在收入水平提高的情况下，孩子的成本虽然会明显增加，但除了孩子的消费享

---

　　① 曾毅、舒尔茨：《家庭联产承包责任制对生育率的影响》，《中国社会科学》1998年第1期。

乐效用外，其他效益都会随着经济的发展和收入水平的提高而下降。于是，在孩子的成本提高、效用下降的情况下，会刺激父母较多地生育子女。① 哈威·莱宾斯坦的孩子成本——效用理论在我国部分农村地区得到了佐证。这一时期，我国农村地区相继开始了联产承包责任制，农民生活较前有了较大幅度的提高，又由于联产承包责任制后农村基层政权对农户约束力的减弱，农户生育子女的欲望有所扩张，表现为 1980 年代初期人口出生率和自然增长率比 1979 年代末期出现了反弹。1978 年我国人口出生率和自然增长率分别为 18.25‰和 12.00‰，但 1981、1982 年却分别为 20.91‰、14.55‰和 22.28‰、15.68‰，增长的幅度都比较大。

鉴于独生子女人口政策在农村陷入窘境，难以为继，并产生了许多政策决策者当初未能预料到的负面效应。为了缩小政策与生育意愿的差距，缓和干群关系，1984 年 4 月，党中央批转了国家计生委党组《关于计划生育情况的汇报》，重新调整了生育政策的某些规定，在农村仍要继续提倡一对夫妇只生一个孩子，但也要适当放宽生育二胎的条件，"对农村继续有控制地把口子开得稍大一些，按照规定的条件，经过批准，可以生二胎"；严禁超生计划外二胎和多胎；严禁生育问题上徇私舞弊和不正之风；人口在 1 000 万以下的少数民族允许一对夫妇生育二胎，个别可生育三胎，不准生四胎。这次政策调整的中心点是农村生育数量问题。《汇报》同时认为，要把计划生育政策建立在合情合理、群众拥护、干部好做工作的基础上，因此，根据我国当前的实际情况，为在 20 世纪末把我国人口控制在 12 亿以内，要继续提倡一对夫妇只生育一个孩子；同时要进一步完善计划生育工作具体政策。当前要做的主要工作有：第一，对农村继续有控制地把口子开得稍大一些，按照规定的条件，经过批准，可以生二胎；第二，坚决制止大口子，即严禁生育超计划的二胎和多胎；第三，严禁徇私舞弊，对在生育问题上搞不正之风的干部要坚决予以处分。在指导思想上，要彻底纠正"强迫命令不可避免"的错误看法，严禁采取野蛮做

---

① 贝克尔：《控制人口与发展经济》，北京大学出版社 1985 年版，第 170 页。

法和违法乱纪的行为；要重申不搞强迫命令的有关规定，并严格遵照执行。这样就形成了所谓"开小口"、"堵大口"、"刹歪口"的人口生育政策。①"口子"生育政策的实施，标志着对"一孩"人口政策调整和完善工作的开始。

然而，由于推行独生子女人口政策在人们心理上形成的不正常心态，调整后的"口子"政策在理论工作者和实际工作者中都产生了很大的震动和不同的认识，许多人把调整政策同严格控制人口增长对立起来，认为调整政策实际上是放松计划生育工作。另一方面，调整政策没有充分估计到两种政策替代的困难，政策本身又缺乏可操作性；更由于有关文件旨在破除不顾实际情况、没有差异的"一刀切"标准，却忽略了"开口子"的标准，如何从"紧"政策过渡到"松"政策，都缺乏准备。"开口子"调整的人口生育政策不仅没有达到预期的目标，反而引起了不少地区计划生育工作的波动和混乱。不少地区按照各自的理解去实施贯彻，不少地方竞相攀比"口子"的大小，诱发了"抢生"、"超生"、"偷生"现象，致使这些地方人口控制出现波动，实际生育水平出现回升。因此，如果说，独生子女人口政策在于脱离了农村客观实际情况，脱离了对农民生育期望的研究，那么"开口子"调整政策在进一步认识了我国的客观现实之后，却又忽略了对政策本身所涉及的具体问题的研究，尤其是两种政策之间的衔接点和过渡性等实质性问题。因此，独生子女人口政策导致了一些地区出现了"少生就是一切"的极端；而"开口子"调整政策导致了一些地区计划生育工作的失控。

关于在农村如何做到开小口、堵大口、刹歪口，有效地控制住我国人口的过快增长，国家计生委在全国有计划地设置试点县，进行实验，以便分别不同情况，总结试点经验，分类指导和完善农村计划生育人口政策。国家计生委吸取了山东省开小口、堵大口的行之有效的经验，即在符合一

---

① 中共中央文件：《中共中央批发国家计划生育委员会党组〈关于计划生育工作情况的汇报〉》，中发［1984］7号（1984年4月13日）。

定的条件下，允许农村独女户夫妇再生一个孩子的办法。党中央肯定了这一经验，并于 1986 年 5 月以［1986］13 号文件转发了《关于"六五"期间计划生育情况和"七五"期间工作意见的报告》，报告指出："目前，全国各地生育水平差别很大，城市绝大多数群众已做到一对夫妇生一胎，今后的重点是把农村计划生育工作搞好，特别是目前处于后进状态的地区和单位，必须采取有效措施。实行计划生育、控制人口过快增长的关键，是从实际出发，制订出经过教育，绝大多数群众能够接受的有利于控制人口增长的政策。"① 同年 12 月，中央再次明确指出，农村应该有个长期、稳定，得到多数农民支持的计划生育的人口政策，除过去规定的一些特殊情况可以生育两个孩子外，要求生育第二胎的独女户，间隔若干年后可允许生二胎。中央 13 号文件实质内容是"要求生育第二胎的独女户，间隔若干年后可允许生二胎"，这其实就是 1970 年代"晚稀少"人口政策所强调的"稀"，即生育间隔。反映在计划生育的实际工作中，是各省、自治区、直辖市的计划生育工作掌握了主动权。曾毅、舒尔茨的研究也证明了这一点。他们发现 1982—1984 年间生育政策严紧时期生育率下降幅度相对较小是我国较早开始实行家庭联产承包责任制的农村地区，在 1985—1987 年生育政策放宽时，其生育率反弹回升的幅度反而比较小，甚至出现了下降的现象。② 其原因是独女户间隔若干年后可允许生第二胎的政策让农民心里有了底。

为了使计划生育人口政策尽快地稳定下来，1988 年 3 月，中央政治局常委会专门会议讨论并原则同意国家计生委《计划生育工作汇报提纲》。会议认为，农村应该有个长期、稳定、得到多数农民支持的计划生育政策，除了过去规定的一些特殊情况可生两个孩子以外，要求生第二胎的独女户，间隔几年以后可允许生二胎，这一"间隔"非常重要。会议同时还

---

① 中共中央文件：《中共中央关于转发〈关于"六五"期间计划生育情况和"七五"期间工作意见的报告〉的通知》，中发［1986］13 号（1986 年 5 月 25 日）。

② 曾毅、舒尔茨：《家庭联产承包责任制对生育率的影响》，《中国社会科学》1998 年第 1 期。

规定了现行计划生育人口政策的具体内容：提倡晚婚晚育、少生优生，提倡一对夫妇只生育一个孩子；国家干部和职工、城镇居民除特殊情况经过批准外，一对夫妇只生育一个孩子；农村某些群众确有实际困难，包括独女户，要求生二胎的，经过批准可以间隔几年以后生第二胎；不论哪种情况都不能生三胎；少数民族地区也要提倡计划生育，具体要求和做法可由有关省、自治区根据当地实际情况制定。我们知道，公共政策制定具有特定的内容。公共政策制定的基本内容是方案设计和方案选择。政策方案的设计是针对要解决的政策问题，运用各种科学的方式和手段，设计出一系列可选择的解决方案。我国现行人口政策是在最初实施的独生子女人口政策的基础上，解决在计划生育实际工作过程中所遇到的问题和困难，形成了我国现行人口政策的基本内容。1988 年 3 月，中央政治局常委会专门会议讨论并原则同意国家计生委《计划生育工作汇报提纲》。会议认为，农村应该有个长期、稳定、得到多数农民支持的计划生育政策，除了过去规定的一些特殊情况可生两个孩子以外，要求生第二胎的独女户，间隔几年以后可允许生二胎，这一"间隔"非常重要。会议同时还规定了现行计划生育人口政策的具体内容：提倡晚婚晚育、少生优生，提倡一对夫妇只生育一个孩子；国家干部和职工、城镇居民除特殊情况经过批准外，一对夫妇只生育一个孩子；农村某些群众确有实际困难，包括独女户，要求生二胎的，经过批准可以间隔几年以后生第二胎；不论哪种情况都不能生三胎；少数民族地区也要提倡计划生育，具体要求和做法可由有关省、自治区根据当地实际情况制定。至此，我国现行人口政策已经形成。

1990 年第四次全国人口普查数据显示，至该年 7 月 1 日零时，我国大陆人口总数为 11.34 亿人，比原来估计的要多出 1 000 多万。按照人口普查 14.70‰的人口自然增长率来预测，至本世纪末总人口逼近 13 亿已成定局。这与自 1980 年代以来党中央、国务院多次提出的在本世纪末把全国总人口控制在 12 亿之内、自然增长率控制在 13‰之下的目标相去甚远。面对严峻的人口发展态势，从紧从严修正现行计划生育人口政策的思潮重新泛起。1990 年正值党中央发布《公开信》十周年。该年 7 月，中央办公厅、中宣部、国家计生委等部门在北京联合召开了全国宣传贯彻《公开信》先进代表座谈会，会议强调了 1990 年代计划生育工作的紧迫性和繁重性，希望广大党团员认真宣传贯彻《公开信》精神，重视计划生育，带头搞好计划生育。随后，全国各级宣传舆论部门都加强了对贯彻《公开信》的宣传报道。7 月 5 日，《人民日报》在《坚持计划生育这一基本国策》的社论中指出：实践证明，《公开信》至今仍是指导我们计划生育工作的重要文献，信中对全体共产党员、共青团员提出的要求仍然有现实意义，需要继续贯彻落实。[①]

与此同时，国家有关部门以及学术界不少专家强调，我国现行计划生育人口政策本身就是从紧从严的政策，现在的问题不是要修正政策上加严的问题，而是如何认真有效地贯彻落实的问题。在这样的背景下，为了使现行计划生育人口政策能够有效地坚持下去，1991 年 5 月，党中央、国务院发出《关于加强计划生育工作严格控制人口增长的决定》。《决定》重申，争取今后十年平均年人口自然增长率控制在 12.5‰ 以内，完成这个控制人口增长的计划指标，对于保证我国现代化建设第二步、第三步战略目标得以实现具有重要的意义。《决定》并要求坚决贯彻落实现行计划生育人口政策，以保持人口政策的稳定性和连续性。

我国现行计划生育人口政策的形成大致经过三个阶段：（1）1980－1984 年，大力提倡"一对夫妇只生育一个孩子"，城市夫妇生育一个，农村人口除少数特殊情况外，也要求一对夫妇一个孩子。政策上规定的平均每对夫妇生育数量大大低于两个。（2）1984－1988 年，人口政策在生育数量上缓和渐变，"开小口，堵大口"，提出"独女户"和特殊情况下的其它农村夫妇允许生两个孩子，城市生育政策基本不变，政策规定的平均一对夫妇生育数逐渐回升，即向平均两个孩子靠近。（3）1988 年至 1990 年代中期，稳定现行计划生育人口政策，政策规定的一对夫妇生育孩子数基本上保持在平均两个的范围之内。这一时期的计划生育人口政策出现了与

---

① 　人民日报社论：《坚持计划生育这一基本国策》，《人民日报》1990 年 7 月 5 日。

以前不同的特点。在人口问题上，从不认识、不承认到承认我国社会主义
制度下也存在人口问题，尤其是人口过快过多地增长所造成的人口问题。
在对待人口发展上，从不加控制、稍加控制到全面地、有计划地控制人口
增长，不仅控制人口数量的增长，还开始注意提高人口素质。具体地来
说，主要表现在以下几个方面：（1）人口政策的基本内容更加完善。从
1970 年代"有计划地增长人口的政策"发展为"限制人口数量，提高人
口素质，使人口地增长同经济社会发展相适应"。（2）人口政策的基本要
求更加明确。为了和经济发展相适应，国家在编制年度人口计划外，还编
制了 1981—1985 年中期人口发展计划，以及到 2000、2015 年的中长期人
口计划。同时，在不同时期还提出了具体的人口发展目标。（3）人口政策
的实施具有了完备的组织、计划和措施保障。这一时期，人口机构日趋健
全。1981 年成立了国家计划生育委员会，作为统一管理全国计划生育工
作的正式的最高机构，省及以下的计划生育机构也建立起立。这样，从中
央到地方，一整套主管人口的机构建立起来了，为人口政策的实施提供了
可靠的组织保证。与此同时，人口政策措施发展成为一个比较严密的体系，
除思想教育、行政组织和技术措施外，又采取了法律措施和经济措施。[1]

　　如果从 1970 年算起，全国性普遍实施计划生育人口政策至今已有三
十多年的时间。这三十多年时间可以概括为三个"十年"，即"晚、稀、
少"人口政策创造了人口生育率下降奇迹的第一个十年；紧缩人口政策导
致人口生育率大幅度反弹与完善人口政策抑制反弹的第二个十年；稳定完
善的人口生育政策继续抑制人口生育率反弹与出现转机的第三个十年。[2]
回顾和总结我国现行人口政策形成和稳定历程，其中有不少值得吸取的经
验教训。我们知道，任何一项人口生育政策都会影响未来人口数量、性别
和年龄结构，从 1970 年代"晚、稀、少"这种具有弹性和渐进的人口生
育政策来看，其在人口数量、性别和年龄结构的统一中达到了调控人口的

　　① 陈功：《家庭革命》，中国社会科学出版社 2000 年版，第 281～282 页。
　　② 马瀛通：《20 世纪后 30 年中国计划生育工作评价》，《人口研究》2000 年第 4 期。

目的，取得了预期的成效。相反的，1980 年代初期独生子女人口政策虽然突出抓住了人口数量这一目标，但它不仅没有达到预期目标，即在 20 世纪末把全国总人口控制在 12 亿以内、人口自然增长率控制在 13‰以下，反而还引起了许多矛盾。其后的对于人口生育政策的两次调整，由于没有充分考虑到广大人民群众特别是占 80％以上的农村人口的生育意愿，因而其结果是可想而知的。这种现象的产生有以下几个方面的原因：第一，当时人们对庞大的人口数量对我国迅速实现"四个现代化"形成的阻力认识过于严重，却忽视了人口发展自身内在的规律性。从严从紧的人口生育政策虽然反映了我国人民尽快甩掉人口这个大"包袱"，迅速赶上发达国家经济发展水平的迫切愿望，但由于对人口发展自身规律性忽视，只能是欲速而不达。第二，1980 年代中期两次关于人口生育政策的调整，由于没有深刻认识到社会经济条件尤其是农村地区薄弱的社会经济基础制约着人口政策干预人们的生育行为这一客观事实，简化了政策与实施政策对象之间的关系，更由于在具体的实施工作中，这种政策变成了没有区分的"一刀切"，片面地追求"少生就是一切"这一目标，所产生的消极效果是明显的。① 这一方面反映了我们对人口给社会经济发展带来的消极影响这一客观事实有了足够清醒的认识；另一方面，也表明了我们对社会经济条件为人口生育政策实施提供的环境和基础这一客观事实认识不清。独生子女人口政策的出台和其后两次对人口政策的调整，就集中反映了这种认识上的矛盾。在第一个十年中，全国城乡推行的"晚稀少"人口政策，允许有计划地生育子女数是最多两个。从数量上看，其政策是以更替水平为界；从时间上看，其政策是以有利于妇女生殖健康与优生的第一孩晚育、第二孩生育间隔够四年为条件，是相当从紧从严的政策。但经过实际工作部门宣传教育和艰苦做工作后，还是被大多数群众普遍理解与拥护。"晚、稀、少"人口政策执行到 1979 年，成效是明显的。1980 年总和生育率已低 2.24，较之 1970 年的 5.71 降幅高达 60.77％；同期的人口自然

---

① 李建新：《七八十年代中国生育政策的演变及其思考》，《人口学刊》1996 年第 1 期。

增长率从 1970 年的 25.95‰降至 1980 年 11.87‰，降幅超半。如果按照 1980 年的生育模式不变来推算，即使生育水平在其后 20 多年内没有下降，2000 年末总人口也会控制在 13 亿以内。但在第二个十年中，由于只考虑对总人口数的控制，而不分条件地在全国范围内实施一对夫妇只生一个孩子的独生子女人口政策，却导致了人口出生率、总和生育率的大幅反弹；其后进行的对人口生育政策的两次调整，由于没有考虑到实际工作中的可操作性，反而引起了人口生育的波动。1980－1984 年初推行的人口紧缩政策，不仅导致了生育水平的急剧上升，还使第三次人口出生高峰提前于 1986 年到来，比原来预期的时间早了 4－5 年多；1984 年开始的人口调整政策，其成效与"晚稀少"人口政策成效相比，仍有较大的差距。这从 1980 年代中后期人口出生率、人口增长率可以看出。在第三个十年中，国家根据广大人民群众特别是占总人口 80％的农村人口的生育意愿以及实际生育控制能力，切合实际地确定了总人口数及人口年均增长率，从而使计划生育实际工作部门掌握了工作的主动权，取得的成效也是明显的。至 1990 年代末期，全国生育水平已低于更替水平，自然增长率已降低到 10‰以下，基本上实现了预期的目标。

虽然我国制定了严格的人口发展计划，并辅以严格的手段予以落实，取得的成绩也是有目共睹的；但是，由于我国人口发展计划着眼于控制人口数量，在执行过程中的困难也是比较大的。这可以从 1995 年全国人口计划的执行情况看出来（见表 29）。因此，如何使我国人口政策适应人口实际工作的变化，这就要求我们适时地对人口政策进行调整。

表 29　1995 年全国人口计划执行情况

| 指标 | 1995 年计划 | 执行结果 | 执行结果与计划之差 | 1995 年与 1994 年执行结果比较 |
|---|---|---|---|---|
| 出生率（‰） | 19.12 | 17.12 | −2.00 | −0.58 |
| 自增率（‰） | 12.44 | 10.55 | −1.89 | 0.66 |
| 出生人数（万） | 2 306 | 2 063 | −243 | −47 |
| 自增人数（万） | 1 500 | 1 271 | −229 | −65 |
| 年末总人数（万） | 121 350 | 121 121 | −229 | 1 271 |

资料来源：1995 年全国 1％人口抽样调查数据，其中执行结果为国家统计局统计公报数。

### 三、我国人口政策的调整

著名的科学史专家波普尔讲了一个"云和报时钟"的故事。他说：人类社会并不像报时钟一样规则地运行着，而是像流云一样变幻不定，而且云与非云之间的界限模糊不清。而人类行为上细微的差异有时会通过边际上的积累而最终产生截然不同的后果，简单的变化将导致令人震惊的复杂反应。于是，西方学界关于公共政策就有"云与报时钟"的争论。一种观点认为，传统的公共政策带有形而上学机械论式的思维方法，即只要对公共政策进行干预，人们就会如同报时钟一样准确无误地作出某种反映；而另一种观点却认为，人们的行为不是报时钟，而如同流云一样，每个人的行为也互不相同，因此，对公共政策进行干预的效果不可能如同报时钟一样准确无误地作出某种反映，只能进行大致的预测。公共政策环境的不确定性和意外变化，乃至某些偶然事件，经常会对政策执行构成严重的影响。这就是说，政策环境是在不断变化着的，从而，政府决策者和立法者很难预知到政策环境会发生什么样的变化。由于环境中发生了事先未知的变化，就有可能使得某些政策的执行受到干扰，无法达到预期的效果，甚至根本不能实施或实施的结果是得不偿失，即出现了普遍性的政策效应偏差和政策失败。我国人口政策的制定经历了一个较长的时间。在这个过程中，政策的行为主体者不可能如同报时钟一样准确地预见人口政策执行过程中出现的问题，只能像流云一样进行大致的预测。因此，这就要求我们对人口政策在执行过程中出现的问题进行调整。

我国以"控制人口数量，提高人口质量"为主要内容的计划生育人口政策，通过三十多年的实施，在经济不发达的情况下，有效地控制了人口增长，使生育水平下降到更替水平以下，实现了我国人口再生产类型的历史性转变，成功地探索了一条具有中国特色的综合治理人口问题的道路。但是，我国人口进入"低出生率、低死亡率和低增长率"的低生育水平阶段以后，人口发展又面临着新的机遇和挑战。我国人口出生率水平从1970 年代初的30‰以上降低到1999 年的15.23‰，育龄妇女人口总和生育率从 1970 年代以前的 5.00 以上降低到 1998 年的 1.82，低于更替水平。这种低生育水平不是社会经济发展的必然产物，而是人口控制和计划生育政策强力干预的结果，主要是通过人口控制和计划生育等外部制约手段来实现的，属于"外生性低生育率"，[①] 不是很稳定，还存在反弹的可能。另一方面，由于人口增长自身的惯性力量，我国育龄妇女人口数量在未来的十年内还将继续增长。受 1960～1970 年代第二次生育高峰出生人口（目前尚未完全退出育龄期）和 1950 年代第一次生育高峰与第二次生育高峰前期出生人口的第二代的叠加影响，本世纪前期我国将形成育龄妇女人口数的高峰值。根据本文第五章《中国人口的预测》中的方案预测结果显示，我国育龄妇女人数在 2006 年达到峰值 36 698 万人，然后逐渐回落；2010、2020、2030、2040、2050 年分别为 36 762、32 349、30 840、26 671、25 870 万人。处于生育活跃期的 20～29 岁旺龄妇女，2005 年为 9 644 万人；在经过一个上升阶段以后才逐步下降，2010、2020、2030、2040、2050 年分别为 10 956、7 241、8 396、8 186、6 149 万人。由此可见，我国育龄妇女人数在本世纪前半叶始终保持在高位上运行，其年龄结构也比较稳定，尤其是每年进入育龄期的低龄妇女相当稳定，没有明显减少的趋势。同时，由于庞大的人口基数和持续增长的人口总量，我国今后一个时期的人口总量仍将以年均八百万至一千万的速度持续增长，人口总量正逐步向 15 至 16 亿的安全警戒线逼近，实现人口零增长至少还需三十年左右的时间。2020 年，联合国人口基金预测我国人口将达到 14.48 亿，世界银行预测为 14.89 亿，国家人口和计生委预测为 14.83 亿，国家统计局预测为 14.60 亿，本文预测为 14.07 亿。综合各种预测的结果，我们可以得出这样一个结论：2020 年我国总人口将达到 14.5～14.9 亿之间。因此，目前我国正处于人口低增长率和高增长量并存的时期，人口过多仍是我国长期面临的首要问题。在此背景下，1998 年 3 月，国家计生委根据新形势下我国人口问题出现的新情况，适时提出了从 20 世纪末到 21 世纪

---

[①]　姚远：《稳定低生育水平与中国家庭养老关系的再思考》，《人口学刊》2000 第 4 期。

中叶我国人口与计划生育工作的战略目标：2000 年，我国总人口控制在 13 亿以内，计划生育工作要基本实现"三为主"并逐步实现"两个转变"；2010 年，总人口控制在 14 亿以内，计划生育工作要在全国基本实现"两个转变"；到 21 世纪中叶，我国人口总量在达到峰值（约 16 亿）后缓慢下降。2000 年 3 月，党中央、国务院发出《关于加强人口与计划生育工作，稳定低生育水平的决定》。《决定》深刻分析了我国人口问题和计划生育工作面临的形势以及所处的重要地位，对我国基本国情和人口发展趋势做出了科学的判断，明确提出了 21 世纪前十年人口与计划生育工作的目标、方针、任务和政策措施。《决定》强调，计划生育是我们必须长期坚持的基本国策。在实现了人口再生产类型的转变之后，人口和计划生育工作的主要任务将转向稳定低生育水平，提高出生人口素质。①

国家计生委人口战略目标和党中央关于稳定低生育水平决定的出台，使我国计划生育人口政策的调整工作提上了议事日程。国家计生委"中国未来人口发展与生育政策研究"课题组提出了实现这一战略目标的人口政策的措施和设想："以人为本，制度创新，东稳西降，分层推进"。"以人为本"是指在新的历史发展阶段，应该确立"以人为本"为最高准则，建立计划生育工作的新思路、新方法；改变某些地方或某些政策规定中的"以数为本"、"以官为本"的倾向，改变单纯追求人口数量控制目标的思路；强调科学的、综合的决策，即要保持较低的生育水平，保证人口发展战略目标的实现，又有利于人口质量、结构、分布的优化。"制度创新"是指在新的环境和条件下，必须坚持制度创新，以保护发展战略的顺利实施；这就要求我国在法律层次、工作层次上，形成一个统一的、协调的、高效的、有利于实现稳定低生育率战略目标的制度和政策体系，把计划生育的立法、社会保障制度的建立、教育制度和个人收入分配制度的改革、城市化和农村发展政策的制定作为优先领域。"东稳西降"是指在努力降

---

① 中共中央文件：中共中央、国务院《关于加强人口和计划生育工作，稳定低生育水平的决定》，中发［2000］8 号（2000 年 3 月 2 日）。

低生育率和严格控制人口过快增长阶段，我们一直比较重视东部和人口大省的作用，然而，在稳定低生育水平阶段，东部地区生育率下降的余地已经很小，有的甚至于会因人口结构或其它原因而引起生育率在一定程度上的波动，因此，"以丰补歉"的可能性已不复存在；而另一方面，中西部有的地区计划生育工作仍在努力爬坡、生育水平相对较高，还存在一定数量的计划外生育，降低这里的生育率不仅有可能，也更有必要。为此，我们应该采取"东稳西降"的策略，即在东部地区的战略重点是稳定低生育水平，在中西部地区的战略重点是继续降低生育水平。"分层推进"是指在生育率下降的过程中，尤其在实现低生育率以后，人们对计划生育和生殖保健的需求呈现出不断增长和多元化的趋势，这种需求就要求我们的管理和服务模式多样化，要求我们的工作水平不断提高；在我国计划生育工作进程中，尤其是在计划生育工作思路和工作方法的"两个转变"的实践中，各地计划生育工作环境和服务能力也表现出明显的差异。这就要求根据各地具体情况，针对群众的需求，分层推进计划生育管理和服务的改革和创新，进而提高全国计划生育工作的整体水平，确保稳定低生育水平目标的实现。[①] 王国强针对目前我国人口存在的问题，将我国人口政策从"控制人口数量，提高人口质量"完善为"稳定低生育水平，提高人口素质，改善人口结构，引导人口分布，开发人力资源"。他认为，稳定、提高、改善、引导、开发是互为关联、互为结合、互为促进的，不是并联的，稳定低生育水平是我国人口政策的立足点和重要基础，要把开发人力资源放在优先的地位。[②] 这是未来一段时期内我国人口政策的发展趋势及其选择。《国家人口发展战略研究报告》也明确规定了未来一段时间我国人口政策的战略思路：以邓小平理论和"三个代表"重要思想为指导，全面落实科学发展观，按照构建社会主义和谐社会的要求，坚持以人为本，推进体制创新，优先投资于人的全面发展；稳定低生育水平，提高人口素

① 国家计生委课题组：《中国未来人口发展与生育政策研究》，《人口研究》2000 年第 3 期。

② 王国强：《关于完善我国人口政策的思考》，《人口与计划生育》205 年第 1 期。

质，改善人口结构，引导人口合理分布，保障人口安全；实现人口大国向人力资本强国的转变，实现人口与经济社会资源环境的协调和可持续发展。

鉴于在新的历史条件下，我国人口问题和计划生育工作出现的新情况，本文认为在未来一段时间我国人口政策应在继续稳定现行人口生育政策、降低人口增长水平、实现人口的减量增长的基础上，在以下几个方面做调整。

第一，进一步建立和完善计划生育的利益导向机制。2004 年 2 月，在国家的统一部署和指导下，在中西部部分地区的农村对部分计划生育家庭实行奖励扶助制度试点工作正式启动。这项制度规定：对农村只有一个子女或者两个女孩的年满 60 周岁的计划生育夫妇，按每人每年不低于600 元的标准发放奖励扶助金，直至亡故。奖励扶助资金由中央和地方财政安排专项资金，主要是国家和省级财政出钱，分别纳入当年财政预算。实施这项制度的目的主要就是为了解决农村部分计划生育家庭面临的实际困难，完善人口和计划生育政策，并将和养老机制结合起来，建立和完善公共财政体制，逐步探索在农村建立社会保障和社会救助制度。与此同时，帮助辍学女孩重返校园、帮助贫困母亲脱贫致富、维护妇女的合法权益、提高妇女的社会经济地位、为母亲们提供优质的生殖保健服务等有利于计划生育、有利于计划生育家庭的利益导向机制和社会保障制度也开展起来。比如，宁夏区在稳定现行生育政策的前提下，实施的以政府通过经济奖励的办法，鼓励少生，对自愿少生一个孩子并采取长效节育措施的夫妇给予一次性奖励，引导和帮助这些家庭将奖励资金用于发展生产、勤劳致富的"少生快富"扶贫工程，成效显著。2002～2003 年，该区南部山区计划生育率由 66.78％上升到 71.23％，超生率由 10.56％下降到3.67％。从过去的处罚多生到现在的奖励计划生育家庭，表明人口政策在实践中强化建立有利于计划生育、有计划生育家庭的利益导向机制和社会保障制度，并经过逐步的形成和完善，上升到国家的政策和制度层面。

但是，随着计划生育利益导向机制进程的加速进行，目前正面临着两

难的境况。一方面，由于政府财力的限制，计划生育利益导向机制的力度
不可能很大。以福建省泉州市为例，福建省计划生育条例规定，对领取独
生子女证的夫妻一次性发给不高于 400 元的奖励费。虽然泉州市实行的标
准比福建省其它的地区还要高，但其相对于泉州市经济发展水平来说，还
是比较低的。2004 年泉州市城镇居民人均可支配收入 12 699 元，农民人
均纯收入 5 680 元，全市 19.7% 的乡（镇街道）、31.3% 的村（居）达到
宽裕型小康，下辖的石狮、晋江市基本实现宽裕型小康。因此，这些奖
励、照顾和优惠措施，对一部分比较富裕的家庭来说，根本就没有什么吸
引力，从而增加了计划生育工作的难度；另一方面，对于一部分比较贫困
的农村地区来说，由于集体经济和财力的限制，实行计划生育利益导向机
制所需的奖励、照顾和优惠措施却又不能落实到位。目前，随着农村义务
工和义务积累工的取消，过去对独生子女和二女子女户免除义务工和义务
积累工的奖励已名存实亡；乡统筹、村提留的取消或改革，以往从乡统
筹、村提留中开支的独生子女户、二女结扎户的保险费、计划生育贫困户
"三结合"扶持资金、各种减免和补助等将无法保障；把社会抚养费纳入
财政统一管理及乡、村两级财力的下降，一旦各级经费投入没有保证，农
村的独生子女户和二女结扎户的保险费、奖励费更是无法落实到位，计划
生育奖励、照顾和优惠政策等都受到影响。这样必然会影响到计划生育利
益导向机制的实施，从而影响到计划生育工作的进行。

　　第二，加强计划生育技术服务，进一步稳定低生育水平、提高人口素
质。《人口与计划生育法》不仅规定了公民实行计划生育的义务，还用了
很多条款规定了公民实施计划生育应享有的合法权益，具体包括八个方
面：依法生育权；实行计划生育男女平等权；获得计划生育生殖保健信息
和教育的权利；获得避孕节育技术和生殖保健服务的权利；知情选择安
全、有效、适宜的避孕方法服务的权利；获得法律法规规定的各项奖励、
优待、社会福利以及平等发展的权利；公民在计划生育过程中人身和财产
权不受侵犯的权利；获得法律救济的权利等等。据介绍，国家对于实行计
划生育的家庭免费提供实行计生方面的各项服务，包括避孕药具的提供

（主要对农村）、免费放置或者取出宫内节育器、结扎手术、在自愿的情况下终止妊娠服务，以及一些安全检查等。

因此，未来一段时间内的人口政策工作要认真做好计划生育技术服务工作，以落实计划生育主体应享有的合法权益。目前，加强计划生育技术服务，主要加强以下四个环节的工作：坚持"三为主"工作方针，加强避孕为主的服务工作，定期进行孕情检查服务工作；对意外怀孕要早发现，及时落实补救措施，禁止28周以上的引产和28周以下选择性别的引产，严格限制非医学等原因的其他中期引产；对正常怀孕妇女要跟踪服务，避免非正常终止妊娠；采取有效措施保证母婴健康，防止女婴非正常死亡。

第三，适应人口政策转型升级的需要，认真做好计划生育条例的修订修正工作。我国现行人口政策实施几十年来，在取得巨大成绩的同时，也面临着许多问题。比如，人口出生率严重不均，城镇人口出生率较农村低，东部发达地区较西部欠发达地区低。因此，我们必须理智对待，看清其中存在的问题，适应人口政策转型升级的需要，认真做好计划生育条例的修正工作。全国有27个省、直辖市、自治区的计划生育条例中允许夫妇双方（或一方）为独生子女的家庭可以生育两个孩子，七个省计划生育条例允许在农村地区夫妇一方为独生子女的家庭可以生育两个孩子。对此，目前已有多个省、直辖市、自治区对人口与计划生育条例关于生育两个孩子的条款做了修改。比如，湖南省、上海市扩大了育龄妇女生育二胎的范围，浙江省对生育间隔不再做硬性规定，北京市在新条例中规定允许生育第二个子女的，只要符合"生育间隔不少于四年"和"女方年龄不低于28周岁"两者中的任一条，即可生育第二个子女。截至2003年底，全国30个省区市（西藏除外）完成了地方人口和计划生育条例的修订（制定）工作。总体来看，各地新出台的条例都较全面地体现了《人口与计划生育法》的立法指导思想和基本原则精神，符合《人口与计划生育法》的立法宗旨、目的、基本方针、原则和制度，保持了现行生育政策的稳定性、连续性；突出了依法行政、维护公民实行计划生育合法权益的思想，普遍取消了一孩行政审批制度，修订了各种不符合《人口与计划生育法》

规定和精神的收费、罚款（如二胎生育调节费）项目，多数省放宽了生育间隔规定，吉林、上海、海南三个省（市）取消了生育间隔规定；同时各地在避孕方法的知情选择、综合治理、奖励与社会保障等方面都有不同程度的突破、创新和发展。

第四，针对我国出生人口性别比长时间、大范围持续上升的趋势，采取有效措施进行综合治理。（1）实行B超使用登记报告制度和终止妊娠药品管理制度。在市级（地区）卫生和计生部门的统一领导和组织下，县级卫生和计生部门对医疗保健机构和计生技术服务机构B超设备及操作人员进行严格审查并备案；医务人员对B超使用情况如实进行登记，定期向县级、市级卫生和计生部门分别上报。对因医学需要进行胎儿性别鉴定的，经县级、市级卫生和计生部门许可，由实施机构三人以上集体审核，同时签名；经诊断需终止妊娠的，由实施机构为其出具医学诊断结果，并上报县级、市级计生行政部门。定期对"两非"和非法销售堕胎药物以及溺杀女婴行为、制作和销售假计生证明等违法违规行为进行清理打击。禁止药品零售企业销售终止妊娠药品；药品生产、批发企业不得将此类药品销售没有获得施行终止妊娠手术资格的机构和个人。（2）实施定点分娩制度和落实定点实施计划生育节育手术制度。领取《一胎生育服务证》或《第二个子女生育证》的孕妇须到经卫生行政部门批准的医疗保健机构住院分娩，实施手术的医务人员应具有相应的资质。婴儿出生后在生育证件上签字盖章，并出具《出生医学证明》。已婚育龄妇女落实避孕节育措施，须到经计生和卫生行政部门指定的医疗保健机构或计划生育服务站实施手术；负责施行手术的医务人员，在手术前查验、登记手术者身份证、医学诊断证明或相应的证明。（3）实施终止妊娠报告审查制度和婴儿死亡报告制度。符合计生政策规定并已领取《一胎生育服务证》或《第二个子女生育证》的育龄妇女拟落实中期以上非医学需要的终止妊娠学术的，经县级、市级计生行政部门批准，到指定的医疗保健机构落实终止妊娠手术；属医学原因需要终止妊娠的，报县级、市级计生行政部门审批，到指定的医疗保健机构实施终止妊娠手术。新生婴儿在医疗保健机构死亡的，由医疗保健机构出具死亡证明，一个月内向婴儿父（母）户籍所在地计生部门通报；新生婴儿父母持医疗保健机构或所在村街出具的死亡证明，在规定时间内向当地乡镇计生办报告，经核实后，每月上报县级计生部门，并抄报市级计生部门。（4）对相关法律法规进行修改，加大威慑和打击力度。司法部门对相关法律法规进行修改，或者作出司法解释，明确刑事责任、犯罪主体和定罪量刑的规定，加大对"两非"行为的震慑和打击力度。一是修改刑法第336条，将未取得医生执业资格的人，以及虽然已经取得医生执业资格，但超越有关部门核准的执业范围、执业类别或执业地点，非法开展执业活动的人都纳入这类主体的范围，以解决目前对情节严重的医务人员非法鉴定胎儿性别和人工终止妊娠的行为无法进行刑事追究的局面。二是在非法行医罪法条中将该罪客观方面的表现明确列举出来，并将非法为孕妇进行胎儿性别鉴定的行为纳入其中，以增强刑法关于非法行医罪规定的可操作性。三是在《刑法》中增加禁止非医学需要的胎儿性别鉴定和选择性别的人工终止妊娠行为的条款，依照扰乱社会秩序罪的规定追究刑事责任。四是对于国家计划生育工作人员、医疗单位医务人员，利用职务上的便利，收受或者索取财物，为他人进行非医学需要的胎儿性别鉴定或选择性别的人工终止妊娠的，应依照贪污罪贿赂罪从重处罚。五是在刑法上可以考虑增设相应的犯罪条款对非法的"两非"行为进行打击。（5）建立部门垂直管理的监控机制，形成治理工作"一盘棋"的态势。由国家级、省级计生及相关部门组建专门机构，建立部门垂直管理的监控机制，对全国、全省出生人口性别比治理工作进行统一领导，形成治理工作的"一盘棋"态势。只有这样，才能有效防止各地区、各部门之间因工作不平衡造成的被动局面。

## 四、"单独夫妇"二孩生育意愿及未来生育政策的调整

党的十八大报告《坚定不移沿着中国特色社会主义道路前进，为全面建成小康社会而奋斗》提出了要"坚持计划生育的基本国策，提高出生人口素质，逐步完善政策，促进人口长期均衡发展。"在此基础上，党的十

八届三中全会通过的《关于全面深化改革若干重大问题的决定》正式启动"单独二孩"政策。从 1991 年 5 月党中央、国务院发出《关于加强计划生育工作严格控制人口增长的决定》重申,"争取今后十年平均年人口自然增长率控制在 12.5‰以内","要求坚决贯彻落实现行计划生育人口政策,以保持人口政策的稳定性和连续性。"① 到"双独两孩"、"单独两孩"政策的实施,标志着我国实行了数十年之久的计划生育人口生育政策开始最大幅度的调整。党中央、国务院在印发的《关于调整完善生育政策的意见》中指出:实施"单独二孩"政策有利于经济持续健康发展、有利于家庭幸福与社会和谐以及有利于促进人口长期均衡发展。自今年 1 月浙江省率先起动"单独两孩"生育政策以来,至目前,除西藏区、新疆区外,目前,全国绝大多数省(区、市)都对"人口和计划生育条例"进行了修改,实行"单独两孩"生育政策。如福建省十二届人大常委会八次会议于今年 3 月 29 日表决通过了关于修改《福建省人口和计划生育条例》的决定,决定即日起启动福建省"单独二孩"政策。

(一)"单独二孩"政策的实施背景。我国"单独两孩"人口生育政策的实施,是人口、经济及社会因素综合作用的产物,也是计划生育人口生育政策实施数十年以来必然发展的产物。我国以"控制人口数量,提高人口质量,改善人口结构"为主要内容的人口政策实施数十年以来,在取得重大成绩的同时,也存在着一些问题。这些问题对人口安全、社会安全和国家安全产生了一定影响。

2000 年 3 月 2 日,党中央、国务院《关于加强人口与计划生育工作稳定低生育水平的决定》一方面肯定了我国人口生育政策取得重大成绩的同时,另一方面又指出我国人口生育政策的问题,即人口数量依然庞大、人口质量不高、劳动就业压力进一步加大、人口老龄化问题更加突出、人

---

① 中共中央、国务院:《关于加强计划生育工作严格控制人口增长的决定》,中发[1991]9 号(1991 年 5 月 12 日)。

口与经济、社会、资源、环境之间的矛盾依然尖锐。[①] 具体来说，主要表现在以下几个方面：

第一，虽然我国已经实现了人口的低生育水平，但这种低生育水平的基础是十分脆弱的，具有不稳定性。首先，人口总量继续增长。预测数据显示，到 2020 年我国育龄妇女总数将达到 3.5 亿人左右，与 2000 年的数据基本上持平；同时随着 1980 年代生育高峰期出生的妇女进入婚育期，生育旺盛期妇女数量将在 2005－2020 年、2030－2040 以及 2060－2070 年间形成三个新的高峰。也就是说，每隔 20－30 年，就会出现新的高峰。[②] 其次，目前我国低生育水平尚不稳定，有相当一部分群众的生育意愿与现行人口政策还有着较大的差距。《浙江省已婚育龄群众婚育观念变化调查》数据显示：城镇已婚群众平均期望子女数为 1.43 个。湖南省专题调查表明，农民普遍认同"理想"生育子女数是两个。第三，这种低生育水平在城乡之间、地区之间的差异很大。1998 年我国城市、农村人口出生率分别为 16.7‰、17.05‰，城市、农村地区自然增长率分别为 8.36‰、10.04‰。上海等一些大城市已经出现了人口负增长，但中西部地区仍然处于人口高增长的阶段。城乡人口转变过程的时间差大约为 20 年。[③]

第二，近年来，离婚、再婚人数有所增加，这会使新出生人口有所增多。据民政部统计，我国离婚数量从 20 世纪 80 年代初不到 50 万对持续增长到 2001 年的 120 万对，粗离婚率从不到 1‰上升到 2‰；每年再婚人数也增加了一倍多，2001 年达到 112 万人。因此，必须要在强化政府主导的同时，积极寻求利益导向方面的改革，有效地增大独生子女和其它计划内子女的效益，进一步稳定低生育水平。

第三，关于生育政策对出生性别比偏高问题的影响，至目前众多学者是莫衷一是，见仁见智。目前学术界主要有以下几个方面的观点：（1）两

① 《中共中央、国务院关于加强人口与计划生育工作稳定低生育水平的决定》，中发 [2000] 8 号文件（2000 年 3 月 2 日）。

② 蔡昉：《中国人口与劳动问题报告》，社会科学文献出版社 2003 年版，第 14 页。

③ 蔡昉．中国人口与劳动问题报告［M］．社会科学文献出版社，2003.16

者之间没有关系，如韩国、印度、中国台湾等亚洲国家和地区出生性别比偏高，但这些国家和地区性却没的生育控制政策[①]；（2）两者之间有间接关联。我国出生性别比偏高问题的出现是伴随着 1980 年代初期以来国家对生育子女数量严格规定的生育政策的出台和实施的全进程；[②]（3）两者之间密切相关，即生育政策是影响出生性别比升高的主要因素之一。定量分析更显示，两者之间的确存在着一定的关联度。特别地，自 1980 年代以来，随着以控制出生子女数量为主要内容的人口生育政策的实施，我国出生性别比明显升高，并伴随着这一过程。

表 30 为我国不同地区出生人口性别比与平均政策生育率（即一个地区如果完全按照政策的规定生育，该地区平均每个妇女终身生育的孩子数，简称为该地区的"政策生育率"）之间的关联表。从总体来说，我国平均政策生育率与出生性别比呈现出反向关系，即：平均政策生育率高的地区，其出生人口性别比趋于正常；平均政策生育率低的地区，其出生人口性别比趋于不正常。

**表 30　不同地区出生人口性别比与平均政策生育率关系**

| 地区名称 | 出生人口性别比 | 相应省市的平均政策生育率 |
|---|---|---|
| 陕西、广西、湖南、安徽、湖北、广东、海南 | 120 以上 | 1.514、1.527、1.479、1.480、1.466、1.413、2.137 |
| 四川、江苏、福建、河南、 | 116—120 | 1.188、1.060、1.481、1.505、 |
| 青海、北京、上海、吉林、山东、天津、山西、辽宁、河北、浙江、江西、甘肃、重庆 | 110—116 | 2.104、1.086、1.060、1.450、1.453、1.167、1.487、1.383、1.592、1.467、1.464、1.559、1.273 |
| 贵州、内蒙古、云南、宁夏、黑龙江 | 107—110 | 1.667、1.602、2.006、2.116、1.392 |
| 新疆 | 103—107 | 2.366 |
| 西藏 | 103 以下 | —— |

资料来源：平均政策生育率引自郭志刚、张二力、顾宝昌、王丰：《从政策生育率看中国生育政策的多样性》，《人口研究》2003 年第 9 期。

---

[①]　蔡菲、陈胜利：限制生育政策不是影响出生人口性别比，市场与人口分析，2006 年第 3 期。

[②]　原新、石海龙：《中国出生性别比升高与计划生育政策》，《人口研究》2005 年第 3 期。

表 31 列出了我国人口政策生育率与 1982 年、1989 年、2000 年、2005 年出生性别比之间的相关系数矩阵。表中数据显示，1982 年、1989 年、2000 年、2005 年的出生性别比与政策生育率之间的 Pearson 相关系数介于 $-0.065 \sim -0.268$ 之间，概率 P 值都小于 0.05，通过了显著性检验，说明出生性别比与政策生育率之间具有一定的关联度。[1] 这些人口问题的出现，要求政府相关部门对实施数十年之久的计划生育人口政策进行进一步的调整。这就是"单独二孩"政策的实施背景。

表 31 生育政策率与各年份出生性别比的相关系数矩阵

| | | 1982 年出生性别比 | 1989 年出生性别比 | 2000 年出生性别比 | 2005 年出生性别比 |
|---|---|---|---|---|---|
| 政策生育率 | Pearson Correlation | $-.245$ | $-.268$ | $-.065$ | $-.200$ |
| | Sig.（2—tailed） | .001 | .005 | .005 | .001 |
| | Sum of Squares and Cross-products | $-3.408$ | $-9.018$ | $-4.633$ | $-14.228$ |
| | Covariance | $-.122$ | $-.311$ | $-.154$ | $-.474$ |

资料来源：汤兆云：《生育政策对出生性别比偏高的影响及其未来政策走向》，《江苏社会科学》2011 年第 6 期。

（二）生育意愿对"单独夫妇"二孩行为的影响。一般认为，"单独二孩"政策启动后新增出生人口的数量，是由众多因素共同影响的。在这些影响因素中，"单独夫妇"的二孩生育意愿具有重要意义。这是因为"单独夫妇"是新政启动后生育的主体，他们的生育意愿在相当程度上决定着新政启动后新增出生人口数量的多少。目前，不同研究机构和个人对"单独夫妇"二孩生育意愿进行过一些调查，并由此推测可能因新政新增出生人口的数量。据国家卫计委、中国人口信息研究中心主持的 2013 年"全国生育意愿调查"数据显示，希望能够生育两个孩子家庭的比例达到了80％甚至更高。在符合单独家庭生育二孩政策的家庭中（占全部家庭比例

---

[1] 汤兆云：《生育政策对出生性别比偏高的影响及其未来政策走向》，《江苏社会科学》2011 年第 6 期。

的 5.3%）中，意愿生育第二孩夫妻的比例为 50.4%－67.6% 之间。①
2013 年，我国人口出生率为 12.08‰，全年新增出生人口为 1 640 万人，
即因新政导致的新出生人口占全年出生人口比例在 34.3%－45.9% 之间；
且"这一年龄段人口的突然增加，会对未来的社会经济发展和公共服务的
承载力带来波动性和周期性的影响，而且影响将是长期的"。② 江苏省符
合生育二孩政策妇女的生育意愿情况是：绝大多数（约 99.0%）妇女理
想孩子数量为"一个"或者"两个"、"想要一个孩子"的妇女比例
53.97%，略高于"想要二个孩子"的比例（为 45.07%）。③ 福建省 2013
年 9 月关于生育意愿的调查数据显示，单独已生育一孩夫妻中，约有
60.0% 符合条件的人群意愿生育第二孩，并可能在"十二五"末期生育。
根据 2013 年 5 月国家卫计委对泉州市关于"流动人口动态监测调查问卷"
以及"社会融合专题调查"的数据显示，在泉州生活半年以上的流动人口
中"单独夫妇"二孩生育意愿超过了 70.0%。④ 福建省启动"单独二孩"
政策之时，相关部门对因新政新增人口作了测算。其结果是：2013 年福
建省城镇单独夫妻有 10.62 万对，其中约有 60.0% 符合条件的人群意愿
生育第二孩，由此可能增加 5.6 万新出生人口，因新政导致的新出生人口
占全年出生人口（2013 年福建总人口为 3748 万人，人口出生率为
12.74‰，全年增加人口为 47.89 万）比例为 11.6%。⑤ 如果以这一生育
意愿作为出生人口的测算比例，由此估计新增出生人口将在 563.3－
755.3 万之间，约占全年出生人口比例在 34.3%－45.9% 之间（2013 年
我国人口出生率为 12.08‰，全年新增出生人口为 1 640 万人）。因新政导
致新出生人口占全年出生人口如此高的比例，有学者认为：由于这次"单

---

① 乔晓春：《"单独二孩"政策的实施会带来什么——2013 年生育意愿调查数据中的一些发
现》，《人口与计划生育》2014 年第 3 期。

② 乔晓春：《"单独二孩"政策的利与弊》，《人口与社会》2014 年第 1 期。

③ 茅倬彦：《符合二胎政策妇女的生育意愿和生育行为差异——基于计划行为理论的实证
研究》，《人口研究》2013 年第 1 期。

④ 泉州市人口计生委：《泉州市流动人口发展报告》，泉州市人口计生委 2014 年编印。

⑤ 郑昭：《福建省启动"单独两孩"新政》，《人口之声》2014 年第 4 期。

独二孩"政策的调整不是渐进式的，全国不同地区同时放开，可能会出现一定程度的出生堆积，引起高危人群的集中生育以及生育代际不公平等问题。[①] 人口实际工作部门也认为会加大计划生育工作难度，并可能会对人口社会发展产生一定的负面影响。针对这些担忧，也有学者表达了不同的观点。王广州认为，"单独二孩"政策放开每年增加的出生人口只有一两百万（即因政策导致的新出生人口占全年出生人口在 8.9％－17.9％之间），超过 300 万的可能性非常小，对人口结构的影响非常小。[②] 翟振武认为，"单独二孩"政策实施后，虽然出生人数和人口总量有一定程度的增加（5 年内每年新增出生人数 100 多万至 200 多万），但都在的可控和可承受范围内，不会对经济社会发展和公共服务产生大的震荡与冲击。[③]

从这一方面来说，"单独二孩"政策全面启动后，因新政策导致新出生人口数的增加会对人口、经济社会产生影响，主要表现在以下两个方面：第一，因为新政导致新出生人口会在一定程度上减轻人口老龄化程度，并由此改善我国劳动力；第二，随着新出生人口数量的增多，会在一定程度上改善因实行"一孩半"政策产生的"四二一"的家庭结构，从而提高家庭抵御风险的能力。

经过数十年严格的计划生育人口政策的实施后，我国人口再生产类型实现了从"高、高、低"（高出生率、高死亡率、低自然增长率）到"低、低、低"（低出生率、低死亡率、低自然增长率）的转变。这从反映妇女平均生育水平的总和生育率可以看出。1970 年，妇女总和生育率为 5.81，1990 年、1999 年分别下降到 2.31、2.1 以下，目前更降至为 1.7 左右（2000 年的人口总和生育率应该为 1.80 左右，但"五普"公布的 1999 年 11 月 1 日至 2000 年 10 月 31 日期间全国妇女总和生育率只有 1.22，不仅远低于世界平均水平，而且还低于 1.50 的政策生育率。这个数据公布出

---

① 乔晓春：《"单独二孩"政策的利与弊》，《人口与社会》2014 年第 1 期。

② 叶桐、王广州：《单独二孩每年新增人口不超 300 万》，《第一财经日报》2014 年 2 月 28 日。

③ 翟振武：《中国人口变化与"单独二孩"政策影响》，《社会科学报》2013 年 12 月 5 日。

来以后，有许多的相关研究机构和学者对此提出了质疑。考虑到模型估算的风险以及对全国小学入学率参数可靠性的把握度，他们认为 1990 年代末我国妇女总和生育率水平的估计值为 1.70 左右)[1]，远远低于发展中国家的平均水平，相当于发达国家 1990 年代中期的水平。

我国人口再生产类型的转变直接导致了我国老年人口比例不断提高，其绝对数量不断增多。我国五次人口普查的人口年龄结构[2]数据显示，65岁及以上人口占总人口的比例分别为 4.5％、3.6％、5.0％、5.6％ 和7.0％。2005 年人口统计数据显示：我国 60 岁及以上总人口数为 14 408万人，占总人口的比例为 11.1％（其中，65 岁及以上总人口数为 10045 万人，占总人口的比例为 7.7％），并正在以年均高于 3.0％的速度增长，2051 年将达 4.37 亿最大值。关于将来一段时期我国我国 65 岁及以上老年人口发展趋势，从总体上来说，我国 65 岁及以上老年人口呈上升趋势，先快速增长，后缓慢回落。预测结果显示（见图 4），2005 年至本世纪 40 年代前期，65 岁及以上老年人口以年增幅超过 570万人的速度，从 1 千万人口迅速增长至 3 千万；后缓慢回落，至 2050年为 2.9 千万人。

"中国未来人口发展与生育政策研究"课题组研究表明数据显示：我国人口老龄化速度在未来的 30 年间将呈加速的态势。到 2040 年，65 岁以上的老年人口比例将 20％。老年人口本身的老龄化也日趋严重，80 岁以上的高龄老人口 2050 年将达到 1.6 亿。[3] 这一情况也可以从我国老年人口的抚养比、少儿人口的抚养比以及总人口的抚养比的变化情况也可以看出。我国目前的老年人口的抚养比为 0.11％左右。根据相关专家中死

①　翟振武：《中国总和生育率水平究竟有多高》，《市场与人口分析》2005 年第 6 期。

②　人口年龄结构是人口的自然结构，是社会构成的一部分，指的是一定时期、一定地域范围内，不同年龄的人口占总人口的比重的状况，通常用百分比来表示。不同的人口群体，由于其各年龄人口的比重不同，而呈现出不同的特征。人口年龄结构与出生、死亡以及迁移有着密切的关系。它是该地区历年人口的自然变动和机械变化的缩影，是两方面因素共同作用的结果；同时对现期及未来的人口发展和社会发展有着重要的作用和影响。

③　课题组：《中国未来人口发展与生育政策研究》，《人口研究》2000 年第 3 期。

亡率方案的预测（见表32），到2020年、2050年我国老年人口的抚养比将分别上升到0.19%、72.7%，也就是说，2050年我国劳动人口供养老年人口的负担相当于2000年的4.1倍；与此同时，我国2050年总抚养比分别比2000年增加38%。[①]因此，可以说由于"单独二孩"政策的实施而新增的人口数量会对我国人口老龄化产生一定的减缓作用。

表32　主要年份我国老年抚养比、少儿抚养比、总抚养比及加权总抚养比

| 年份 | 地区 | 中死亡率方案 | | | | 低死亡率方案 | | | |
| --- | --- | --- | --- | --- | --- | --- | --- | --- | --- |
| | | 老年抚养比 | 少儿抚养比 | 总抚养比 | 加权总抚养比 | 老年抚养比 | 少儿抚养比 | 总抚养比 | 加权总抚养比 |
| 2000 | 农村 | 0.12 | 0.42 | 0.54 | 0.33 | 0.13 | 0.42 | 0.55 | 0.34 |
| | 城镇 | 0.10 | 0.36 | 0.46 | 0.28 | 0.10 | 0.36 | 0.46 | 0.28 |
| | 合计 | 0.11 | 0.39 | 0.50 | 0.31 | 0.11 | 0.39 | 0.50 | 0.31 |
| 2020 | 农村 | 0.22 | 0.29 | 0.51 | 0.37 | 0.24 | 0.29 | 0.53 | 0.39 |
| | 城镇 | 0.14 | 0.24 | 0.38 | 0.26 | 0.16 | 0.24 | 0.40 | 0.28 |
| | 合计 | 0.17 | 0.25 | 0.42 | 0.30 | 0.19 | 0.25 | 0.44 | 0.32 |
| 2050 | 农村 | 0.46 | 0.27 | 0.73 | 0.60 | 0.56 | 0.27 | 0.83 | 0.70 |
| | 城镇 | 0.35 | 0.24 | 0.59 | 0.47 | 0.42 | 0.24 | 0.68 | 0.54 |
| | 合计 | 0.37 | 0.24 | 0.61 | 0.49 | 0.45 | 0.24 | 0.69 | 0.57 |
| 2050/2000（%） | 农村 | 283.33 | −35.71 | 35.19 | 81.82 | 330.71 | −35.71 | 50.91 | 105.88 |
| | 城镇 | 250.00 | −33.33 | 28.26 | 67.82 | 320.00 | −33.33 | 47.83 | 92.86 |
| | 合计 | 236.46 | −38.46 | 22.00 | 58.06 | 309.09 | −38.46 | 38.00 | 83.87 |

资料来源：曾毅：《中国人口老龄化的"二高三大"特征及对策探讨》，《人口与经济》2001年第5期。

资料说明：加权总抚养比＝老年抚养比＊1.0＋少儿抚养比＊0.5。

但另一方面，对"单独二孩"政策对人口、经济社会的影响程度也要有清醒的认识。虽然"单独二孩"政策实施以后能够在一定程度上缓解人口老龄化的进程，但它却无法改变我国人口老龄化的发展趋势。

（三）一项经验研究：基于泉州市"单独夫妇"二孩生育意愿调查数据的分析。"单独夫妇"二孩政策启动后，许多地方的人口计生实际工作

---

[①]　曾毅：《中国人口分析》，北京大学出版社2004年版，第65－66页。

部门为了得到本地区"单独夫妇"较为真实的生育意愿,并以此估算本地区因新政增加的出生人口,他们都对本地区的"单独夫妇"生育意愿进行调查。就在这一背景下,2014 年 8 月,泉州市人口计委对泉州市丰泽区、鲤城区、安溪县和惠安县等 4 个县(市)"单独夫妇"二孩生育意愿进行了一次问卷调查。本文根据这次调查得到的数据分析分析了泉州市"单独夫妇"二孩生育意愿的基本情况以及主要影响因素,并对未来一段时期内的生育政策调整方向及内容作了若干设想。

作为一项经验研究,本文使用的数据来源于 2014 年 8 月泉州市人口行生委对该市丰泽区、鲤城区、安溪县和惠安县等县(市)"单独夫妇"二孩生育意愿的调查。目前,泉州市约 1.0 万对符合"单独两孩"生育政策的家庭,绝大多数集中在丰泽、鲤城等中心市区,其中鲤城区约有 3 500 对;安溪、惠安两县有一部分符合"单独两孩"生育政策的农村家庭尚未生育二孩。本次调查样本按照多阶段抽样的方法抽取。共发放 600 份调查问卷,(其中丰泽、鲤城各 200 份,安溪、惠安各 100 份),回收问卷 585 份,有效问卷为 561 份,所占比例分别为 97.5%、93.5%。调查样本自变量主要包括"单独夫妇"的年龄情况、经济情况、身体情况等方面,主要自变量有"单独夫妇"的性别、年龄、户口性质、文化程度、职业、家庭人均年收入、身体健康情况以及现有孩子方面的情况。

调查数据显示,"单独夫妇"意愿生育情况与其年龄、经济收入、身体健康情况等方面情况有着较大关系。从表 33 "单独夫妇"的意愿生育情况数据中可以看出,除"单独夫妇"性别与其意愿生育二孩的差别不大外,其它因素如年龄、户口性质、文化程度、职业以及家庭人均年收入、身体健康情况等因素都对其意愿生育二孩有着较大的影响:不同年龄段"单独夫妇"二孩生育意愿相差较大,相对来说,年龄较大的生育意愿要高于年龄较小的,相差 23.5 个百分点;农村户口"单独夫妇"的生育意愿明显要高于城镇户口,两者之间相差 6.8 个百分点;不同文化程度"单独夫妇"的生育意愿也有较大差别,高中及以下群体要高于研究生及以上群体,相差 21.1 个百分点;就其职业来说,经商群体的高于国家公职人员 29.4 个百分点；就经济收入情况来说，经济收入较高及较低的人群，其生育意愿较高，两者之间相差 10.2 个百分点；身体健康的二孩生育意愿要高于身体较差的，两者之间相差 17.3 个百分点。现有孩子的不同情况也对其二孩生育意愿也有一定的影响。如，现有子女为女孩的更意愿生育二孩，现有子女年龄越小的意愿生育二孩的比例越高。

**表 33　"单独夫妇"意愿二孩生育情况**

| | | 意愿二孩生育情况（%） | | | 意愿二孩性别（%） | |
|---|---|---|---|---|---|---|
| | | 意愿二孩 | 意愿一孩 | 意愿未定 | 男 | 女 |
| 性别 | 男 | 30.5 | 55.4 | 14.1 | 40.8 | 59.2 |
| | 女 | 22.8 | 60.3 | 16.9 | 36.7 | 63.3 |
| 年龄 | 30 岁及以下 | 15.1 | 70.3 | 14.6 | 56.9 | 43.1 |
| | 31—35 岁 | 12.8 | 68.9 | 18.3 | 40.1 | 59.9 |
| | 36—40 岁 | 22.6 | 50.1 | 27.3 | 45.5 | 54.5 |
| | 40 岁及以上 | 38.6 | 60.7 | 0.7 | 30.7 | 69.3 |
| 户口性质 | 城镇 | 38.9 | 40.5 | 20.6 | 43.6 | 56.4 |
| | 农村 | 45.7 | 48.1 | 6.2 | 56.9 | 43.1 |
| 文化程度 | 高中及以下 | 40.3 | 48.4 | 11.3 | 56.1 | 43.9 |
| | 大学 | 30.3 | 55.8 | 13.9 | 48.3 | 51.7 |
| | 研究生及以上 | 19.2 | 69.9 | 10.9 | 40.1 | 59.9 |
| 职业 | 务农、务工 | 45.6 | 40.9 | 13.5 | 58.5 | 41.5 |
| | 国家公职人员 | 20.7 | 60.5 | 18.8 | 48.2 | 51.8 |
| | 经商 | 50.1 | 30.8 | 19.1 | 45.9 | 54.1 |
| | 其它 | 30.5 | 50.2 | 19.3 | 47.8 | 52.2 |
| 家庭人均年收入 | 3 万及以下 | 38.9 | 50.4 | 10.7 | 44.4 | 55.6 |
| | 3—4 万 | 35.5 | 40.9 | 23.6 | 47.1 | 52.9 |
| | 4—5 万 | 28.7 | 60.5 | 10.8 | 39.6 | 60.4 |
| | 5 万及以上 | 30.5 | 59.4 | 10.1 | 45.4 | 54.6 |
| 身体情况 | 健康 | 34.6 | 38.1 | 27.3 | 50.8 | 49.2 |
| | 良好 | 36.7 | 40.5 | 22.8 | 54.1 | 45.9 |
| | 一般 | 26.9 | 58.2 | 14.9 | 49.3 | 50.7 |
| | 较差 | 17.3 | 60.4 | 22.3 | 55.7 | 44.3 |

| | | 意愿二孩生育情况（%） | | | 意愿二孩性别（%） | |
|---|---|---|---|---|---|---|
| | | 意愿二孩 | 意愿一孩 | 意愿未定 | 男 | 女 |
| 现有孩子情况 | 男孩 | 20.8 | 65.9 | 13.3 | 30.1 | 69.9 |
| | 女孩 | 40.5 | 46.2 | 13.3 | 70.8 | 29.2 |
| | 3 岁及以下 | 38.7 | 40.6 | 20.7 | 67.8 | 32.2 |
| | 3－6 岁 | 30.1 | 50.2 | 19.7 | 50.1 | 49.9 |
| | 6 岁及以上 | 19.6 | 63.4 | 17 | 45.2 | 54.8 |
| 总体意愿情况（二分变量） | 意愿生育二孩（24.8%） | 意愿不生育二孩（75.2%） | | 意愿生男孩（45.5%） | 意愿生女孩（54.5%） | |

　　本次调查问卷设计了"如果您符合'二孩'政策生育条件，您是否会意愿生育二孩吗"这一问题。从总体上来说，"单独夫妇"意愿生育二孩的比例只有 24.8%（见表 33）。这和过去一段时期以来不同研究机构和个人对"单独夫妇"二孩生育意愿的 45.07%－60%的比例有着一定的差别。

　　为了进一步了解本次问卷调查"单独夫妇"意愿生育二孩的影响因素，这里对其二孩生育意愿与其自变量等因素进行相关分析。相关分析得到的数据显示，"单独夫妇"二孩生育意愿与这些因素存在着较为明显的显著性差异。如，"单独夫妇"二孩生育意愿与其年龄、文化程度之间的 Kendall's tau_b 的相关系数分别为－0.118、－0.180（卡方检验，P＜0.01），表明两者之间表现出较弱的负相关关系。如果以年龄为控制变量，"单独夫妇"二孩生育意愿与其年龄、文化程度之间的相关系数分别－0.135、－0.263（卡方检验，P＜0.05）。和在没有控制变量的情况下，相关关系没有发生太大的变化。

　　变量的列联表和相关系数只能从数据上观察两个变量之间是否相关，而卡方检验则给出了两个变量是否相关的统计上的证据。表 34 是"单独夫妇"二孩生育意愿与其经济收入情况之间的卡方检验结果。Pearson 卡方统计量和似然比（Likelihood Ratio）卡方统计量的 P 值都小于给定的 0.05 的显著性水平，因此可以认为"单独夫妇"二孩生育意愿与其经济收入情况之间存在着显著的相关性。这和前面的 Kendall's tau_b 的相关系数、Spearman's rho 等级相关系数所得出的结论基本一致。

表 34　"单独夫妇"二孩生育意愿 * 经济收入情况的卡方检验结果

| | Chi-Square Tests | | Asymp. Sig. (2－sided) |
| --- | --- | --- | --- |
| | Value | df | |
| Pearson Chi-Square | 85.205[a] | 28 | .000 |
| Likelihood Ratio | 50.123 | 28 | .000 |
| Linear-by-Linear Association | 2.835 | 1 | .002 |
| N of Valid Cases | 561 | | |

a. 16 cells (66.7%) have expected count less than 5. The minimum expected count is .01.

考虑到年龄、经济收入等因素与"单独夫妇"二孩生育意愿之间可能存在着非线性关系，这里构造了年龄、经济收入的平方项，加上"单独夫妇"的性别、户口性质、文化程度、职业、身体健康情况五个层面共 15 个变量作为控制变量，来研究这些因素对"单独夫妇"二孩生育意愿的影响程度。由于"单独夫妇"二孩总体生育意愿是两分变量，采用 Logistic 回归进行分析（见表 3）。表 3 中，模型 1 反映了控制变量对"单独夫妇"二孩生育意愿的影响程度；模型 2 与"单独夫妇"不生育二孩意愿进行比较；模型 3 在模型 2 的基础上加入了期望值因子。从表 35 数据中可以发现，实证结果证实了年龄、经济收入等因素对于"单独夫妇"二孩生育意愿具有一定的正效应。模型 1 反映了控制变量对"单独夫妇"二孩生育意愿的影响程度。模型 2 引入"单独夫妇"不生育二孩意愿变量后，从卡方值、虚拟确定系数值来看，模型的模拟效果有了相当程度的提高。模型 2 中，在控制其它变量的情况下，"单独夫妇"二孩生育意愿对于这些变量来说具有一定的正效应，且显著度均达到了 0.01 以上的水平。

表 35　"单独夫妇"二孩生育意愿与年龄、经济收入的 Logistic 回归分析

| | 模型 1 | | 模型 2 | | 模型 3 | |
| --- | --- | --- | --- | --- | --- | --- |
| | B | Exp（B） | B | Exp（B） | B | Exp（B） |
| 生育意愿 | | | | | | |
| 意愿生育 | | | 0.118 | 0.125 | 0.217 | 0.301 |
| 意愿不生育 | | | 0.231*** | 0.386 | 0.298*** | 0.395 |
| 期望值因子 | | | | | 0.276* | 0.305 |
| 控制变量 | | | | | | |

| | 模型 1 | | 模型 2 | | 模型 3 | |
|---|---|---|---|---|---|---|
| | B | Exp (B) | B | Exp (B) | B | Exp (B) |
| 年龄平方 | 0.119 | 0.121** | 0.165 | 0.187** | 0.198 | 0.201** |
| 经济收入平方 | 0.267 | 0.298 | 0.289 | 0.301 | 0.323* | 0.345 |
| 性别 | 0.345*** | 0.367 | 0.389*** | 0.401 | 0.423*** | 0.465 |
| 户口 | -0.321* | -0.345 | -0.276* | -0.312 | -0.331* | -0.341 |
| 文化程度 | 0.436 | 0.456*** | 0.487 | 0.498*** | 0.501 | 0.523*** |
| 职业 | 0.345 | 0.398 | 0.378 | 0.391 | 0.402 | 0.434 |
| 身体情况 | -0.231** | -0.289 | -0.311** | -0.329 | -0.378** | -0.398 |
| 常量 | 6.764 | 6.891 | 6.901 | 6.921 | 6.982 | 7.002 |
| 卡方值 | 23.341 | 25.671 | 89.902 | 92.341 | 100.231 | 108.349 |
| 似然值 | 121.231 | 129.328 | 130.439 | 139.458 | 140.321 | 149.378 |
| 虚拟确定系数 | 0.021 | 0.028 | 0.066 | 0.076 | 0.087 | 0.098 |
| 样本数 | 534 | 551 | 561 | 560 | 540 | 561 |

注:* P≤0.1,**≤0.05,***≤0.01。

（三）基于调查数据分析基础上的我国生育政策的未来走向。通过对泉州市"单独夫妇"二孩生育意愿的调查数据的分析发现，泉州市"单独夫妇"意愿生育二孩的比例只有 24.8%。虽然这一数据远远低于相关研究机构和个人"单独夫妇"45.07%－60.0%生育二孩的意愿。但是，这次问卷调查得出来的数据和近期福建省卫计部门对全省城镇"单独两孩"夫妇进行的调查数据也较相吻合。全省城镇"单独两孩"夫妇约 12.0 万对，已生育一孩的约有 9.0 万对，其中有 34.4%的夫妻选择马上生育第二孩子，有 39.3%的夫妻选择再过两、三年生育第二孩子，26.3%的夫妻表示要考虑成熟后再作决定。同时，这一调查数据和福建省"单独夫妇"二孩生育政策实施以来的领证以及生育行为的现实情况相近似。统计数据显示，至目前福建省累计接收"单独两孩"夫妇生育申请 14 128 份，已审批发证 13 445 本，领证人数只占符合政策条件人数的 15.0%左右；泉州市符合生育二孩条件的 1 万对"单独夫妇"中，目前只有 700 左右的人申请领取二孩生育证，领证人数还不到只占符合政策条件人数的 7.0%。[①] 福

---

① 福建省卫计委基层指导处. 福建"单独两孩"审批发证 1.3 万本 [J]. 人口之声，2014（8）.

建省其它地市符合生育二孩条件"单独夫妇"中的领证人数比例基本上和全省水平持平。

生育意愿是指人们在生育子女方面的愿望和要求,它是一个多维的概念,体现在对生育孩子的数量、时间、性别、素质等方面的期望。影响生育意愿的因素是多方面的,有人口过程的因素,也有经济社会、文化习惯和社会政策的因素。由于生育意愿涉及人们对子女未来(包含经济上回报)的一种期待,即"养儿(女)防老",所以,生育意愿主体的经济收入因素对人们的生育意愿不可避免地会产生影响,即随着生育意愿主体经济收入的提高,其生育意愿会呈现出反向的变化。① 通过对人民公社化、家庭联产承包责任制和市场经济初期等三个时期的我国农民经济收入与生育意愿的比较,其结论为"当人们的经济状况从低向高上升时,父母向往生育子女数呈下降的趋势。这种趋势与家庭收入的增加呈反向关系。"应用多元线性回归方法建构的影响生育意愿的诸因素间的多元回归模型结果也显示:对生育意愿产生影响最大的因素是家庭收入,其次是经济结构。②

本次调查数据也说明了这一现象。虽然经济收入因素与"单独夫妇"二孩生育意愿有一定的关系,但定量分析表明,经济收入因素对生育意愿变化的影响有限。"单独夫妇"二孩生育意愿与其经济收入情况之间的卡方检验的 Pearson 卡方统计量和似然比(Likelihood Ratio)数值都较小。随着我国社会保障水平的提高以及保障面的扩大,人们"养儿(女)防老"的传统观念有了很大改变;另一方面,由于抚养子女经济和社会成本的提高,特别地,随着"单独夫妇"更注重自身价值的创造,在一定程度上降低了他们的生育意愿。关于生育意愿与生育行为的关系,学术界有不同的看法。有学者认为:生育意愿与生育行为可能存在着相背离的关系。例如在日本、韩国等发达国家中,人们生育意愿非常稳定地保持在两个孩

---

① 汤兆云 . 经济水平对生育意愿的影响分析 [J]. 人口与发展,2012(3).
② 周连福 . 生育与相关社会经济因素的研究 [J]. 人口学刊,1997(5).

子左右的水平，但实际生育行为却在 1.0 左右的水平；[①] 处于人口转变后期的许多国家出现"生育水平低于生育意愿"这一状况。[②] 但是，一般认为，如果排除生育行为过程中诸如经济条件、身体情况以及生育政策的外在因素的作用，人们的生育意愿与其生育行为基本上是一致的，即生育意愿在一定程度上会导致生育行为的发生。[③] 由于根据相关机构和学者关于"单独夫妇"较高二孩生育意愿数据的判断，人们由此担心："单独夫妇"二孩生育政策启动后，会出现一定程度的出生人口堆积现象，并由此会对未来的经济社会发展和公共服务带来周期性和波动性的影响。

从以上分析中可以发现，随着我国社会保障水平的提高和保障面的扩大、抚养子女经济和社会成本的提高以及"单独夫妇"更注重自身价值的创造，导致"单独夫妇"二孩生育意愿的降低。面对快速下降的"单独夫妇"二孩生育意愿，必须对未来一段时期内人口发展态势以及政策走向作进一步的思考。

关于我国人口生育政策的调整一直都在进行。从 1970 年代以前间接鼓励生育、1970 年代"晚稀少"生育政策、1980 年代初期的独生子女生育政策到目前的计划生育生育政策，中间经历了特殊情况生育二孩、"双独夫妇"二孩政策以及目前的"单独夫妇"二孩生育政策。进入 1990 年代以来，我国人口生育率出现了明显的快速下降态势，但是，由于基于相关机构和学者关于我国生育意愿较高数据的判断，学术界对全面放开二孩可能产生的人口及经济社会问题表示担忧，目前启动的"单独夫妇"二孩生育政策只是各方面相妥协方案。早在于 2006 年，就有学者估计了维持"1.5 孩"生育政策以及放开二孩生育政策两种情形下的人口学后果，认为要在适当时机放开二孩生育政策、使人口生育率保持在 2. 0 左右的水

---

① 顾宝昌 . 2006 年中国人口与劳动绿皮书：人口转变的社会经济后果·新时期的中国人口态势［M］. 社会科学文献出版社，2006：180.

② John Bongaarts，Fertility and reproductive preferences in post-transitional societies，Population and Development Review，Vol. 27，Supplement：Global Fertility Transition. （2001）

③ 茅倬彦 . 生育意愿与生育行为差异的实证分析［J］. 人口与经济，2009（2）.

平，以避免未来人口负增长带来的严重社会经济后果。[①]"单独夫妇"二孩生育政策启动后，又有学者将此政策与放开二孩生育政策进行比较，其结论是：由于全面放开二胎政策后新符合政策条件的目标人群规模较大，且妇女生育二胎的意愿仍处于较高水平，我国年度出生人口将在政策变动后急剧增加，出生人口峰值达到 4995 万，妇女时期生育水平峰值达到 4.5 左右。[②] 但是，另一方面由于"单独夫妇"二孩生育意愿处于一个较低的水平，其生育行为不足以抵消一段时期以来实施的计划生育人口政策所产生的消极影响，因此，未来一段时期内，必然要对我国人口生育政策作进一步的调整和完善。对此，党的十八届三中全会强调，在"逐步调整完善生育政策，促进人口长期均衡发展"。

鉴于目前"单独夫妇"二孩生育意愿的现实情况，并结合我国人口现实情况及其发展的可能趋势，未来一段时期内我国人口生育政策的走向可以实行"三步走"战略：（1）以"单独二孩"生育政策启动的 2014 年为基年，在未来二至三年内（2016－2017 年），在基本稳定目前低生育水平的基础上，城乡地区无差别地实施"单独二孩"人口生育政策，使城乡人口总和生育率提高到 1.8 左右的水平（2000、2010 年五普、六普时，我国总和生育率分别为 1.22 和 1.18；学界普遍认为该数据偏低，估算为 1.6 左右）。（2）在 2018 年至 2020 年期间，实行城镇地区生育二孩的政策与农村地区趋同，如：只有生育一个女孩的、男方到女方家落户的、男方兄弟均无子女且已丧失生育能力的、女方无兄弟且只有一个姐妹的，等等；城乡总和生育率提高到 2.0 左右的水平。（3）从 2020 年左右开始，城乡地区无差别地实施普遍生育二孩的一元化人口政策，城乡总和生育率控制在 2.1 的更替水平，从而实现人口再生产的自然平衡和人口的均衡发展。

---

① 乔晓春. 中国未来生育政策的选择［J］. 市场与人口分析，2006（3）.
② 翟振武. 立即全面放开二胎政策的人口学后果分析［J］. 人口研究，2014（2）.

## 五、普遍二孩政策调整初期的人口计划生育工作

党的十八届五中全会决定，在坚持计划生育基本国策，完善人口发展战略的基础上，全面实施一对夫妇可生育两个孩子政策（简称"普遍二孩政策"）。这是继十八届三中全会决定启动实施单独二孩政策之后的又一次重要的人口政策调整。关于我国人口生育政策的调整一直都在进行。从1970年代以前间接鼓励人口生育、1970年代"晚、稀、少"生育政策、1980年代初期的独生子女生育政策到目前的计划生育政策，中间经历了特殊情况生育二孩、"双独夫妇"二孩政策以及目前的"单独夫妇"二孩生育政策。进入1990年代以来，我国人口生育率出现了明显的快速下降态势，但是，由于基于相关机构和学者关于我国生育意愿较高数据的判断，学术界对全面放开二孩可能产生的人口及经济社会问题表示担忧。根据国家卫计委、中国人口信息中心组织的2013年全国生育意愿调查数据推断，全国约有80.0%的家庭希望能够生育两个孩子，符合"单独二孩"政策家庭占全部家庭的比例为5.3%，其中有50.4%－67.6%的家庭意愿生育第二孩，由此估计由于"单独二孩"政策全国将新增出生人口在563.3万－755.3万之间。2013年，我国人口出生率为12.08‰，全年新增出生人口为1 640万人，即因新政导致的新出生人口占全年出生人口比例在34.3%－45.9%之间；且"这一年龄段人口的突然增加，会对未来的社会经济发展和公共服务的承载力带来波动性和周期性的影响，而且影响将是长期的"。福建省2013年9月关于生育意愿的调查数据显示，单独已生育一孩夫妻中，约有60.0%符合条件的人群意愿生育第二孩，并可能在"十二五"末期生育。根据2013年5月国家卫计委对泉州市关于"流动人口动态监测调查问卷"以及"社会融合专题调查"的数据显示，在泉州生活半年以上的流动人口中"单独夫妇"二孩生育意愿超过了70.0%。福建省启动"单独二孩"政策之时，相关部门对因新政新增人口作了测算。其结果是：2013年福建省城镇单独夫妻有10.62万对，其中约有60.0%符合条件的人群意愿生育第二孩，由此可能增加5.6万新出

生人口，因新政导致的新出生人口占全年出生人口（2013 年福建总人口为 3748 万人，人口出生率为 12.74‰，全年增加人口为 47.89 万）比例为 11.6％。因新政导致新出生人口占全年出生人口如此高的比例，有学者认为：由于这次"单独二孩"政策的调整不是渐进式的，全国不同地区同时放开，可能会出现一定程度的出生堆积，引起高危人群的集中生育以及生育代际不公平等问题。人口实际工作部门也认为会加大计划生育工作难度，并可能会对人口社会发展产生一定的负面影响。更有学者估计维持"1.5 孩"生育政策以及放开二孩生育政策两种情形下的人口学后果，认为要在适当时机放开二孩生育政策、使人口生育率保持在 2.0 左右的水平，以避免未来人口负增长带来的严重社会经济后果。"单独夫妇"二孩生育政策启动后，又有学者将此政策与放开二孩生育政策进行比较，其结论是：由于全面放开二胎政策后新符合政策条件的目标人群规模较大，且妇女生育二胎的意愿仍处于较高水平，我国年度出生人口将在政策变动后急剧增加，出生人口峰值达到 4 995 万，妇女时期生育水平峰值达到 4.5 左右。针对这些担忧，也有学者表达了不同的观点。"单独二孩"政策放开每年增加的出生人口只有一两百万（即因政策导致的新出生人口占全年出生人口在 8.9％－17.9％之间），超过 300 万的可能性非常小，对人口结构的影响非常小，都在的可控和可承受范围内，不会对经济社会发展和公共服务产生大的震荡与冲击。由于学术界关于放开人口政策存在着一些分歧，十八届三中会启动的"单独夫妇"二孩生育政策就是各方面妥协的方案。

但是，"单独夫妇"二孩生育政策实施以来实际生育水平远低于政策预期。截至 2014 年 12 月，全国仅有不足 100 万对单独夫妇提出再生育申请，而此前的官方预计是每年增加 200 万人左右。中国社会科学院发布的《经济蓝皮书：2015 年中国经济形势分析与预测》认为，中国目前的总和生育率只有 1.4，远低于更替水平 2.1，已经非常接近国际上公认的 1.3 的"低生育陷阱"。福建省城镇"单独两孩"夫妇有 34.4％的夫妻选择马上生育第二孩子，有 39.3％的夫妻选择再过两、三年生育第二孩子，

26.3%的夫妻表示要考虑成熟后再作决定;"单独两孩"夫妇领证人数占符合政策条件人数的15.0%左右;泉州市领证人数还不到只占符合政策条件人数的7.0%左右。由于"单独夫妇"二孩生育意愿及实际生育行为处于一个较低的水平,其生育行为不足以抵消一段时期以来实施的计划生育人口政策所产生的消极影响。从人口结构上看,我国老年人口比例在不断上升,从2010年13.3%提高到2014年的15.5%。目前,中国已成为人口老龄化发展速度最快的国家之一。特别地,人口是一个国家竞争力的基本要素。没了人口红利,在竞争力上就少了一枚盾牌。由此,党的十八届五中全会启动普遍二孩政策是对未来一段时期内我国人口和社会经济发展具有重要意义。

普遍二孩政策的实施,将会在一定程度上有利于稳定适度的低生育水平、减缓人口总量达到峰值后过快下降的势头,同时在一定程度上缓解"四二一"的家庭结构,有利于家庭经济社会功能的发挥,提高家庭的抗风险能力。从短期来看,人口生育率的提高会对资本市场相关领域的企业经营产生影响,并带来相关投资机会。预测数据显示,在放开二胎后未来4年内将最多新增加5 212万左右个新生婴儿;而自第五年开始,每年新增新生婴儿数量为480万左右。如果以4 000—5 200万左右的保守数字作为假设,按16岁成年前城市农村平均抚养成本20万元粗略估算,二孩婴儿潮所蕴含的消费红利大约在每年1 200亿元—1 600亿元;特别地,二孩婴儿潮的到来,将拉动相关食品、玩具、母婴医疗、儿童服饰、教育行业等的发展。如果从中长期来看,二孩婴儿潮的到来将在一定程度上改变我国人口的年龄结构,减缓老龄化速度。根据测算,如果全面放开二孩,那么在2050年,20—44岁的人口比例将比不放开二胎时增加4.0%,增加规模达到1.28亿人。因此,随着放开二孩后,新一轮人口红利的形成和中国潜在经济增速的提高,各类行业都将最终受益。

但是,普遍二孩政策调整初期可能会出现因为一些群众对政策调整的误解、以及相关部门政策执行力度弱化,从而可能导致政策性反弹与失控性反弹叠加出现的出生人口堆积,并由此带来的一些次生性的社会后果。

因此，在普遍二孩生育政策调整初期做好相关工作尤为重要。

第一，继续认真做好普遍二孩政策调整初期的人口计划生育工作。我国人口生育政策调整是促进人口长期均衡发展的重要举措。但普遍二孩政策的实施可能也会面临着某种风险抉择，如可能增大近期出生堆积以及由此带来的各种风险，或者因为生育政策的突然放宽而使某一些人生育三胎甚至更多。普遍二孩政策的调整，总体上是对人们生育数量的限制有所放宽，但并不意味着放弃了一切生育限制。党的十八大特别强调，要"继续促进人口均衡发展，坚持计划生育的基本国策，完善人口发展战略"。因此，继续认真做好普遍二孩政策调整初期的人口计划生育工作，对于稳定我国低生育水平、控制人口总量具有重要意义。

第二，加强计划生育技术服务，进一步稳定低生育水平、提高人口素质。《人口与计划生育法》不仅规定了公民实行计划生育的义务，还用了很多条款规定了公民实施计划生育应享有的合法权益，具体包括八个方面：依法生育权；实行计划生育男女平等权；获得计划生育生殖保健信息和教育的权利；获得避孕节育技术和生殖保健服务的权利；知情选择安全、有效、适宜的避孕方法服务的权利；获得法律法规规定的各项奖励、优待、社会福利以及平等发展的权利；公民在计划生育过程中人身和财产权不受侵犯的权利；获得法律救济的权利等等。据介绍，国家对于实行计划生育的家庭免费提供实行计生方面的各项服务，包括避孕药具的提供（主要对农村）、免费放置或者取出宫内节育器、结扎手术、在自愿的情况下终止妊娠服务、以及一些安全检查等。因此，要继续认真做好普遍二孩政策调整初期计划生育技术服务工作，以落实计划生育主体应享有的合法权益。目前，加强计划生育技术服务，主要加强以下四个环节的工作：坚持"三为主"工作方针，加强避孕为主的服务工作，定期进行孕情检查服务工作；对意外怀孕要早发现，及时落实补救措施，禁止28周以上的引产和28周以下选择性别的引产，严格限制非医学等原因的其他中期引产；对正常怀孕妇女要跟踪服务，避免非正常终止妊娠；采取有效措施保证母婴健康，防止女婴非正常死亡。

第三，继续作好人口计划生育奖励扶助工作。以奖励扶助制度为核心内容的计生利益导向政策体系在促进计生工作方法转变、调动广大人民群众实行计划生育的积极性、密切干群关系、解决部分计生家庭实际困难等方面发挥了重要作用。在普遍二孩政策调整初期，可以从以下几个方面继续作好计划生育奖励扶助工作，以保证人口生育政策的连续性和权威性：（1）遵循"老人老办法，新人新办法"的原则，将普遍二孩政策实施时间作为分界点，此前形成的计划生育家庭可以继续享受原来的奖励扶助和社会保障制度；此后形成的计划生育家庭适用新的奖励扶助和社会保障制度。同时，对于历史形成的计划生育家庭，在奖励扶助标准上还应实行"就高不就低"的原则。即，如果新的奖励扶助与社会保障标准高于旧标准，则原来的计划生育家庭也享受新标准。如果原来的独生子女家庭在新的《人口与计划生育法》实施后生育了二孩，则视为"新人"，按新的奖励扶助标准对待。以前享受的人口和计划生育奖励扶助与社会保障项目（如独生子女父母保健费、独生子女一次性奖励等），不再继续发放，但已经发放的也不再收回。（2）对已获得《独生子女父母光荣证》的夫妻，国家建立计划生育家庭福利保障制度予以帮扶。（3）对已获得《独生子女父母光荣证》的夫妻，其独生子女伤残、死亡的，国家建立计划生育特困家庭救助制度予以帮助。我国计划生育政策实行30多年来，数以亿计的家庭为此做出了重大贡献与重大牺牲，其中包括一个特殊人群——独生子女伤残、死亡的计划生育家庭。病残独生子女的照料、治疗问题，中（老）年丧子（女）的老来无依问题，为此类计划生育家庭的生活带来巨大物质困难和精神痛苦。国家应当在计划生育家庭福利保障制度之上，再建立面向计划生育特困家庭的救助制度。为独生子女发生意外伤残、死亡的计划生育家庭提供帮助，给予其经济上的帮扶和精神上的慰籍，使这些家庭的生活水平不低于当地平均生活水平，并在可能的情况下，鼓励其再生育或收养子女。此项制度所需资金，建议采用中央财政为主、地方财政为辅的经费筹集办法。（4）注重普惠政策与计划生育特惠政策的有机结合。一方面，完善制度设计，实现计划生育奖励扶助制度与其他制度的统筹与衔接。在制定和实施相关普适性优惠政策时，应注意规避可能对计划生育工作的不利影响，充分考虑计划生育家庭的利益，在"普惠"基础上实行"特惠"，即将普惠政策与计生家庭相结合，设定一个普惠政策基准数值，按政策生育的家庭可以按普惠政策的基准数值乘以一个大于 1 的系数计发补贴。另一方面，尝试将计划生育奖励和社会保障制度与目前实施的城乡居民社会养老保险制度和新型合作医疗制度有机结合起来，通过提高城乡居民社会养老保险中的基础养老金部分，提高计划生育家庭"老有所养"水平，通过提高中央财政对"新农合"的补贴，提高计划生育家庭"老有所医"水平。

# 第七章　可持续发展中的人口
# 政策选择与实施

## 一、可持续发展与我国可持续发展的内涵

"可持续发展"（Sustainable Development）关注的是一个包括人口、资源、环境、经济等诸方面因素及其相互关系和作用机量的综合系统，它是发展的高级阶段。牛文元认为，发展是"自然——社会复合系统内定向社会变革引导系统向更加谐和、更加互补和更加均稀状态的动态过程"。这个动态过程有四个阶段，即前发展（predevelopment）、低发展（underdevelopment）、高发展（upperdevelopment）和可持续发展。[①]

可持续发展理论的提出和发展，是在 20 世纪下半叶全球性的环境问题出现之后。从工业革命至今，随着科学技术和市场经济的发展，整个社会生产力得到了极大的提高。特别是二战后，一些工业化国家一味追求经济的快速发展，出现了一股从未有过的"增长热"。在这个时期，烟囱产业曾被作为"朝阳"工业而受到推崇。这个时期的发展通常是以经济的增长来衡量的，也就是以国民生产总值或国民收入的增长为主要目标，以工业化为主要内容。世界工业生产能力的 4/5 以上是在这个时期出现的。工

---

① 周毅：《21 世纪中国人口与资源、环境、农业可持续发展》，山西经济出版社 1997 年版，第 82 页。

业化、城市化进程的加快，必然会加速对自然资源的掠夺，加剧对耕地、淡水、森林和矿产的消耗，同时产生严重的环境污染，使人类赖以生存、发展的空间变得日益恶化。目前，全世界每年向大气排放 9 900 万吨氧化物，6 800 万吨氮氧化物，5 700 万吨悬浮颗粒物质和 17 700 万吨一氧化碳，每天从城市排出的固体废弃物有 100 多亿吨。发展中国家 95％以上的城市污水未加任何处理就被排入地表水，全世界每年从城市排出的废水总量约几千亿吨。生活污水、工业废水的排放造成了水体的污染，水污染加剧了淡水资源的危机，目前有 100 多个国家缺水，其中严重的有 40 多个。工业固体废弃物、农药和化肥造成了土壤污染，各种污染物在损坏树木、湖泊等生态环境的同时，还严重地影响着人类的身体健康。同时，自 20 世纪 50 年代以来世界人口的快速增长，又对环境造成了沉重的压力。1999 年 10 月，世界人口已达 60 亿，且每年还以 8 600 万人的速度增长，预计到 2030 年世界人口将达 100 亿。庞大的人口总量，尤其在发展中国家，对其赖以生存的资源环境造成了严重的威胁。[①] 世界性环境问题的出现，使人们开始重新审视人类发展的思路和发展目的，单纯追求经济增长式的发展模式遭到普遍质疑。对传统经济发展模式反思的结果，孕育出了可持续发展思想及其相关战略。1972 年 6 月召开的联合国人类环境会议反映了人类认识自然、改造自然两重性的自觉反思。会议在报告中写道，联合国对这次会议的要求，"显然是要确定我们应当干些什么，才能保持地球不仅现在适合人类生活的场所，而且将来也适合子孙后代居住。"但这时期占主导地位的反思认识，仅是在强调人类保护环境责任的同时，把环境保护同经济发展视为两个完全对立的方面，要求人类以经济的零增长来实现环境保护。但这次会议对可持续发展思想的产生有着重要的影响。以这次会议为肇始，一些有远见卓识的学者开始讨论在人口增长、在合理利用资源的情况下，如何才能最有效地促进经济发展这个问题，并且深入讨论了在全球"创建一个能够维持下去的社会"的议题和"生态需求"的

---

① 陈耀邦主编：《可持续发展战略读本》，中国计划出版社 1996 年版，第 9 页。

指标。

1980 年，国际自然与自然资源保护联盟、联合国环境规划署和世界野生生物基金会联合发表了《世界自然资源保护大纲》，首次对可持续发展概念作了阐述。《大纲》认为，"自然保护与可持续发展互相依存，两者应当综合起来予以思考。"1987 年，世界环境与发展委员会在发表的《我们共同的未来》的报告中强调：今天的发展使得环境问题变得越来越恶化，并对人类的持续发展产生严重的消极影响，因此，我们需要有一条新的发展道路；不是一条仅能在若干年内，在若干地方支持人类进步的道路，而是一条一直到遥远的未来都能支持全人类的进步的道路，是一条资源环境保护与经济社会发展兼顾的道路，即可持续发展道路。报告正式提出并定义了"可持续发展"的概念："既满足当代人的需求，又不对后几代人满足其需求的能力构成危害的发展。"这是人类社会有关环境与发展思想从一般性地考虑环境保护到强调环境保护与人类自身发展结合起来认识的一个重大飞跃。1992 年，联合国环境与发展大会第一次从环境保护和经济发展有机联系的高度，提出了可持续发展战略及其行动纲领的《21世纪议程》，确定了面向 21 世纪国际环境与发展合作的原则和行动纲领。会议宣告：人类处于受关注的可持续发展问题的中心，他们应当享有以和自然相和谐的方式过着健康而富有生产成果的生活的权利；为了公开地满足今世后代在发展与环境方面的需要，求取发展的权利必须实现；为了实现可持续的发展，使所有人都享有较高的生活素质，各国应当减少并消除不能持续的生产和消费方式，并推行适当的人口政策。《21世纪议程》把人类放在可持续发展的中心，确立了人口在社会发展中的关键地位。人口之所以成为可持续发展的中心，主要是由人的主体地位和基本属性所决定的。一方面，人口是人地系统及构成社会生活的主体。仅就人地系统而言，人口既是其要素，又是其主体；作为要素，人口要受人地系统内自然资源、环境等"地"的要素的影响，同时也对人地系统内自然资源、环境等"地"的要素有一定的制约，两者是相互依赖、相互制约的；作为主体，人能适应人地系统内"地"的要素的影响并可能开发和利用这些要素，人将在很大程度上决定这些"地"的要素以及整个人地系统的相互协调和可持续发展。因此，人在人地系统中既是要素，又是主体的双重属性，决定了人在协调人地关系、推进可持续发展中的中心地位。另一方面，人既是生产者，又是消费者，也决定了人是实现可持续发展的中心。[1]

可持续发展模式与前发展、低发展和高发展等传统的发展模式的根本区别在于：可持续发展的模式不是简单的开发自然资源以满足当代人类发展的需要，而是在开发资源的同时保持自然资源的潜在能力，以满足未来人类发展的需要；可持续发展的模式不是只顾及发展不顾环境，而是尽力使发展与环境协调，防止减少并治理人类活动对环境的破坏，使维持生命所必需的自然生态系统处于良好的状态。因此，可持续发展是可以持续不断的，其发展不会在某一天被限制或中断。而且，它既满足当今的需要，又不会危及人类未来的发展。

中国可持续发展战略是与中国国情密切相关的。1992 年，联合国环境与发展大会通过《21 世纪议程》后，中国政府即着手编制《中国 21 世纪议程》。1993 年 10 月，中国国家计划生育委员会和国家科委组织召开了新中国成立以来第一次将中国的发展与环境、资源、人口问题联系起来的国际研讨会。第二年，国务院发表了根据中国国情参照联合国《21 世纪议程》编制而成的《中国 21 世纪议程——中国 21 世纪人口、环境与发展白皮书》。它是一个以人口、经济、资源、社会等可持续发展结构的四维复合系统，主要包括四大部分：可持续发展总体战略，社会和人口的可持续发展，经济可持续发展和资源、环境保护与可持续利用。其核心内容是从中国国情出发，走中国特色的可持续发展道路。中国可持续发展的内涵是经济、资源、环境、社会、人口、科教的可持续发展，它的特征是以经济发展为前提和基础，节约资源、保护环境、控制人口是关键，科技进步和教育是动力。

---

[1] 国家计生委外事司编：《人口与发展国际文献汇编》，中国人口出版社 1995 年版，第 97—98 页。

在可持续发展人口、经济、社会、资源四维要素中，人口资源与可持续发展密切相关。首先，一定数量和质量的人口是可持续发展的前提条件，因为一定数量的人口能形成衣、食、住、行、教育、娱乐等各种社会需求，促进经济的发展；但另一方面，人口数量过多，规模过大，又会导致粮食、能源、淡水等各种资源的供应紧张，给社会造成巨大压力，给可持续发展带来阻力。可持续发展的最终目的是满足人的需要，人作为社会经济活动的主体，既是可持续发展的目的，又是实现可持续发展的动力。其次，人口对自然资源、环境资源以及经济发展具有两重性。一方面，人类生存必须发展经济，必然消耗资源，同时构成对环境的压力。人口的大量激增就意味着消费的增加，而消费的增加又意味着人类向大自然资源索取的增加和向环境排放废物的增加。因此，在人口大量增长的情况下，人们不得不对有限的自然资源进行过度的开发和利用，从而造成了资源的加速枯竭、生态失衡和严重的环境污染。另一方面，人类又可能用创造性的劳动、技术、管理开发新的资源，保护环境。因此，1999 年 3 月召开的中国人口、资源、环境工作座谈会特别强调，"人口和计划生育问题是我国可持续发展的关键问题。我国人口基数大，人口增长压力大，许多矛盾和问题都同人口问题分不开，必须把人口问题放到可持续发展战略的首要地位，千方百计地抓好。""人口、资源、环境三者的关系，人口是关键。"[①]

## 二、可持续发展中的人口问题

人口是在一定区域内构成社会生活集团的人的集合，是"一个具有许多规定和关系的丰富的总体"。人口具有自然和社会的双重属性，其自然、社会属性又具体表现为若干特征。一般地说，不同区域的人口往往具有不同的特征，从而形成对区域可持续发展的不同作用和影响。对某一区域来说，人口的属性特征主要表现在以下几个方面：（一）人口数量——人口的基本特征，主要表示人口规模的大小，是一种表示人口规模属性的静态

---

① 《朱镕基总理在中央人口资源环境工作座谈会上的讲话》，《人民日报》1999 年 3 月 14 日。

指标；（二）人口素质——人口质量的属性特征，主要包括人口的身体素质、道德（思想）素质和文化科学素质等，其文化科学素质的高低，一般以教育程度结构特征表示；（三）人口结构——表示人口结构的属性特征，主要包括由性别结构、年龄结构构成的自然结构，由劳动力资源结构、在业人口的行业结构、职业结构等构成的经济结构，由社会阶层结构、民族结构、教育程度结构、婚姻结构、家族结构等构成的社会结构及其变动。[①]

（一）人口对资源、环境的压力。在可持续发展系统各要素的关系中，人口与资源、环境的协调发展是可持续发展的重要内容，资源与环境的承续利用是可持续发展的重要保障。从中国目前的现实来看，一方面，庞大的人口基数及快速的人口增长，畸形的人口结构和较低的人口素质，以及对自然资源的不合理开发与利用，必然会对自然资源与生态环境造成了巨大的压力；另一方面，由于可开发的自然资源和环境人口容量有限，由此形成了人口与资源难以调和的尖锐矛盾，这已成为当前中国经济社会发展中面临的严峻问题，也是中国可持续发展的重要制约因素。

长期以来，一般都认为中国地大物博，资源丰富。但事实上，由于中国人口基数大，人口增长速度较快，因此，人均资源占有量相对较低，如人均矿产资源、耕地面积、水资源和森林蓄积量分别为世界人均占有量的1/2、1/5、1/4 和 1/10。以耕地为例，虽然我国现有土地面积居世界第三位，但由于人口过多，人均耕地仅 1.59 亩，不到世界平均水平的 1/2。全国已有 666 个县突破了联合国粮农组织确定的人均耕地面积 0.8 亩的警戒线，其中 463 个县人均耕地不足 0.5 亩，广东、福建、浙江等省和相当一部分市、县在 0.6 亩以下。同时，由于对耕地的管理不善，土地资源的人为破坏十分严重。"六五"期间，平均每年净减 700 万亩，"七五"期间，减少 400 万亩；1991－1994 年四年间，每年分别减少了 350、620、460、597 万亩。另外，由于自然条件的制约，我国耕地的地域分布极不

---

① 王桂新、殷永元：《上海人口与可持续发展研究》，上海财经大学出版社 2000 年版，第41页。

平衡，东部地区人口占全部人口的 44.8%，耕地却只占全国的 28.4%；中西部地区人口占全国的 55.2%，而耕地却占到了 71.6%。尤其值得注意的是，近年来我国耕地面积还在以每年 0.2% 的速度减少。如果按这个速度持续下去，到 2010 年耕地面积将进一步减少，而同期人口仍将增加 8.5%，因此人均耕地面积将大大减少。

同时，随着人口增长和人们对资源的过度利用，我国的淡水和森林资源也呈减少的趋势。据最近对 149 个国家和地区的统计，我国的人均水资源占有量居第 110 位。如果按每公顷耕地水资源平均占有量来计算，我国仅为世界平均水准的 3/4。由于人口绝对数的巨大，目前，我国 300 多个缺水城市日缺水量达 1 660 万立方米，农业每年缺水达 300 亿立方米，全国仍有 7 000 万人和 6 000 万头牲畜饮水困难。据预测，到本世纪中叶，全国总供水量将从 5 000 多亿立方米增加到 8 000 多亿立方米以上，即增长 60%，占我国可利用水资源总量的 28% 以上。而国际经验表明，一个国家用水量超过其水资源总量的 20%，就可能发生水危机。目前我国林地面积为 13 370 万亩，活立木蓄积量为 117.85 亿立方米，森林覆盖率不足 14%。我国国土面积占世界的 1/7，但林地面积只占 4%，蓄积量还不足世界平均水平的 3%，人均林地占有量也仅相当于世界平均水平的 18%。我国目前每年 50 亿吨的表土流失与森林的破坏有着直接的关系。在黄土高原，由于人地关系的紧张，人们为了维持生存大规模地破坏植被和毁林造田，使该地区 72.7% 的土地受到了水土流失的危害。[①] 1998 年长江流域发生的大规模洪水泛滥，和人们对森林资源的破坏有着直接的关系。长江流域 1957 年水土流失面积为 36.38 万平方公里，占流域面积的 20%，到 20 世纪 90 年代，长江流域水土流失面积已达 26.97 万平方公里，占流域面积的比重上升为 31.5%。正是由于这种人为的对长江上游地区环境的破坏，使长江中下游的河道湖泊的泥沙淤积，导致了超天然蓄

---

① 秦大河、张坤民、牛文元主编：《中国人口资源环境与可持续发展》，新华出版社 2002 年版，第 12 页。

调器作用的湖泊面积大幅度减少。长江中下游的湖泊面积由 20 世纪 50 年代的 2.2 万平方公里减少到 80 年代的 1.2 平方公里。

随着人类社会的发展，生产力水平的提高和科技的进步，人口对资源环境的能动作用越来越强。新中国成立以来，由于中国经济发展沿袭了高消耗、低产出的粗放型经营方式，注重速度与数量的增长，而忽视了质量与效益的提高，从而导致了自然资源消耗过快及环境质量不断恶化。五十多年来，国民收入增长 10 倍多，而同期能源消耗增长了 18 倍多，钢材消耗增长 27 倍。粗放型的生产方式已使中国目前成为世界上污染排入量最多的国家之一。全国 65% 的工业废水、60% 的工业废渣及大部分工业废气未经处理，或只经简单的处理就排入江河，造成了严重的环境污染。1995 年废水排放量为 341.5 亿吨，1992 年达到 366.5 亿吨，增长了 7.3%。另外，由于人口的迅速增长，为了提高粮食产量，人们在有限的耕地上大量施用化肥与农药。1977 年化肥施用量为 884 万吨，1994 年猛增至 3 317.9 万吨，增幅达 275.3%，这造成了地下水和河流的污染。

由于人口急剧增长带来了巨大的生存压力，人们采取了一系列破坏生态环境的行为，结果使生态平衡遭到破坏，环境污染更加严重，自然灾害也日趋频繁。1949 年以来，全国干旱平均每年出现 7.5 次，洪涝平均每年发生 5.8 次，八级以上的地震平均每年约 3 次，低温冷害平均每年 2.5 次，较大的崩塌、滑坡、泥石流每年将近 100 次，农作物严重病虫害每隔 3—4 年发生 1 次，森林病虫害每年发生面积达 800 多万公顷，草原虫鼠害每年发生面积达 2 000 万公顷。并且这些自然灾害有加剧之势。据统计，近年来，全国平均洪涝、干旱面积比解放初期增加了 65%，其发生的次数及损失也成倍地增长。以 1993 年为例，农作物受灾面积达 5 267 万平方公里，房屋倒塌 277 万间，损坏 933 万间，因灾死亡 6 000 多人，受伤 1 万多人，造成经济损失 933 亿元。[①]

---

① 肖自力、周双超主编：《中国人口与可持续发展》，中国人口出版社 1998 年版，第 42—43 页。

从中国科学院课题组对 1990 年至 2000 年及未来 30 年我国资源、环境的若干指标的对比分析中（见表36），也可以看出，我国人口的庞大对资源、环境的破坏作用会一直延续下去。

表36　1990－2030 年我国资源、环境若干指标预测表

| 项　目 | 1990 年 | 2000 年 | 2010 年 | 2020 年 | 2030 年 |
|---|---|---|---|---|---|
| 人均 GNP（以 1990 年美元不变价格） | 443 | 760 | 1 275 | 2 125 | 3 000 |
| 年平均增长速度（%） | 10.0 | 7.2 | 6.6 | 4.9 | 4.0 |
| 总能源需求（亿吨标准煤） | 10.4 | 14.5 | 16.9 | 18.5 | 19.0 |
| 人均生物量（公斤） | 3050 | 2971 | 2850 | 2742 | 2660 |
| 人均耕地（公顷） | 0.13 | 0.11 | 0.10 | 0.095 | 0.090 |
| 人均林地（公顷） | 0.115 | 0.120 | 0.128 | 0.135 | 0.145 |
| 人均草地（公顷） | 0.285 | 0.242 | 0.230 | 0.225 | 0.225 |
| 单位 GNP 能量消耗（1990 年为 100） | 100.00 | 93.3 | 75.8 | 52.4 | 25.0 |
| 二氧化碳排放量（亿吨） | 6.7 | 7.8 | 8.5 | 9.0 | 8.5 |
| 二氧化硫排放量（百万吨） | 15.5 | 21.5 | 18.0 | 15.0 | 12.0 |
| 土壤侵蚀面积（百万平方公里） | 1.53 | 1.55 | 1.50 | 1.48 | 1.45 |
| 森林覆盖率（%） | 12.9 | 13.9 | 14.5 | 18.0 | 22.0 |
| 沙漠化（万平方公里/年） | 0.176 | 0.200 | 0.220 | 0.240 | 0.230 |

资料来源：中国科学院可持续发展研究组《2000 年中国可持续发展战略报告》。

分析了中国人口对资源、环境造成的压力后，下面，笔者再分别从人口属性特征的人口数量、人口素质、人口结构等三个方面来阐述中国人口与可持续发展的关系。

（二）人口数量与可持续发展。在影响可持续发展的诸多人口属性特征中，人口数量是最重要的。人口数量的多少，直接关系到资源的消耗、环境的保护，并与社会经济的发展密切相关。同时，规模经济效应的形成是以一定量的人口为前提条件的。

新中国成立以后，人口数量迅猛增加。新中国成立初，中国人口约为 5.4 亿。1954 年人口数超过 6 亿，1964 年超过 7 亿，1969 年达到 8 亿，1974 年超过 9 亿。20 世纪 70 年代以来，计划生育人口政策的实行使育龄妇女的生育率迅速下降，但我国低生育水平并不稳定。1981 年人口总数

超过 10 亿，1988 年达到 11 亿，1995 年为 12 亿。在不到 50 年的时间里，人口总数就翻了一番。由于人口增长的惯性作用，未来十几年，我国人口仍以每年净增 1000 万左右的速度增加，人口总量仍将保持强劲的增长趋势。据联合国人口基金预测，2020 年我国人口将达到 14.48 亿，世界银行预测为 14.89 亿，国家人口和计生委预测为 14.83 亿，国家统计局预测为 14.60 亿。各种预测结果都显示，2020 年我国总人口将达到 14.5－14.9 亿之间。人口总量的增加，无疑会降低人均资源占有量。建国初期，中国耕地面积为 9 730 万公顷。20 世纪 50 年代，由于人口增长导致对粮食的需求增加，一些荒地得到了开垦。至 1957 年，全国新增耕地面积 2 100 万亩。但人口的增长速度仍远远快于耕地的增长速度。具体情况如下表 37 所示：

表 37    1949－1990 年中国人口及耕地增长率比较

| 年份 | 1949－1952 | 1953－1957 | 1958－1965 | 1966－1978 | 1979－1984 | 1985－1990 |
|---|---|---|---|---|---|---|
| 年人口增长率 | 2.0 | 2.4 | 1.5 | 2.2 | 1.2 | 1.3 |
| 年耕地增长率 | 3.3 | 0.7 | 1.0 | 0.9 | 0.3 | －0.5 |

资料来源：肖自力：《中国人口与可持续发展》，中国人口出版社 1998 年版，第 118 页。

从 1953 年开始，年人口增长率都大于年耕地增长率。不但如此，在可预见的将来，中国人增地减的趋势仍然难以避免，人口每年净增 1 000 多万，耕地面积却在以每年 600－800 万亩的速度递减，目前已降至大约 0.07 公顷/人，本世纪 20 年代后将进一步降至 0.01－0.05 公顷/人。这个比率相对于世界其他国家来说是比较低的。印度人均耕地比中国多 50%，美国人均耕地是中国的 9 倍。因此，中国将不得不日益倚重通过提高单位面积产量来实现粮食增产，以满足十几亿人口不断增长的需求。尽管中国的粮食单产高于世界平均水平，但根据目前的耕作方法和科技水平，要进一步提高单产，事实上也相当困难。有预测表明，即使对粮食增产作乐观估计，由于人口增长巨大的分母效应，中国绝大多数人口的人均粮食消费将长期维持在不到 400 公斤的低水平上。[1]

---

[1]　人口与发展论坛：《中国的人口增长和粮食》，《人口研究》1996 年第 3 期。

人口的迅猛增加对土地的人口承载力也造成了巨大压力。土地人口承载力是指在农业生态系统与功能不被破坏的条件下，农业生态系统持续地为人类提供的食物所能健康供养的最大人口数量，又称人口容量。它是由有限的土地及其生产能力和不断增加的人口这两个方面所决定的，即有限土地上的有限产出究竟能负担多少人口。人口容量由于有许多不确定因素而难以完全确定。中国学者普遍认为，中国人口最大容量为 11－12 亿。而目前，中国人口总数已经超出了这一容量。由于其人口增长巨大的分母效应，即按人口平均占有的自然资源相对有限客观存在的，与日俱增的人口压力使资源相对紧缺的局面愈演愈烈，并进而危及人口自身生存和发展的自然物质基础。伴随人口持续增长而来的必然是基本需求的膨胀，在需求的重压下，一方面人类的活动更加频繁，但一旦人类对自然系统的需求超过其承载力时，则会有"竭泽而渔"和"杀鸡取卵"之虞；另一方面则直接导致资源短缺，进而环境恶化。因此，中国人口的迅猛增长，对森林砍伐、水土流失、耕地侵占、环境污染等都造成了巨大危害。更重要的是，中国人口的消费需求压力并不仅限于粮食、资源方面。譬如，宏观意义上的消费和积累的矛盾就有显而易见的人口过多、过多的重要因素在内。每年数以千万计的新增人口作为纯消费力而存在，他们因消费而吞掉的国民收入粗略估计至少为 300 亿元；新增人口对国民财富的均分效应，也影响到现有人口生活水平的提高；巨大的消费需求压力必然影响到积累，继而又会影响到社会经济发展的诸多方面；反之，在庞大人口的压力下，若要提高积累，则必然损及消费，从而影响到人民生活水平的提高。因此，实行计划生育，严格控制人口数量增长是实现中国可持续发展的关键所在。

　　（三）人口素质与可持续发展。中国人口众多和自然资源的相对贫乏，以及中国作为一个经济正加速发展的国家，决定了人口素质在可持续发展中具有重要地位。但是，目前中国人口素质现状却令人担忧。第五次全国人口普查数据显示，2000 年我国人口平均受教育年限仅为 8 年左右，而日本、美国和英国分别为 11、13 和 14 年。我国每 10 万人中具有大学文化程度的只有 3 611 人，高中文化程度的为 11 146 人，初中文化程度的为 33 961 人，小学文化程度的为 35 701 人，总人口的粗文盲率为 6.72%。我国 15 岁以上文盲和半文盲人口占总人口的 12% 以上，拥有大学文化程度的仅占总人口的 3.61%。显然，中国人口素质的现状已经成为可持续发展的障碍。同时，现代社会经济的发展已由主要依靠劳动者的数量转变到依靠劳动者的素质和依靠科学技术。劳动者的健康状况、文化水平、技术水平等人口素质，在可持续发展中的作用日益重要。但目前，我国每年新出生人口缺陷发生率达 4—6%，约 80—120 万人。我国近 6 000 万残疾人口中，先天性残疾占 50%。近年来，由于环境污染造成新生儿出生缺陷发生率有升高的态势。按每年人均收入 625 元计算，目前我国有约 3 000 万人没有摆脱贫困，如果标准再增加 200 元，贫困人口是 9 000 万。按照世界银行统计，发展中国家由于营养不良导致的智力低下、劳动能力丧失（部分丧失）、免疫力下降等造成的直接经济损失，约占国民生产总值的 3%—5%。按目前我国每年国内生产总值 10 万亿元人民币估算，我国每年为此损失约 3 000—5 000 亿元。这个测算，不包括间接经济损失及患者、家庭、社会为此所付出的其它代价。

人口素质是反映一定时空条件下人口总体质的规定性的一个综合范畴，是对人口多方面质的规定性的普遍概括和总结，所体现的是人口总体所具有的认识世界、改造世界的条件和能力。劳动力素质的高低，决定了劳动生产率的水平。因此，劳动力素质是最能反映人口素质的综合水平，并与可持续发展直接相关。与劳动力素质低相伴随的必然是对资源的浪费和利用率，以及经济效益的低下，这意味着经济发展要付出更多的资源代价，从而影响到社会经济的可持续发展。我国农村劳动力素质一直较低，有近 20% 是文盲或半文盲，农业技术人员在农业人口中的比重远远低于发展中国家的平均水平。近年来，随着素质相对较高的农村年轻人逐步流向发达地区和城市以及乡镇企业，单纯从事农业生产的农村劳动力整体素质有下降的趋势，他们多以简单体力支出为主，凭经验种植，农业劳动生产率难以提高，农业生产科技也难以推广，又由于农村人口压力较大和户籍制度限制下农村人口外流的暂时性难以形成集约和规模经营，这些都成为中国农村可持续发展的制约因素。同时，现有城镇企业职工的素质也不容乐观。在当代科技发达、企业技术装备先进的情况下，在世界各国更需要高素质技术职业的情况下，中国产业职工的技术等级不但不上升反而有所下降。据统计，在现在产业职工中，初中及初中以下文化程度者占70％、初级工约占80％、高级工仅占1％、中级工则不足20％。在中国绝大多数企业中，高级技工匮乏。上海市对全市130万技术工人进行了统计，高级工占3.7％，中级工占47％，全市技师、高级技师不足万人，35岁以下的高级工更少。[①] 劳动力素质无疑直接影响到劳动生产率。另据相关调查：中国平均每个劳动者创造的国民生产总值只有西方发达国家的2％－4％，机械工业劳动生产率约相当于美国的1/2，日本的1/11；钢铁工业劳动生产率约相当于美国的1/12，日本的1/25；电子工业的劳动生产率约相当于美国的1/12，日本的1/13……而劳动生产率每增加或减少1％，都会影响到产值上百亿元，影响工资成本10亿元。[②] 中国人口素质比较低的现状对社会经济的可持续发展产生了不利的影响。对劳动力流动的种种限制，不但影响了劳动者工作和提高技术的积极性，对提高劳动生产率不利，而且从生产要素的配置来看，也不利于劳动和生产要素的最佳结合，对生产力资源也是一种浪费，这必然影响可持续发展。

在现代社会，科技发展总的趋势是以教育水平较高的劳动力代替教育水平较低的劳动者。同时，科技和生产的发展，将把劳动力推向一个不论智力水平还是健康水平等综合素质方面都越来越高的阶段。在这个过程中，教育对于人口素质的提高无疑起着非常重要的作用。它是人口素质提高的根本途径，而高素质的劳动者又是国民经济持续稳定发展的源泉。就中国而言，作为世界上的一个人口大国，加上工业化带来的城市化，使人口增长和耕地减少及自然资源人均占有水平下降的矛盾日益突出。这就需

---

① 安国启：《中国青年劳动技能处于低谷》，《北京青年报》1996年1月11日。
② 和章明：《劳动力素质与经济发展大背离》，《中国市场经济报》1995年10月14日。

要在降低人口增长速度的同时，用人力资本代替自然资本。此外，还应依靠现代科技手段，不断开发新能源，减少单位产品的资源消耗，实现经济增长与生态环境保护目标的统一。而这一切都有赖于国民综合科教文化素质的提高和国家综合科技实力的发展，这才是解决人与自然、经济与环境等可持续发展问题的核心。从经济学的角度，就是要通过社会资源巨大浪费的状况，实现以人力资源为主体、以技术进步为基础的内涵型发展战略，使中国在下世纪中叶进入现代化国家行列，实现社会经济的可持续发展。

（四）人口结构与可持续发展。社会生产力发展和社会经济条件的变化，自始至终都离不开人口结构的相应调整、发展和变化。人口结构既是当前社会经济和政策变化的反映，也是决定未来人口发展趋势和影响社会经济发展的重要因素。未来的生育水平、国民收入、产出消费结构甚至社会经济结构都不同程度地受到人口年龄结构的影响。人口群体过于年轻或者过于老化，都会在某种程度上阻碍或制约经济社会的可持续发展。城乡人口结构如果不合理，特别是农村人口增长加快，不仅阻碍工业化和城市化发展进程，而且影响可持续发展目标的实现。因此，人口结构在可持续发展中，既是人口发展的基础，又是社会经济运行和发展的人口条件，它对社会经济的可持续发展具有重要意义。

目前，在生育水平显著下降及人口增长速度明显减慢的同时，中国人口结构对可持续发展产生了重要影响：

第一，在城乡人口结构方面，主要是城乡人口结构变化中的人口城市化问题。人口的城乡构成可以用城镇化水平表示。以人口的城乡构成而言，如果城乡构成严重滞后于社会经济的发展，就会产生许多不利的作用。一般来说，城镇化水平提高，就意味着经济水平的提高和人口素质的提高，对社会经济是有利的。但是，如果第一产业比重下降，第二、三产业比重上升，在技术水平一定的前提下，将会对资源环境产生更大的压力。反过来，如果从事农业的人口比重过大，或农村人口比重过高，就意味着人们主要从事对土地开发的农业生产，如果人口增长过快，则也必然会对环境资源构成威胁。新中国成立以来，中国人口城乡构成发生了重大变化，在1953年，中国城镇人口只占总人口的13.26％，1994年城镇人口比重上升为23.6％。1995年以来，随着社会经济快速发展，城镇人口比重不断增大，2000年已达到30％左右的水平，但这与世界平均水平的43％相距较大；另外，城镇化水平的省际差异较大，东部沿海地区城市化水平远远高于中西部经济相对落后地区。这都成为影响可持续发展的制约因素。

第二，在人口性别结构和年龄结构方面，主要是性别比偏高和人口老龄化问题。人口性别比升高，将会使婚姻关系失衡，引起社会动荡。性别比例失衡还会对经济产生一定的不利影响，引起劳动力供给结构的失衡，与社会经济对劳动力的需求不符，从而影响经济的发展。因此，人口性别比适中，是可持续发展对人口的基本要求。从性别构成上来说，中国男性人口一直大于女性人口。1953年第一次全国人口普查中，其性别比为107.56；1964年为105.46；1982年为106.30；1990年为106.74；2000年第五次全国人口普查时，总人口性别比为106.74。从年龄结构上来说，目前女性人口的寿命长于男性人口。1999年全国人口千分之一抽样调查表明，自69周岁年龄段左右开始，男性人口少于女性人口，其性别比重为99.51。到79周岁年龄段人口性别比下降为76.36，84周岁年龄段人口的性别比进一步下降为60.87。可同样依据1999年全国人口千分之一抽样调查的数据，0－4周岁人口的性别比却出奇的高，其中0－4岁人口的平均性别比为119.54，0岁为119.35，1岁为118.8％，2岁为118.78，3岁为119.41，4岁为121.06。少儿性别比有居高不下之势。人口性别结构和年龄结构的不合理，对可持续发展产生了不利的影响，并由此可能引起"生态失衡"和女婴以及妇女的权益保障等问题。

第三，在劳动力人口与老年人口构成方面，目前，中国的劳动力人口出现了剩余，老龄化水平进一步上升，这对可持续发展带来了诸多影响。一般而言，劳动力人口的增多意味着对就业岗位的需求在增长，倘若社会提供的就业岗位不能满足劳动力人口增长的需要，那么，失业将会成为长期困扰可持续发展的一个重要难题。2000 年的人口普查显示，农村人口的老龄化水平已经超过了城镇，农村为 7.35％，城镇为 6.30％。农村人口老龄化水平的提高，使本来十分薄弱的农村社会养老保障问题变得十分迫切。

一个国家 0－14 岁人口在总人口当中所占比重越大，这个国家人口就越年轻；一个国家 0－14 岁人口逐渐减少，15－64 岁人口增多，65 岁及以上年龄人口在 7％以下，则这个国家人口就越呈"成年型"；一个国家 65 岁老年人口在总人口当中所占比重超过了 7％，则这个国家的人口就进入了"老龄化"时期。2000 年的人口普查表明，65 岁老年人口在中国总人口当中所占比重 6.69％，15－64 岁劳动力人口比重为 70.15％，表明中国社会已基本进入老龄化社会。

如上所述，中国人口结构诸多因素的失衡已经对可持续发展产生了负面影响。因此，从战略角度认识中国人口结构与可持续发展之间的矛盾，趁早制定人口发展、经济发展与人口结构相协调的总体战略规划，具有重要意义。

### 三、可持续发展中人口政策的选择与实施

可持续发展的目的在于使人口、经济、资源、环境等方面协调发展，以最小的代价来换取整个社会的持续发展。在这个过程中，正确人口政策的制定和实施，无疑会对可持续发展战略的实施有着积极的影响。具体到我国这样一个有着众多人口的大国来说，科学地确定人口发展目标，做出相应的战略选择，并在具体的实施过程中加以影响，这对于可持续发展具有非常重要的作用。

一般认为，人口对经济发展的影响，主要取决于人口增长数量和速度是否与经济发展相适应。如果人口增长与经济发展相适应，人口就是经济发展的促进因素；反之，它就会阻碍经济的发展。人口增长过快可以从报酬递减和资源过度消耗两个方面影响到经济的发展。20 世纪 70 年代以来，普遍实施的计划生育人口政策对我国社会经济发展起到了非常重要的

积极作用，但是就我国的实际情况而言，由于庞大的人口基数，人口增长的绝对值仍然是十分巨大的。因此，在经济增长的同时，人口规模也在不断地扩大。2000 年 3 月 2 日，党中央、国务院在《关于加强人口与计划生育工作稳定低生育水平的决定》中指出："新中国成立 50 年来，特别是改革开放以来，经过全党全国人民的艰苦努力，我国人口与计划生育工作取得举世瞩目的成就。在经济还不发达的情况下，有效地控制了人口过快增长，使生育水平下降到更替水平以下，实现了人口再生产类型从高出生、低死亡、高增长到低出生、低死亡、低增长的历史性转变，成功地探索出了一条具有中国特色的综合治理人口问题的道路，"但是"未来十几年，我国人口数量还将持续增长，预计年均净增 1 000 万人以上，人口素质不高的状况短期内难以根本改变，劳动就业压力进一步加大，人口老龄化问题更加突出，人口与经济、社会、资源、环境之间的矛盾依然尖锐。人口过多仍是我国首要的问题。"①

到目前，我国虽然已经实现了人口的低生育水平，但是这种低生育水平的基础是十分脆弱的，具有不稳定性。首先，人口总量继续增长。据预测，到 2011 年，育龄妇女总数将达到 3.77 亿人的最高峰，2020 年仍在 3.5 亿人左右，与 2000 年基本持平，并且随着 1985－1990 年人口出生高峰期出生的人口逐步进入婚育期，2005－2020 年，我国 20－29 岁生育旺盛期妇女数量将形成一个新的高峰。此后，还将在 2030－2040 年、2060－2070 年、2085－2095 年形成新的生育旺盛期妇女数最高峰。也就是说，每隔 20－30 年，就会出现新的高峰。这种间歇式的生育高峰的影响将一直会持续到 22 世纪。② 生育旺盛期妇女是生育的主体人群。生育旺盛期妇女数量的"多峰谷"将导致出生人数的起伏跌宕。这种不稳定的人口结构对教育、卫生、就业、医疗、养老产生交错影响，不利于社会资源的合理、有效利用。其次，这种低生育水平尚不稳定，有相当一部分群众的生

① 《中共中央、国务院关于加强人口与计划生育工作稳定低生育水平的决定》，中发〔2000〕8 号文件（2000 年 3 月 2 日）。

② 蔡昉主编：《中国人口与劳动问题报告》，社会科学文献出版社 2003 年版，第 14 页。

育意愿与现行人口政策还有着较大的差距，一些贫困地区仍然还没有走出越穷越生、越生越穷的恶性循环，还有一些城镇地区，"儿女双全"、"生男孩"的愿望也比较强烈。据 2001 年生殖健康调查，44％的城镇育龄妇女想生两个或更多的孩子；理想子女数为 2 的妇女中，97％以上想要"一男一女"。据《浙江省已婚育龄群众婚育观念变化调查》，城镇已婚群众平均期望子女数为 1.43。湖南省专题调查表明，农民普遍认同的"理想"生育子女数是 2，一些纯女户不生男孩不罢休。"儿女双全"、"生男孩"等传统生育愿望的强大惯性，决定了现阶段生育水平的外在性，也决定了低生育水平的可逆性。第三，这种低生育水平在城乡之间、地区之间的差异很大。据统计，1998 年我国城市人口出生率为 16.7‰、自然增长率为 8.36‰，而农村人口出生率为 17.05‰，自然增长率为 10.04‰；在城市总和生育率下降到 1.2 的低水平的情况下，农村总和生育率仍为 2.1 的相对高水平。统计分析表明，城乡人口转变过程的时间差大约为 20 年。地区之间也有比较大的差别。上海等一些大城市已经出现了人口负增长，但中西部地区仍然处于人口高增长的阶段。[①] 另一方面，目前各省、自治区、直辖市都在修改计划生育《条例》，一些省放弃了对晚婚晚育的严格要求，取消了生育间隔的规定，放宽了对再婚家庭生育的限制。如，上海已经取消生育第二胎必须间隔 4 年的规定；经过修订的《北京市人口与计划生育条例》已于 2003 年 9 月 1 日起施行，《条例》对可生育第二个子女者放宽了女方年龄和生育间隔时间的限制。这种政策的微调，将使今后几年的出生人数和生育水平有所提高。

近年来，离婚、再婚人数有所增加，这会使新出生人口有所增多。据民政部统计，我国离婚数量从 20 世纪 80 年代初不到 50 万对持续增长到 2001 年的 120 万对，粗离婚率从不到 1‰上升到 2‰；每年再婚人数也增加了一倍多，2001 年达到 112 万人。"五普"资料显示，同一年龄组的妇

① 秦大河、张坤民、牛文元主编：《中国人口资源环境与可持续发展》，新华出版社 2002 年版，第 16 页。

女，再婚者，特别是 20－34 岁平均生育子女数多于初婚者。在这种情况下，每年离婚、再婚人数的增加，意味着出生人数的增加和生育水平的提高。在今后相当长的一段时期内，人口数量仍然是我国人口问题的主要矛盾。因此，必须要坚持既定的控制人口数量，提高人口质量的现行人口政策，在强化政府主导的同时，积极寻求利益导向方面的改革，有效地增大独生子女和其它计划内生子女的效益，诱导人们自愿选择少生、优生的道路，进一步稳定低生育水平。为了做到这些，目前主要应从以下几方面着手。

第一，要加快经济和社会发展，高度重视科技和教育，努力提高人民生活水平和国民素质，把人口与计划生育工作纳入经济和社会发展的总体规划，制定和完善各项配套政策，促进人口与经济、社会、资源、环境协调发展。具体说来，要动员全社会力量，建立政府领导、部门指导、各方配合、群众参与的工作机制，做到优势互补、资源共享、各负其责；采取法律、教育、经济、行政等措施综合治理人口问题。

第二，要做到国家指导与群众自愿相结合。国家制定政策并提供必要的保障措施，兼顾国家利益和个人利益、长远利益和近期利益、整体利益和局部利益，实行行政管理与群众工作相结合，以促进群众生育观念的根本转变为立足点，组织和引导群众积极参与人口与计划生育工作，提高群众实行计划生育的自觉性，进一步密切党群、干群关系。

第三，要进一步完善人口与计划生育工作的调控体系和相关社会经济政策。建立完备的调控体系和良好的政策环境，是做好人口与计划生育工作的重要保障。各级政府和有关部门制定土地、企业、医疗、社会保障、户籍、劳动、教育、财税等制度和改革措施时，要统筹考虑，相互协调，有利于人口与计划生育工作；要改进和完善计划生育管理，充分发挥人口计划的调控作用。

第四，要加强人口与计划生育工作的法制建设，加快人口与计划生育国家立法进程，逐步建立健全人口与计划生育法制体系。这就要求：加强计划生育法制宣传，增强干部群众的法律意识；提高依法行政水平，严格执法，文明执法，充分发挥群众监督和舆论监督的作用，切实维护群众的合法权益，使人口与计划生育工作全面走上依法管理的轨道；党政干部和计划生育干部要提高自身素质，增强法律意识和法制观念，带头执行国家计划生育政策，不得利用职权超生。

第五，建立和完善计划生育利益导向机制。首先，各级政府及涉农等部门要采取小额贷款、项目优先、科技扶持、政策优惠等措施，帮助计划生育农户增加经济收入，解决实际困难，提高社会经济地位。同时，各级政府应有计划、有重点地对实行计划生育的贫困户予以优先扶持，提高他们的生产自救和发展能力。其次，各级政府及基层组织要建立激励机制，落实对实行计划生育家庭的奖励和优惠政策。具体说来，可以对独生子女户发给一定数量的奖励费，对实行计划生育的家庭特别是只有女孩的家庭，在分配集体经济收入、享受集体福利、划分宅基地、承包土地、培训、就业、就医、住房及子女入托、入学等方面给予适当照顾。同时，对违反计划生育政策的家庭征收社会抚养费，给予必要的经济制约。再次，积极发展社会保障事业，解除群众实行计划生育的后顾之忧，建立有利于计划生育的社会保障制度。在城市，积极建立并发展养老保险、基本医疗保险、生育保险和社会福利等社会保障制度；在农村，坚持政府支持和农民自愿的原则，根据实际情况逐步建立实行计划生育的独生子女户和两女户的养老保障制度。此外，还要制定一些有利于计划生育家庭的社会救助政策，对实行计划生育的贫困户给予生活保障补助。

第六，要进一步加大对人口与计划生育工作的经费投入。人口与计划生育工作是一项具有显著社会效益的公益性事业，对其投入属于国家经济社会发展的基础性投入。因此，要把计划生育经费纳入各级政府的财政预算，切实予以保证。在此基础上，逐步提高人口与计划生育经费投入的总体水平，使计划生育事业费增长幅度高于财政收入的增长幅度。

# 参考文献

1. 卡塔琳娜·托马塞夫斯基（Katarina Tomasevski）：《人口政策中的人权问题——为瑞典国际发展合作署作的一项研究》，毕小青译，北京：中国社会科学出版社，1998 年版。

2. 詹姆斯·安德森：《公共政策》，唐亮译，北京：华夏出版社，1990 年版。

3. 北京经济学院人口研究室主编：《人口理论》，北京：商务印书馆，1978 年版。

4. 北京市社会学会人口与劳动研究组编：《社会学与人口问题》，天津人民出版社 1985 年版。

5. 贝克尔：《控制人口与发展经济》，北京：北京大学出版社，1985 年版。

6. 蔡昉主编：《中国人口与劳动问题报告：人口转变的社会经济后果》，北京：社会科学文献出版社，2006 年版。

7. 蔡菲、陈胜利：《限制生育政策不是影响出生人口性别比》，《市场与人口分析》2006 年第 3 期。

8. 蔡菲：《出生性别比升高的分因素贡献率》，《人口研究》2007 年第 4 期。

9. 曾毅、顾宝昌、涂平、徐毅、李伯华、李涌平：《我国近年来出生性别比升高原因及其后果分析》，《人口与经济》1993 年第 1 期。

10. 曾毅、舒尔茨：《家庭联产承包责任制对生育率的影响》，《中国社会科学》1998 年第 1 期。

11. 曾毅：《中国人口发展态势与对策探讨》，北京：北京大学出版社，1994 年版。

12. 曾毅：《中国人口分析》，北京：北京大学出版社，2004 年版。

13. 查瑞传、曾毅、郭志刚：《中国第四次全国人口普查资料分析》，高等教育出版社，1996 年版。

14. 查瑞传主编：《人口普查资料分析技术》，北京：中国人口出版社，1991 年版。

15. 陈达：《现代中国人口》，天津：天津人民出版社，1981 年版。

16. 陈功：《家庭革命》，北京：中国社会科学出版社，2000 年版。

17. 陈乐：《出生性别比失衡的流行病学分析》，《中国卫生统计》1998 年第 2 期。

18. 陈庆云：《现代公共政策概论》，北京：经济科学出版社，2004 年版。

19. 陈胜利、顾法明、蔡菲：《2005 年 1‰人口抽样调查对综合治理出生性别比工作的启示》，《人口研究》2008 年第 1 期。

20. 陈卫、孟向京：《中国生育率下降与计划生育政策效果评估》，《人口学刊》1999 年第 3 期。

21. 陈卫、翟振武：《1990 年代中国出生性别比：究竟有多高》，《人口研究》2007 年第 5 期。

22. 陈友华：《关于出生性别比的几个问题——以广东省为例》，《中国人口科学》2006 年第 1 期。

23. 楚军红：《中国农村产前性别选择的决定因素分析》，《中国人口科学》2000 年第 1 期。

24. 段若鹏：《中国现代化进程中的阶层结构变动研究》，北京：人民出版社，2002 年版。

25. 范柏乃等：《中国人口总量预测模型新探》，《中国人口科学》2003

第 6 期。

26. 风笑天：《独生子女：他们的家庭、教育和未来》，北京：社会科学文献出版社，1992 年版。

27. 风笑天等：《二十年城乡居民生育意愿变迁研究》，《市场与人口分析》2002 年第 5 期。

28. 冯国平、郝林娜：《全国 28 个地方计划生育条例综述》，《人口研究》1992 年第 2 期。

29. 冯玉平、许改玲：《出生性别比与婚姻市场挤压问题分析》，《西北人口》2005 年第 5 期。

30. 甘华鸣：《公共政策》，北京：中国国际广播出版社，2002 年版。

31. 高凌：《我国人口出生性别比的特征及其影响因素》，《中国社会科学》1995 年第 1 期。

32. 高凌：《中国人口出生性别比的分析》，《人口研究》1993 年第 1 期；

33. 葛剑雄、侯杨方、张根福：《人口与中国现代化》，上海：学林出版社，1999 年版。

34. 葛剑雄主编：《中国人口史》（5～6 册），上海：复旦大学出版社，1999 年版。

35. 龚国云：《出生性别比升高的思考与对策研究》，《人口研究》2001 年第 3 期。

36. 谷祖善、杨淑芬：《我国年龄别性别比》，《石河子医学院学报》1984 年第 1 期。

37. 顾宝昌、徐毅：《中国婴儿出生性别比综论》，《中国人口科学》1994 第 3 期。

38. 顾宝昌：《论社会经济发展在我国生育率下降中的作用》，《中国人口科学》1997 年第 2 期。

39. 郭志刚、邓国胜：《中国婚姻拥挤研究》，《市场与人口分析》2000 年第 3 期。

40. 郭志刚、张二力、顾宝昌、王丰：《从政策生育率看中国生育政策的多样性》，《人口研究》2003 年第 4 期。

41. 郭志刚：《对 2000 年人口普查出生性别比的分层模型分析》，《人口研究》2007 年第 3 期。

42. 郭志刚等：《从政策生育率看中国生育政策的多样性》，《人口研究》2003 年第 4 期。

43. 国家计生委课题组：《中国未来人口发展与生育政策研究》，《人口研究》2000 年第 3 期。

44. 洪国栋：《中国的人口老龄化问题及对策思考》，《人口研究》1997 年第 4 期。

45. 候杨方：《中国人口史》（第 6 卷），上海：复旦大学出版社，2001 年版。

46. 胡宁生：《现代公共政策研究》，北京：中国社会科学出版社，2000 年版。

47. 胡平、束怀符、王洁贞：《出生性别比偏高的标准探讨》，《人口与经济》1996 年第 6 期。

48. 黄荣清、秦芳芳、王树新：《人口分析技术》，北京：北京经济学院出版社，1989 年版。

49. 黄荣清：《转型时期中国人口问题》，沈阳：辽宁教育出版社，2004 年版。

50. 黄扬飞、丁金宏等：《1990 年代我国人口城市化的区域差异模式研究》，《人口研究》2002 年第 4 期。

51. 贾威：《收养子女对出生性别比的影响分析》，《南京人口管理干部学院学报》1995 年第 4 期。

52. 江中山：《综合治理出生人口性别比问题亟待立法》，《人口研究》2005 年第 2 期。

53. 蒋正华：《社会经济对中国生育率的影响》，《人口研究》1986 年第 3 期。

54. 解振明：《引起中国出生性别比偏高的三要素》，《人口研究》2002 年第 5 期。

55. 黎宗献：《人口质量与我国经济和社会发展》，北京：中国人口出版社，1994 年版。

56. 李伯华、段纪宪：《对中国出生婴儿性别比的估计》，《人口与经济》1986 年第 4 期。

57. 李伯华：《中国出生性别比的近期趋势——从医院记录获得的证据》，《人口研究》1994 年第 4 期。

58. 李建民、原新、王金营：《持续的挑战——21 世纪中国人口形势、问题和对策》，北京：科学出版社，2000 年版。

59. 李建新：《转型时期中国人口问题》，北京：社会科学文献出版社，2005 年版。

60. 李建新：《论生育政策与中国人口老龄化》，《人口研究》2000 年第 2 期。

61. 李若建：《性别偏好与政策博弈：广东省出生人口性别比时空变迁分析》，《中山大学学报》2005 年第 3 期。

62. 李树茁、朱楚珠：《中国出生性别比和女婴生存状况分析》，《人口与经济》1996 年第 1 期。

63. 李涌平：《胎儿性别鉴定的流引产对出生婴儿性别比的影响》，《人口研究》1993 年第 5 期。

64. 李涌平：《婴儿性别比及其和社会经济变量的关系：普查的结果和所反映的现实》，《人口与经济》1993 年第 4 期。

65. 李忠国：《解决出生性别比偏高问题的对策与实践》，《人口研究》2001 年第 5 期。

66. 梁济民、陈胜利主编：《全国生育节育抽样调查分析数据卷（三）生育节育卷》，中国人口出版社 1993 年版。

67. 梁秋生、李哲夫：《中国人口出生控制成效的比较分析》，《人口研究》2003 年第 1 期。

68. 梁中堂：《中国人口问题的"热点"：人口理论、发展战略和生育政策》，北京：中国城市出版社，1988 年版。

69. 林富德：《中国生育率转变的因素分析》，《人口研究》1987 年第1 期。

70. 刘爽：《对中国人口出生性别比的分析》，《人口研究》1988 年第3 期。

71. 刘爽：《中国育龄夫妇的生育"性别偏好"》，《人口研究》2005 年第 3 期。

72. 路遇主编. 新中国人口五十年. 北京：中国人口出版社，2004年版。

73. 马寅初. 马寅初经济论文集. 北京：北京大学出版社，1981年版。

74. 马寅初：《我国人口问题与发展生产力的关系》，北京：北京大学出版社，1979 年版。

75. 马瀛通、冯立天、陈友华：《出生性别比新理论与应用》，北京：首都经济贸易大学出版社，1998 年版。

76. 马瀛通：《20 世纪后 30 年中国计划生育工作评价》，《人口研究》2000 年第 4 期。

77. 马瀛通：《出生人口性别比失调与从严控制人口中的误导与失误》，《中国人口科学》2005 年第 2 期。

78. 茅倬彦：《我国人口性别比的时间空间变化》，《人口与经济》2005 年第 3 期。

79. 穆光宗、余利明、杨越忠：《出生人口性别比问题治理研究》，《中国人口科学》2007 年第 3 期。

80. 欧阳静：《新疆出生人口性别比变化的相对稳定性研究》，《新疆大学学报》2006 年第 2 期。

81. 潘金洪：《出生性别比失调对中国未来男性婚姻挤压的影响》，《人口学刊》2007 年第 2 期。

82. 潘锌：《浅谈边远少数民族地区出生性别比偏高的成因和对策》，《人口研究》1997 年第 1 期。

83. 彭珮云主编：《中国计划生育全书》，北京：中国人口出版社，1997 年版。

84. 乔晓春：《性别偏好、性别选择与出生性别比》，《中国人口科学》2004 年第 1 期。

85. 乔晓春：《中国出生性别比研究中的问题》，《江苏社会科学》2008 年第 2 期。

86. 施春景：《对韩国出生性别比变化的原因分析及其思考》，《人口与计划生育》2004 年第 5 期。

87. 孙志军：《农村人口受教育水平的决定因素——以赤峰农村地区为例》，《中国人口科学》2003 年第 2 期。

88. 孙致忠：《关于治理出生人口性别比问题的思考》，《南京人口管理干部学院学报》2002 年第 1 期；

89. 汤兆云：《20 世纪 90 年代关于出生性别比问题的研究》，《人口学刊》2007 年第 3 期。

90. 汤兆云：《出生人口性别比失衡的社会因素分析》，《人口学刊》2006 年第 1 期。

91. 汤兆云：《出生性别比的偏高的技术性因素》，《河北大学学报》2007 年第 3 期。

92. 汤兆云：《出生性别比失衡挑战社会可持续发展》，《光明日报》2006 年 9 月 28 日。

93. 汤兆云：《出生性别比综合治理：有所为，有所不为》，《人口研究》2011 年第 4 期。

94. 汤兆云：《韩国、印度和中国台湾治理出生性别比偏高的对策及启示》，《国外社会科学》2010 年第 4 期。

95. 汤兆云：《社会性别视角中的出生性别比偏高问题》，《人口学刊》2008 年第 4 期。

96. 汤兆云：《生育政策对出生性别比偏高的影响及其未来政策走向》，《江苏社会科学》2011 年第 6 期。

97. 汤兆云：《生育政策与经济水平对出生性别比偏高影响分析》，《人口与经济》2011 年第 1 期。

98. 汤兆云：《我国出生人口性别比的地区差异及其政策选择》，《河北大学学报》2006 年第 2 期。

99. 汤兆云：《治理出生人口性别比失衡问题为何成效甚微？——福建省泉州市综合治理工作的实践和经验》，《人口研究》2006 年第 1 期。

100. 王晓丽：《中国民间的生育信仰》，中国社会科学文献出版社，1999 年版。

101. 王燕、黄玫：《中国出生人口性别比异常的特征分析》，《人口研究》2004 年第 6 期。

102. 韦艳、李树苗：《中国农村的男孩偏好与人工流产》，《中国人口科学》2005 年第 2 期。

103. 吴申元：《中国人口思想史稿》，北京：中国社会科学出版社，1986 年版。

104. 徐毅、郭维明：《中国出生性别比的现状及有关问题的探讨》，《人口与经济》1991 年第 5 期。

105. 杨菊华：《出生人口性别比与和谐社会建设：一个定性和定量分析》，《人口学刊》2008 年第 1 期。

106. 杨魁孚、陈胜利等：《中国计划生育效益与投入》，北京：人民出版社，2000 年版。

107. 姚远：《稳定低生育水平与中国家庭养老关系的再思考》，《人口学刊》2000 第 4 期。

108. 尹豪、金永花、侯建明：《中国与韩国出生性别比问题比较研究》，《人口学刊》2007 年第 4 期。

109. 于弘文：《出生婴儿性别比偏高：是统计失实还是事实偏高》，《人口研究》2003 年第 5 期。

110. 于景辉：《我国出生人口性别比失调的成因及对策》，《学术交流》2008 年第 1 期。

111. 虞沈冠：《区域人口预测》，南京：南京大学出版社，1991 年版。

112. 袁建华等：《从生育水平估计到未来人口预测》，《中国人口科学》2003 第 1 期。

113. 张二力：《从"五普"地市数据看我国生育政策对出生性别比和婴儿死亡率性别比的影响》，《人口研究》2005 年第 1 期。

114. 张仕平、王美蓉：《性别价值观与农村婴儿性别比失衡》，《人口学刊》2006 年第 2 期。

115. 张为民等：《对 2000 年中国人口普查完整性的估计》，《人口研究》2003 年第 4 期。

116. 赵秋成：《中国现行的养老保险体系：问题与解决办法》，《东北财经大学学报》2000 第 2 期。

117. Account. Population and Development Review，1991，Vol. 17 (1).

118. Aird J. Slaughter of the Innocents (1990)："Coercive Birth Control in China." American Enterprise Institute Press. Washington D. C.

119. Ashutosh Halder，Skewed Sex Ratio inIndia，Indian Journal of Medical Research，Nov，2006 (5).

120. Banister，Judith (1992)."China：Recent mortality levels and trends." Paper presented at the annual meeting of the Population Association of America，May. Denver.

121. Chang，Ming-Cheng，Sex Ratio at Birth and Sex Preference in Taiwan Province of China，Sex Preference for Children and Gender Discrimination in Asia，KIHASA Research Monograph，1996 (2).

122. Das Gupta，Monica. Selective discrimination against female children in ruralPunjab，India. Population and Development Review 13. 1987.

123. Johansson，Sten and Ola Nygren 1991："The Missing Girls of China：A New Demographic Account." Population and Development Re-

view , 1991, Vol. 17 (1).

124. Kim Barker, Fewer Girls, and Few Will Discuss Why: Some Indians Talk about Daughters as if They Were Walking Price Tags-and Many Quietly Ignore a Law against Sex-Selective Abortions, Knight Ridder Trbune Business News, Washington: 2006.

125. Park, Chai Bin, Nam-Hoon Cho, Consequenees of Son Preferenee in Alow-fertility Soeiety: Imbalanee of the Sex Ratio at Birth inKorea. Population and Development Review, 1995. 21 (1).

126. Prabhat Jha, Rajesh Kumar, Priya Vasa, et al, Low Male-to-Female Sex Ratio of Children Born in India: National Survey of 1. 1 Million Households, The Lancet , London: Jan 21-Jan 27, 2006 Vol. 367, Iss. 9506, pp.

127. R. Lapham and W. P. Mauldin, "Family Planning Program Effort and Birthrate Decline in Developing Countries", International Family Planning Perspectivs 10 (4).

128. Richard A. Easterlin, "The Economics and Sociology of fertility: A synthesis" . In C. Tilly (ed), Historical Studies of Changing Fertility. Princeton University Press, 1978. Jon C. Caldwell, Theory of Fertility decline. London: Academic Press, 1982.

129. Rudolf DroBler Runst der Eiszeit-Von Spanien bis Sibirien. 33. Koehler So Amilang Leipzif 1980.

130. Sandhya Srinivasan , Rights-India: Laws Fail to Stop Families from Aborting Girls, Global InformationNet-work, New York, Jun. 2006 (18).

131. Shahnaz Anklesaria Aiyar, Women and Microcredit: Can a Mantra Deliver Empowerment?" The Times ofIndia, Aug. 14, 1997.

132. Sheps, Mindel C, 1963. Effects on family size and sex ratio of preferences regarding the sex of children, Population Studies, Vol. 17.

133. Terence，H. Hull，(1990). "Recent Trends in Sex Ratios at Birth in China. " United Nations，Economic and Social Commission for A-sia and Pacific

134. Westley. S. B，Evidence Mounts for Sex-Selective Abortion inA-sia. East-west Center，1995 (11).

# 后　记

这本书稿是我在南京大学做的博士论文《当代中国人口政策研究》的基础上修改后完成的。一直以来，我持续关注着我国人口政策问题。在多年的学术积累中，形成了目前的书稿。

我衷心感谢导师李良玉教授。作为中国近现代社会史、思想史的著名专家，他敏锐思想和独特见解对我的学术影响一直延续到今。在本书出版之际，他又欣然作序。导师的序言给这本书增添了许多的亮色，而这些"亮色"又给一个开始做学问的年轻人，在以后的学术生涯中以许多的信心和鼓励。导师的为人为文，道德文章，永远都是我在书海中前行的原动力。

感谢众多的中外学者，他们对我国人口政策问题孜孜不倦地探求，积累了丰厚的文献资料。如果没有这些中外学者们丰富的文献资料，我在这一领域哪怕只是走很一小步都是非常困难的。我的夫人张赛群博士在完成自己紧张的教学和科研之余，帮助我查阅资料、核对数据。书稿花费了她很多的时间和精力，凝聚了她许多的心血。我同时还要把这份研究成果献给我可爱的小女儿。

自 2006 年认识北京人文在线文化艺术有限公司的潘萌先生以及他的团队以来，他们给了我非常大的帮助。他们的谦和、平易近人以及一丝不苟的学术态度给我留下了十分深刻的印象。在此表示感谢！

由于本人才疏学浅，错误和不足之处在所难免。希望得到各位前辈和同行的批评指正，本人将不胜感激。

愿以此书的出版对帮助我的各位师长、朋友表示感谢！

汤兆云　谨志

**2015 年 9 月**